108 용어로 만나는 불교

108 용어로 만나는 불교

찰나에 깨닫는 긴 사연 짧은 이야기

• 심재동 편저 •

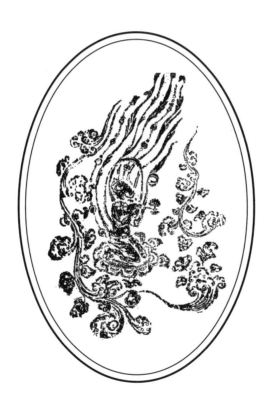

온주사

| 차례 |

돌을 갈아서 거울을 만드는 업

眞寬(대종사·철학박사·문학박사)

돌을 갈아서 거울을 만드는 업
나무가 땅속에 들어가 기름이 되듯
인간도 인간의 몸을 의지하여
나라는 존재를 발견하게 된다

나라는 것이 있기에 나라는 것을 찾아
나를 찾는다고 바위굴에 들어가
바위에서 들려오는 소리를 듣고 있나!

나는 누구이고 또한 너는 누구인가?
있는 것이 없다면 없는 것도 없을 것인데
문자를 찾아다니는 수행자가 있다면
찾지 못하고 길을 헤매고 있는 시간

시간 속을 허무한 이름으로 찾아다니면서도
그것이 마치 나를 찾아다닌다는 것
꽃이 있어 꽃향기를 찾아다니는구나!

우주일 것이 있다고 말하고 있는 이들
한 편의 시 속에 수억의 시를 생성하는데
한 편의 시도 읽지 않고 있는 이들이
마치 우주의 시간 속을 찾아다니고 있네
꽃이 피어 벌이 날아다니면서 꿀을 찾는데
꿀이라는 것이 없으면 꽃이라고 말하지 못하네!

아무리 아름다운 꽃 장미꽃이라고 하여도
아름다운 의상을 하고 있다고 해도
나비가 날아오지 않으면 꽃이 아니라
이름만 꽃이라고 말하고 있음이네

바라보면 바라볼수록 바라보고 싶은 물건
생각하면 생각할수록 생각이 나는 물건
여기에 진하고 진한 황토로
흙으로 빚어낸 향기를 세상에 내놓으니
항아리 속에 자신이 원하는 것을 담아 보시게
그것도 아니면 큰 소리로 항아리를 박아 보세
그리고 히말라야의 산정에서 차나 한잔하게

육도중생六道衆生 중 인간은 무엇으로 살아갈까?

세속世俗이든 비속非俗이든 인간은 모두 원願으로 살아간다. 세속의 願이든 비속의 願이든 근본적으로 참다운 안락과 영원한 행복을 추구한다는 점에서 같다고 할 수 있겠다. 다만 세속은 유위有爲의 원을 세우고 비속은 무위無爲의 원을 세운다는 것이 다를 뿐이다.

세속은 유위법의 세계로서 현상세계를 말하며, 현상의 세계는 차별과 경험의 세계이다. 인연의 세계이며 행위에 따른 업력業力이 윤회하는 세계이다. 이를테면 '나'라는 것이 있기에 가족이 있고, 가족이 있기에 민족이 있고, 민족이 있기에 그 사회가 있고, 사회가 있으므로 국가가 있다.

그러므로 상황에 따라 정의가 바뀌는 유기적인 생활 속에 스스로 나를 지켜야 하는 본능이 우선 작용한다. 목숨을 지키고 원만한 삶을 영위하기 위한 의식주가 절실한 가운데 재물과 명예도 지켜야 하고, 가계를 이어 갈 의무도 있으며, 이웃의 이목이나 사회적 윤리나 도덕 등도 의식하면서 나름의 삶을 위해 여러 가지 일을 배우고 익히면서 아등바등 살아간다.

그러면서 알게 모르게 수많은 행업行業을 짓고 그 업력에 이끌려 가면서 살다 보면 어느덧 크게 이루어 놓은 것도 없이 몸과 마음이 함께 늙어 머지않아 죽음이 있음을 실감하며 부질없는 인생이었음을 생각하게 된다. 상엿소리에서처럼 빈손으로 왔다가 빈손으로 가는 것이 인생이다. 그러나 기실 업으로 왔다가 업만 지어 놓고 가는 것이다.

이와 같음을 불교에서는 제행무상諸行無常 제법무아諸法無我라고 한다. 모든 행위에 항상됨(영원성)이 없다는 것은 실로 괴로움이다[無常卽苦].

내 스스로 극렬히 살아온 이 세상에 나의 존재가치가 전혀 없다는 것 역시 괴로움이다[無我卽苦].

그러므로 중생들의 무상과 무아는 생로병사의 사신고四身苦를 비롯하여 애별리고愛別離苦·원증회고怨憎會苦·구부득고求不得苦·오음성고五陰盛苦의 심사고心四苦를 더한 모든 괴로움[一體皆苦]을 겪으면서 업력에 의한 생사윤회가 거듭된다는 회한을 느끼는 것이다.

한편 비속의 세계는 무위법의 세계로서 무위적 삶에는 '나'라는 것이 없다. 내가 없으므로 당연히 상대적인 너도 없다. 내가 없고 네가 없다면 대체 무엇이 있는 것일까? 아무것도 없는 진공眞空의 세계라는 것이다.

아무것도 없다면 '세계'라는 명제는 어떻게 성립될 수 있는가? 그리고 진공에 따른 묘유妙有란 어디에서 연유되어 나온 것인가? 참으로 텅 빈 가운데 묘하게 있는 진공묘유!

진공묘유는 격외지사格外之事로서 유중무有中無이며 무중유無中有의 조화를 말하는 것이다. 이는 곧 무위의 세계로서 이론과 합리를 뛰어넘은 초합리超合理의 세계이며 논리 밖의 세계이다. 여기에는 '나'라는 아상我相이 없으므로 너는 '남'이라는 인상人相도 없고, 너와 내가 없으니 '우리 내지 무리'라는 중생상衆生相도 없고, 중생상이 없으니 시간적 생명을 나타내는 '수명壽命'이라는 수자상壽者相도 존재하지 않는다.

나와 남이 없으면 우리라는 것이 없고, 우리가 없고 보면 중생이랄 것이 없고, 모든 중생이 다 사라지고 나면 과거·현재·미래의 시간조차 성립될 수 없으므로 '옛날'이다 '지금'이다 이를 바가 아예 없는 것이다. [無相卽無我 無我卽無人 無人卽無衆 無衆卽無壽 無壽卽古今無]

이와 같은 무위 세계를 불교에서는 진여법계眞如法界 또는 진여실상
眞如實相이라 한다. 진여란 범어 tathāgata의 번역어로 사물의 있는 그
대로의 모습, 곧 만유의 본체로서 영원불변의 진리를 뜻하는 용어이
며 여여如如, 또은 여실如實이라고도 한다.

6조 혜능선사께서 『단경壇經』에서 다음과 같이 이르고 있다.

> "眞이란 변하지 않음이요 如란 다르지 않음이며, 모든 경계를
> 만나서 마음이 변하거나 다름이 없으면 그것을 이름하여 진여라
> 한다[眞者不變 如者不異 遇諸境界 心無變異 名曰眞如]."

> "밖으로 거짓되지 않으면 '眞'이요, 안으로 혼란스럽지 않으면
> '如'이다[外不假曰眞 內不亂曰如]."

즉 언제나 어디서나 어느 경우에나 안과 밖이 함께 밝아[內外明徹] 여
일하여야 진여라는 것이다.

한편 혜능의 법을 이은 하택荷澤 신회神會(670-762)선사는 『직지直指』
에서 다음과 같이 설명하고 있다.

> "무념無念을 으뜸 종지로 삼고 지어냄이 없음을 근본으로 삼아
> 야 하나니, 무릇 진여란 마음에 생각이 사라져 없어짐이다[無念爲宗
> 無作爲本 夫眞如無念]."

따라서 진여란 허공과 같은 절대로서 『불지경론佛地經論』 권7에 이르
기를, 진여는 모든 현상諸法의 실상實相이며, 그 體는 일미一味이지만
相에 따라서 구별이 있다면서, 일체법一切法과 불일불이不一不異로써 그

體를 보고자 하면 생각과 언설이 미칠 수 없는 경지(空性)라 하였다.

또한 『기신론起信論』에서는 진여를 중생심의 본체라 하였고, 그것은 말이나 사유를 초월해서 망념을 여의었으므로 이언진여離言眞如라 하였고, 구태여 언어로 표현한 것을 의언진여依言眞如라 하였으며, 이 둘을 합하여 2진여二眞如라고 하였다.

의언진여에 있어서는 그 본체가 미혹된 마음을 여의고 공적함을 들어서 여실공如實空·공진여空眞如라 이르고 있다. 공진여 그 자체는 무루청정無漏淸淨의 공덕을 갖추고 있으므로 불공진여不空眞如라고 하였다.

곧 진여란 언어도단言語道斷 불립문자不立文字이며 이심전심 열반묘심涅槃妙心인 것이다.

중생의 생사윤회는 길지만 그 고리를 끊고 열반적정에 들기란 찰나의 일이다. 하여 '긴 사연 짧은 이야기', 심재동 불자의 『108 용어로 만나는 불교』 일독一讀을 권한다. 스님들의 법문 자료로서도 활용할 가치가 높다.

나무마하반야바라밀.

불기 2568년 9월 眞寬 識

序

일체 만물의 모든 현상一切法은 '시간의 언제'와 '공간의 어디'가 한 점으로 일치되었을 때, 즉 시간의 시점과 공간의 지점이 합치되어야만 어떤 모양 모습이든 그 현상이 드러나게 된다.

만약 그 시간에 그 공간이 확보되지 않았다면 어떤 존재도 성립되지 않는다. 그러므로 공간이 없다면 시간도 없으며, 시간 없는 공간 역시 존재하지 않는다.

이와 같이 언제의 시간개념과 어디의 공간개념을 통칭하여 '우주법계'라 이르는데, 우주란 전한前漢의 회남자淮南子가 말하였듯이 '동서남북 하늘 땅을 집(宇)이라 하고[四方上下謂之宇], 지나간 옛날 다가오는 미래와 지금을 집(宙)이라 한다[往古來今謂之宙].' 결과적으로 宇는 공간적인 집이며, 宙는 시간적인 집이라는 뜻이다.

본디 집이란 일체 만물이 생멸의 순환을 일으키는 자리이며, 그 자리는 바로 시간과 공간이 일치된 일체법이 적용되는 자리인 것이다.

불교에서 일체법이란 유위법有爲法에 국한된 범주이며, 제법諸法이란 유위법과 무위법無爲法을 통칭하는 말이다. 따라서 법계法界란 범어 dharma-dhātu의 번역어로서 18경계를 이르는 말이며, 의식의 대상인 모든 사물의 세계를 지칭하면서 유위법과 무위법, 그리고 제법을 더하여 우주 법계라 이른다.

우주 법계 속의 제법이란 무엇인가?

과거·현재·미래가 사라진 한량없는 시간의 자리이다.

여기·저기·거기가 사라진 한량없는 공간의 자리이다.

색色·수受·상想·행行·식識을 떠나 버린 초월의 자리이다.

불생불멸不生不滅 불일무이不一無二한 본연의 자리이다.

불구부정不垢不淨 부증불감不增不減의 여여한 자리이다

허실생백虛室生白 진공묘유眞空妙有의 진여眞如의 자리이다.

따라서 제법 속에 생사 윤회하는 나는 진정한 존재로 취급되지 않는다.

이러한 우주법계 속에 과연 불교란 무엇인가?

불교는 인간의 생각과 행위를 묵살한다. 제행무상諸行無常, 곧 중생들의 모든 행위는 항상됨이 없다는 것이다.

불교는 일체 만물의 존재와 현상을 허무로 취급한다. 제법무아諸法無我, 나타나 보이는 모든 현상법에 '나'라는 실체가 없다는 것이다. 그러므로 모든 행위는 허구이고 모든 존재는 가유假有이니 허구와 가유의 결합으로 나타나는 일체는 허상虛相일 뿐이다.

불교는 일체의 행위와 존재와 현상을 부정한다. 이것(諸行)도 부정하고 저것(諸法)도 부정함으로써 불교에는 너(彼)도 없고 나(此)도 없다. 열반적정涅槃寂靜, 오직 여래(진리)만이 있을 뿐이다. 부정을 부정하면 강한 긍정이 되듯이, 나를 부정하고 너를 부정함으로써 실다운 나(如來=實相眞如·法身)를 도출해 내는 것이다.

불교는 교주敎主가 없다. 이 세상 모든 사람과 짐승 내지 모든 존재가 낱낱이 부처이며 교주이기 때문이다. 예를 들어 '오이 심은 데 오이 나고 콩 심은 데 콩 난다[種瓜得瓜 種豆得豆]'는 말은 필연의 진리(인연법)로 받아들이고, '까마귀 날자 배 떨어진다[烏飛梨落]'는 속담은 연기법의 섭리로 인정한다.

그러므로 불교는 오직 하나의 성경Bible만 있지 않다. 어마어마한 팔만대장경을 비롯해서 이 세상 모든 전적典籍이 그대로 다 방편적 경전이기 때문이다.

불교는 신비한 절대자를 내세우는 조작도 없으며 인위적으로 꾸며낸 체계화도 없다. 종교라는 허울 좋은 미명美名을 내세워 이성으로서의 증명이나 비판이 허용되지 않는 지배적 이데올로기를 권위로 삼아 맹목적 또는 기만적으로 신봉케 하는 명제(Dogma)를 배척한다.

불교는 진정 도그마(정설·독단·편견)의 체계가 아니며, 이율배반적인 깨달음의 체계 등정각等正覺을 추구할 뿐이다.

'참으로 없음'의 진공眞空과 '묘하게 있음'의 묘유妙有에 동등한 타당성을 가지고 주장되는 두 가지의 명제가 대립되는 상호 모순적 체계이면서 어느 쪽도 훼손을 당하지 않고 하나에 귀착되는 방편적 체계이므로 불교는 정설定說이 있을 수 없다. 그래서 석가모니부처님은 45년 동안 설법을 하시고도 '나는 한마디도 말한 적이 없다.'고 말씀하신다.

불교는 소승小乘(Hinayāna : 작은 수레-小教法)이면서 대승大乘(Mahāyāna : 큰 수레-大教法)이 되고 마침내는 소승도 대승도 사라져 버린다. 여기에서 소승이 대승으로 하여 문 닫는 일도 없고, 대승이 소승 때문에 멈추는 일이 생기지도 않는다. 다만 서로가 원인이 되고 결과가 되는 능소能所의 관계를 유지하며 평등을 지향할 뿐이다.

이때 '能'은 주체적인 것이며, '所'는 객체적인 것이라 할 수 있으나 엄밀히 살펴보면 주체와 객체의 개념도 무의미한 명제일 뿐이다.

가령 무엇이 서로 대대待對할 때 편의에 따라 능소의 경계를 구분 지을 수는 있지만 能의 값이나 所의 값은 더하고 덜함이 없이 대등한 것이 된다. 다시 말해서 주체는 객체가 있음으로써 주체로서의 값이 성립되는 것이며, 객체는 주체를 떠나서 별도로 존재하는 것이 아니므로 능소란 결국 상호의존적 존재로서 하나가 전체이며 전체가 하나인 일즉다一即多 다즉일多即一의 이름일 뿐이다. 일례로 물이 파도요 파도가 물이듯이[水卽波 波卽水] 물이 能이고 파도가 所라면 결국 능소의 구별은 참으로 부질없지 않은가.

불교의 최종 목적이 성불하는 데 있다면, 그것은 당연히 능소의 관계가 초월된 해탈을 통해서만이 이룰 수 있는 경지이다.

해탈이란 평등자연의 경지로서 열반적정涅槃寂靜이라고도 하는데, 이러한 능소의 관계가 초월된 해탈의 경지로 나아가는 길에 편리하게 활용하는 방법을 방편시설方便施設 또는 줄여서 방편方便이라고 한다.

방편(Upāya)은 '접근하다', 시설(Prajnapti)은 '알아내게 하다'라는 범어를 번역한 것으로 '접근하여 알아내게 함'을 뜻하는 말이다.

또한 '方'은 방법을 뜻하고 '便'은 편리한 이용을 의미하는데 환자의 병증에 따라 처방을 달리하듯이[應病與藥] 중생의 깨닫는 능력[根機]에 따라 차별을 두어 점진적으로 지기智機를 성숙시켜 마침내 최상의 깨달음을 얻게 하는 방법이 방편인 것이다.

불교는 제법불이諸法不二의 불이법不二法을 표방하면서 다시 불일무이不一無異의 일여一如를 설하고 있는 것이다. 즉 서양철학의 이율배반적인

정正·반反·합合의 논리구조에서 한 걸음 더 나아가,

① …이 있다(有-긍정 : 單)
② …이 없다(無-부정 : 單)
③ …이 있기도 하고 없기도 하다(亦有亦無-긍정종합 : 俱)
④ …이 있는 것도 아니고 없는 것도 아니다(非有非無-부정종합 : 非)

라는 사구분별四句分別(單單俱非)의 논리 전개법, 즉 4구게四句偈를 적용시켜 교리를 설명하고 있다.

이에 이것도 아니고(無常) 저것도 아니라면(無我) 이 세상과 일체 만물과 그중에 이렇게 살아서 생각하고 괴로워하고 즐거워하고 울고 웃는 나의 실체(自我)는 과연 무엇이란 말인가?

불교의 대답은 간단명료하다.

"나는 중생이요 인간이다. 고로 부처이다[衆生卽如來]."

불교에는 정해진 부처가 없다. 나를 비롯한 모든 중생이 부처이다. 저 하늘에 흘러가는 구름도 부처요, 풀잎에 맺힌 한 방울의 이슬도 부처이다. 다시 말하면 일체 만물 그대로가 부처의 성품을 가지고 있다는 것이다. 다만 내가 눈이 어둡고 어리석어서 지은 바 업장이 두껍고 무거워 부처를 보지 못할 뿐이다.

불교는 부처를 찾아내는 종교이다. 내가 부처가 되는 종교이다. 이는 바로 참나를 찾아내는 종교이다.

내가 부처가 되기 위해서 나는 나를 죽여야 한다. 이때 죽어야 할 존재는 육신이 아니라 욕심의 지배를 받는 때 묻은 나의 마음, 곧 의식과 정신이기에 누가 나를 대신 죽여 줄 수 없으며 오직 나만이 나를 죽일 수밖에 없다.

탐진치 삼독심을 죽이고 또 죽이고 다 죽여서 아무것도 남은 것 없이 다 사라져 청정무구의 텅 빈 허심虛心의 상태를 진공이라 한다. 이 진공의 경지에 도달하면 현묘玄妙하게 실다운 내가 나타나게 되는데, 그것이 바로 묘유이며 그게 바로 참나(真我)인 것이다.

그러므로 '응당 머무는 바 없이 그 마음을 내라[應無所住而生其心]'고 여래는 말씀하신다. 이때 응당 없음이 진공이요, 허심의 진공상태에서 그 마음을 내고 있음이 묘유가 된다.

진공묘유! 진공이 곧 묘유이다.

思無念 생각에 생각 없음이 허심의 진공이며

言無說 말함에 말씀 없음이 허심의 묘유이다.

修無欲 닦음에 욕심 없음이 허심의 진공이며

行無業 행위에 업보 없음이 허심의 묘유이다.

진공이 되기 위하여 사라져야 하는 존재는 물질과 현상이 아니다.

사事(Affairs)와 물物(a Thing)에 연관된 '나의 생각이 사라짐'을 의미한다. 선악善惡 시비是非 등 피차에 대한 분별을 일으키는 생각을 없애는 것을 연마하는 것이 불교의 수행이다.

그런데 지금 이렇게 살아서 의식이 또렷한 인간인 내가 생각이라는 것을 없앨 수는 있는 것인가? 목숨이 붙어 있는 한 생각은 살아 있다. 그런데 생각을 버리라는 것은 불가능한 궤변을 늘어놓는 것은 아닌가?

아니다. 상황 따라 끝없이 생성 소멸하는 나라는 생각 내지 내 것이라는 망념을 진정으로 버리라는 말이다. 망념은 욕심을 낳고, 욕심은 탐심이 되고, 욕심과 탐심은 이어서 어리석음을 낳는 치심痴心이 된다. 어리석은 사람은 아무것도 제대로 볼 수 없기 때문에 망념을 버리라는 것이다. 결국 무집착과 무소유로 걸림 없는 무괘애無罣得의 삶을 영위하라는 것이다.

이는 곧 무심無心에 이르는 지름길이긴 하지만, 말처럼 그리 쉬운 일은 아니다. 무심에 이르는 수행방법은 다양하지만, 그중 참선의 예를 한 가지 들면 우선 좌선을 통하여 선정禪定에 이르는 방법이다.

무심이란 마음의 공간을 텅 비운 허심의 상태이며 실다운 입도入道의 경지이다. 마음에 부질없는 생각인 망념을 완전히 소멸시켜 놓아야 무집착·무소유·무괘애無罣礙의 삶이 가능하기에 무심을 얻는 것이 가장 중요한 과제이다.

지극한 선정 수행으로 일념에 이르면 적념寂念이 되고, 적념에서 한 걸음 더 나아가 무념을 얻으면 허심이 된다. 허심은 다시 일행삼매一行三昧에 이르러 마침내 무심을 얻는다. 이러한 무념·무심의 경지를 진여삼매眞如三昧 또는 진여실상眞如實相이라 이른다.

이렇게 무심의 경지에 도달한 이를 등각보살等覺菩薩이라 하고, 등각에서 아뇩다라삼먁삼보리(無上正覺)를 증득하여 진공묘유에 자재한 이를 묘각여래妙覺如來라 칭한다.

여래?

진여진래眞如眞來의 여래란 과연 어떠한 존재인가?

여래의 이칭異稱으로 여거如去라고도 하는데 이는 범어 tathāgata의 번역으로 진리(眞如)에서 참으로 온 이[眞來] 내지 참으로 간 이[眞去]라는 뜻이다.

'타따가타'의 뜻 번역을 어찌하여 서로 반대 의미를 가진 如來와 如去를 같이 쓸 수 있는 것인가?

여기엔 당연한 이유가 있다. 가령 부처님께서 중생들을 제도하기 위해 불국토를 떠나 사바세계에 나투셨다면 애초에 부처님이 계시던 그곳에서는 어디론가 떠나간 如去이고, 당도한 사바세계 여기에서는 당연히 如來인 것이다. 그러나 부처님은 온 적도 없고 간 적도 없다[不去不來]. 만약 부처가 생겨 나와 오기도 하고(來) 멸하여 가기도(去) 한다면 이는 바로 생멸거래生滅去來를 일으키는 중생일 뿐 어찌 이런 이가 부처이겠는가.

실로 여래는 시간과 공간을 초월하여 여기(此)가 저기(彼)이고 여기 저기 어디고 바로 거기 불거불래不去不來 피차일여彼此一如일 뿐이다. 그러므로 여래가 계신 곳은 중생이 윤회한다는 육도 어디든 불국토인 것이다.

餘韻 (여운) **眞去眞來** (진거진래)

如來何處去 (여래하처거)　여래는 어디로 갔으며

重生何處來 (중생하처래)　중생은 어디서 왔는가

不知何所去 (부지하소거)　갈 곳이 어딘지 모르면서

豈知何處來 (기지하처래)　어찌 온 곳인들 알리요

去者任其去 (거자임기거)　가는 것은 가는 대로 두고

來者任其來 오는 것은 오는 대로 두어라

終乃無一念 마침내 한 생각마저 없어지고 나면

彼此悉如來 너와 나 모두 여래인 것을

번뇌 즉 보리!

중생들의 번뇌(kleśa)가 108가지라면 그에 따른 깨달음의 보리(bodhi) 역시 108가지이다. 이에 따라 열반(nirvāna)에 이르도록 이끌어 주는 이 서물書物의 이름을 『108 용어로 만나는 불교』라 하였다.

고통의 원인이 되는 온갖 번뇌는 기나긴 시간 속에 나고 죽는 윤회의 업(karma)이 되지만, 보리의 깨달음인 열반(nirvāna)은 찰나의 정각正覺으로 영원한 성불에 이른다. 그러므로 작은 명제를 '긴 사연 짧은 이야기'라 하였다.

흔쾌히 출판을 허락해 주신 운주사 김시열 사장님께 깊은 감사를 드리며, 이 책이 나오기까지 원고 정리, 편집, 교정 등 성심을 다하여 도와준 제자 권도희의 노고에 고마운 정을 보낸다.

2024년 가을 대부도에서
심재동 識

108 용어로 만나는 불교

1

| 가사장삼 | 袈裟長衫 |

　가사袈裟는 수행승이 입는 법의法衣로서 5조條로부터 25조의 가사가 있다. 애초에는 버린 옷이나 죽은 사람의 옷에서 108쪽을 모아서 불규칙하게 꿰맨 것(똥 묻은 헝겊을 주워 모아 지었다고 '분소의糞掃衣'라고 했음)이었으나 후세에 이르러 재료도 풍부해지고 화려해지는 경향에 법식도 다양해졌다. 네 귀에는 日·月·天·王이라는 수를 놓고, 양쪽에는 끈이 달려 있으며, 겹으로 사방에 통로를 내어 통문通門이라 하였는데, 만일 막힌 곳이 있으면 지은 이나 입은 이 모두 다음 생에 맹인盲人의 과보를 받는다고 한다.

　인도에서는 가사만으로 몸을 가리지만 한국·중국·일본에서는 추운 기후 관계로 가사 속에 장삼長衫(긴 적삼)을 입는데, 가사는 '수垂한다(드리운다)' 하고 장삼은 '착의着衣한다(입는다)'고 표현한다.

　가사는 여러 가지 다른 이름으로 불린다. 많이 불리는 이름으로는 복전의福田衣, 공덕의功德衣, 무구의無垢衣, 인욕의忍辱衣 등이 있다.

　복전의와 공덕의는 재가자가 스님께 옷을 장만하여 드리면 복을 지을 수 있는 대상인 출가자가 입는 옷이기 때문에 붙여진 이름이다. 출가자는 번뇌의 티끌을 끊어 버렸기 때문에 무구의라고 부르며, 가사를 걸친 비구·비구니는 어떠한 경우에라도 참고 견뎌야 하기 때문에 인욕의란 이름이 붙여졌다.

가사의 공덕은 크게 두 가지로 구분할 수 있다.

하나는 가사를 착용하는 자가 짓는 공덕이고 다른 하나는 가사를 조성하거나 보시한 사람이 받는 공덕이다.

『석씨요람釋氏要覽』에 가사의 다섯 가지 공덕을 말하고 있다.

석존께서는 전생의 수행 중에,

"내가 성불하여 가사에 다섯 가지 공덕을 갖추리라."

는 서원의 공덕으로 오덕五德을 갖추었다고 한다.

① 올바르지 못한 요사스런 생각이나 의견(사견邪見)을 가진 사람이라도 가사를 존중하면 삼승三乘에 오른다.
② 천天·용龍·인人·귀鬼가 가사를 공경하면 삼승에서 결코 물러나지 않는다.
③ 귀신과 인간이 가사 한 조각만 지녀도 음식이 풍족하게 된다.
④ 가사를 일념으로 생각하면 자비심이 일어난다.
⑤ 전쟁터에서라도 가사를 얻어 공경하면 항상 승리한다.

가사 외에 수행자들이 평상시 입는 장삼은 절약과 검소의 상징 내지 수행의 징표로 삼는다. 대개 한 벌만 가지고 오랫동안 입기를 고집하면서 해진 데를 수없이 꿰매 입기를 좋아하는데, 퇴설당 성철스님의 누더기가 압권이다. 이를 흉내낸 사이비 수행자들이 일부러 천을 여러 조각으로 이어서 지어 입기도 한다. 하여간 종파를 불문하고 수행자는 무소유의 청정함을 기본으로 삼고 있으며, 가사장삼 이외에 최소한의 필요한 물건만 소유하도록 계율로 정해 놓고 있다.

『범망경梵網經』권 하 「보살계본」에 수행자가 언제나 몸에 지녀야 할 열여덟 가지 도구十八物에 대한 기록이 있다. 만약 이것 외에 무엇을 더 소지한다면 그것은 사치로서 계율을 어기는 것이며, 세속에 물든 타락으로 보는 것이다.

① 치목齒木 … 버드나무 가지 칫솔. 양지楊枝라고도 하는데, 새끼손 가락 굵기의 버드나무 가지를 10-20㎝ 정도로 자르고 한쪽 끝은 굵게, 다른 한쪽은 가늘게 하여 가는 쪽으로는 잇새의 불순물을 제거하고, 굵은 쪽은 씹어 거기서 나온 액液으로 이를 닦았다. 불제佛制에 의해 우리나라, 중국, 일본에서도 사용되었다. '요지ょうじ'는 양지의 일본식 발음으로 이쑤시개를 뜻한다.

② 조두澡豆 … 콩가루 비누

③ 삼의三衣 … 봄가을 옷, 여름 옷, 겨울 옷 각 한 벌씩

④ 일발一鉢 … 발우 하나

⑤ 병瓶 … 물병

⑥ 좌구座具 … 앉거나 누울 때 밑에 까는 방석

⑦ 석장錫杖(육환장) … 승려가 짚는, 고리가 여섯 개 달린 지팡이

⑧ 향로香爐 … 향을 피우는 자그마한 화로

⑨ 화수火燧 … 부싯돌

⑩ 녹수낭漉水囊 … 거름주머니. 물을 떠서 마실 때, 물속에 있는 작은 벌레나 티끌을 거르는 데 사용한다.

⑪ 수건

⑫ 도자刀子 … 칼

⑬ 섭자鑷子 … 콧수염 족집게

⑭ 승상繩床 … 노끈을 얽어맨 상

⑮ 경經

⑯ 율律(계본戒本)

⑰ 불상佛像

⑱ 보살상

이 열여덟 가지 외에 우리나라와 중국 등 북방불교 지역에서는 대나무를 잘라서 만든 '보살통菩薩筒'이라는 것이 있었다고 한다. 수행자가 겨울에 행여 이[蝨]를 잡아도 살생은 할 수 없으므로, 각자 대나무통 속에 이를 잡아넣고 자기 몸의 때를 문질러 통 속에 먹이로 주어 기르다가 봄이 되어 한식 때 풀밭에 놓아주며 염송하였다고 한다.

"발보리심發菩提心하여지이다!"

"나무대방광불화엄경南無大方廣佛華嚴經!"

2
| 개시오입 | 開示悟入 |

『화엄경』「방편품」에 의하면, 부처님은 중생들을 위하여 개開·시示·오悟·입入이라는 일대사 인연으로 우리가 사는 세상에 출현하셨다.

① 중생들에게 부처의 지혜를 열어 주어 청정함을 얻게 하려고 세상에 출현하시며[欲令衆生開佛知見使得淸淨故出現於世]

② 중생들에게 부처의 지혜를 보이려고 세상에 출현하시며[欲令衆生示佛知見故出現於世]

③ 중생들에게 부처의 지혜를 깨닫게 하려고 세상에 출현하시며[欲令衆生悟佛知見故出現於世]

④ 중생들을 부처님 지혜의 길에 들게 하려고 세상에 출현하신다[欲令衆生入佛知見道故出現於世].

불지견佛知見이란 제법실상의 진리를 남김없이 깨달아 조견照見하는 지혜로, 지知는 의식意識(受想行識)에 의해 아는 것이며, 견見은 안식眼識(色)에 의해 아는 것이다.

중생들을 위하여 출현하신다는 부처님은 과연 지금 어디에 계신가? 위에 설한 바와 같이 오직 일대사 인연으로 출현하신다 하였으니,

내가 스스로 '개시오입'의 인연을 쌓으면 바로 거기에 부처님이 계실 것이다.

'개開'란 무명 중생들에게 있는 그대로의 실상을 보게 하기 위하여 본래적으로 중생이 가지고 있는 진여(여래장)의 문을 열어 주는 것이다.

'시示'란 중생들에게 현상에 맞추어 실상의 참모습을 보게 하기 위하여 사사물물事事物物의 모든 덕德을 현시하는 것이다.

'오悟'란 중생들에게 현상인 사事와 본체인 이理가 걸림 없이 원융하다는 진리를 올바른 지혜로 증득하여 깨닫게 하는 것이다.

'입入'이란 중생들로 하여금 제법실상의 진리를 각오覺悟할 수 있도록 이끌어 내어 자유자재한 지혜의 바다에 들게 하는 것이다.

필자가 십수 년 전에 경북 청도군 호거산의 운문사에 참배 갔다가 하룻밤 기숙하면서 밝은 달밤 경내 큰 소나무 옆에서 문득 개시오입의 의미가 떠올라 시구詩句로 정리해 보았다.

餘韻여운 於虎踞山雲門寺어호거산운문사

淸風徐來開雲門청풍서래개운문　　맑은 바람 슬며시 불어오니 구름이 걷히고

明月滿空示虎踞명월만공시호거　　밝은 달빛 허공에 가득하니

　　　　　　　　　　　웅크린 호랑이 보인다

生滅去來悟眞如생멸거래오진여　　생멸거래는 진여를 깨닫게 하고

一異斷常入中處일이단상입중처　　일이단상은 중도자리 들게 하네

3

| 객진번뇌 | 客塵煩惱 |

번뇌煩惱의 '煩'이란 생각이 복잡하고 고민이 많아 머리에 불이 나서 열이 오르는 심란함을 뜻하고, '惱'란 마음을 괴롭혀 가슴이 메는 고통을 뜻하는 글자이다.

불교의 번뇌란 범어 kleśa(吉隷捨)의 번역어로서 깨달음의 장애가 되는 미망迷妄(사리에 어두운 것을 迷, 공허하며 실재하지 않는 것을 妄이라 함)의 마음으로 혹惑이라고도 한다. 이는 중생의 몸과 마음을 번거롭게 하면서 미혹되게 어지럽히는 정신작용의 총칭이다.

번뇌를 달리 일컫는 이름이 다양한데, 이를 간단히 요약하면 다음과 같다.

- 마음을 더럽히고 피로하게 한다 하여 진로塵勞
- 마음의 먼지이며 더러운 때라 하여 진구塵垢
- 중생의 몸과 마음을 잠들게 한다 하여 수면隨眠
- 중생의 몸과 마음을 묶는다 하여 수박隨縛 또는 결박結縛
- 대경對境(객관의 사물이나 대상)에 대하여 더욱 강한 영향을 미친다 하여 수증隨增
- 다툼의 근본이 된다 하여 쟁근諍根

- 종류가 무성한 숲의 나무와 같다 하여 조림稠林
- 마음의 집착과 정신에 오염이 된다 하여 염染

이외에도 결結·박縛·취取·개蓋·계繫·사使·주株·전箭 등 번뇌의 이칭이 많다.

중생들은 번뇌로 말미암아 업業을 일으키고 괴로움의 보報를 받아 가며 나고 죽는 미혹의 세계에 매여 있게 되는데, 이를 혹惑·업業·고苦의 3도道라 이른다. 불교는 이 3도의 번뇌 사슬을 끊고 열반적정涅槃寂靜에 다다름을 목적으로 삼는다.

서산西山 휴정休靜(1520-1604)대사의 『선가귀감禪家龜鑑』에 다음과 같이 이르고 있다.

斷煩惱者　　번뇌를 끊는 것은

卽名二乘　　곧 2승(성문·연각=小乘)이라 하고,

不生煩惱　　번뇌를 내지 않는 것을

名大涅槃　　대열반(大乘)이라 한다.

중생들에게 번뇌라는 것은 본디 마음에 내재되어 있었던 것이 아니요, 밖으로부터 예고 없이 찾아오는 것이므로 '객客'이라 하고, 심성을 혼탁하게 가리고 있으므로 '진塵(티끌·먼지·장애)'이라 하며, 이에 따른 번뇌란 탐·진·치 3독三毒으로 말미암은 심신뇌란心身惱亂 작용[苦]을 말한다.

부처님께서는 인간의 심성이 본래 청정[心性本淨]하다고 말씀하신다.

또한 『기신론』에 의하면 심성은 생生하지도 멸滅하지도 않는다 하였으니, 이는 마치 허공과 같은 것이라는 뜻이며, '지관止觀'에 의하면,

"불변하여 연緣을 따르므로 '心'이라 하고, 연을 따르지만 불변하므로 '性'이라 한다."

하였으니, 이는 결국 변하지 않는 참된 본성本性이며, 청정무구의 자성自性이며, 영원한 불성佛性이 아니겠는가.

마음이란 번뇌와 망상에 이끌려 일어나는 생멸심生滅心과 생사거래生死去來 내지 어떠한 업력業力에도 끄달림이 없는 본연심本然心이 있다. 생멸심은 각자 하는 바에 따라서 이끌려 간다 하여 소지장所知障(번뇌장)이라 이르고, 본연심은 업력에 좌우됨이 아예 없으므로 여래장如來藏 또는 진여심眞如心이라 한다.

생멸심과 진여심을 구분하여 말할 때 '지관'에서처럼 생멸심은 그대로 '心'이라 하고, 진여심은 생멸을 일으키지 않는 본래 성품인 본성本性을 줄여서 '性'이라 하는데, 性은 心에서 생生한 것이지만 본성, 즉 본연심을 뜻하는 글자이다.

그런데 어찌하여 본래 청정한 심성에 번뇌객진이 일어나는 것인가? 이는 마치 구름이 해를 가리고 있을 때 해가 어두운 것이 아니듯이, 번뇌가 마음(심성)을 휘감아 가리고 있으나 마음의 본체는 그대로이듯 객진번뇌는 뒤에 생겨나서 밖으로부터 온 것일 뿐이라 한다.

그러니 이 한마음 다잡아 객진을 물리치고 나면 지혜 광명이 드러나 스스로의 본 면목을 찾을 수 있다고 하였다. 본 면목을 찾는다는 것은 객진의 망념을 여의고 나면 번뇌와 고통이 사라지고 해탈 열반을 얻는다는 것이다.

『육조단경』에서 이를 자상히 일러 주고 있다.

自性常淸淨 자성은 항상 청정하다

日月常明 해와 달이 항상 밝은데

只爲雲覆蓋 다만 구름에 덮여 가리게 되면

上明下暗 위는 밝지만 아래는 어두워져

不能了見日月星辰

　　　　능히 해와 달과 별을 명료히 보지 못하다가

忽遇慧風吹散卷盡雲霧

　　　　홀연히 지혜 바람이 불어 모든 운무를 거두면

萬像森羅一時皆現

　　　　삼라만상이 일시에 다 나타나니라.

또 『법구경法句經』 「진구품塵垢品」에는 다음과 같이 이르고 있다.

着垢爲塵 때(번뇌)에 달라붙는 것은 티끌(망념)이 되고

從染塵漏 물듦에 따라서 티끌이 유전된다.

不染不行 물들지 않고 행하지 않으면

淨而離愚 맑고 깨끗하여 어리석음을 여의리라.

4
| 견리사의 | 見利思義 |

'눈앞에 이로움이 보이면 의리를 생각하라.'는 뜻으로『논어』제14 「헌문憲問」편에 나오는 공자님의 말씀이다. 즉 이익에 이끌려 정의를 잃으면 안 된다는 가르침인데, 요즘의 세태에는 이와는 반대로 아주 작은 이득만 보여도 물불 안 가리는, 이익이 보이면 의리도 저버리는 견리망의見利忘義의 어리석은 모습이 자주 보인다.

공자님은 이 말씀에 이어 "위태로움을 보면 목숨을 바치며[見危授命], 오랜 약속(초심)에 평생의 언약을 잊지 않는다면[久要不忘平生之言] 역시 성인成人이라 할 수 있으리라[亦可以爲成人矣]."고 하였다.

대개 성인이라 하면 만 19세 이상의 남녀로서 어른이 된 사람을 이르는 말이다. 이는 곧 심신의 발육을 마친 청년기에 이른 것을 뜻하는 말이다. 그러나 공자님은 성인에 대한 의미를 여기에서 한 걸음 더 나아가 인격적으로 성숙한 인간을 요구하고 있다. 즉 성인이라면 우선 실생활에서 항상 의리를 견지하라는 말씀이다.

성인(완성된 사람)이라는 말은 비로소 온전한 사람[全人]이 되었다는 의미로, 온전하다는 것은 흠결이 없는 것이며, 흠결이 없다는 것은 어느 한쪽에 치우치지 않으면서 서로가 공생공존하는 관계를 지키는 사람이라는 것이다.

사람이 자기의 이익에만 집착하게 되면 다른 이는 아랑곳하지 않게 되고 더 나아가 공공의 이익쯤은 도외시하게 되어 결국 의리와 인정이 메마른 몰상식하고 부도덕한 사람이 되기 십상이다. 이런 인간이라면 온전한 사람이라 하기에 부족한 것이다. 그러므로 성인이란 양보의 미덕을 갖춘 인격적으로 성숙한 사람, 즉 '사람다운 사람'이라는 뜻이 아니겠는가.

성인이 되어서 사람답지 못한다면, 즉 자기 입장에만 침착하여 남을 돌아보지 못하는 사람이라면 결국 짐승의 존재, 동물일 수밖에 없지 않은가. 예를 들어 수많은 어린 생명이 죽건 말건 나만 살겠다고 탈출하는 난파선의 선장 같은 인간은 나이만 먹었지 어른이 못 된다는 것이다. 그런 인간은 감량 미달의 어리석은 사람이며, 어쩌면 사람이기를 포기한 인면수심人面獸心의 짐승일 것이다.

이에 사람이 사람답게 살다가[見利思義] 사람답게 죽기 위해[見危授命] 무엇을 보고 대하는 순간마다 거기에서 올바름을 배워야 하고, 그 배운 바를 항상 마음에 간직하고 실천하며 사는 것이 성인이 되는 바른 길이다.

『치문경훈緇門警訓』 면학편 「지원법사智圓法師」 조에 다음과 같이 이르고 있다.

등 산 즉 사 학 기 고
登山則思學其高

> 산에 오르면 그 높음에 대하여 배울 것을 생각하고

임 수 즉 사 학 기 청
臨水則思學其淸

> 물에 이르면 그 맑음에 대하여 배울 것을 생각하고

좌 석 즉 사 학 기 견
坐石則思學其堅

　　돌에 앉으면 그 견고함에 대하여 배울 것을 생각하고

간 송 즉 사 학 기 정
看松則思學其貞

　　소나무를 보면 그 정절에 대하여 배울 것을 생각하고

대 월 즉 사 학 기 명
對月則思學其明

　　달을 대하면 그 밝음에 대하여 배울 것을 생각하고

만 경 삼 열 각 유 소 장
萬境森列各有所長

　　만 가지 경계에는 온갖 것이 빽빽이 늘어서 있어도

　　각기 뛰어난 바가 있으니

오 실 득 사 이 학 지
吾悉得師而學之

　　내 모두 다 스승으로 삼아 그것을 배우노라.

5
견문각지 | 見聞覺知 |

　불교에서 인간의 감각과 지각인 6식六識 작용을 견見·문聞·각覺·지知라고 한다. 눈으로 빛을 보고, 귀로 소리를 듣고, 코·혀·몸으로 냄새·맛·촉감을 감각하면서 각각의 인식을 일으키는 것이다.

　이에 안식眼識을 見이라 하고, 이식耳識을 聞이라 하며, 비식鼻識·설식舌識·신식身識 등 3식 작용을 覺이라 하고, 이러한 다섯 가지 인식 작용[前五識]이 서로 호응하여 일으키는 감각 작용을 비로소 의식意識이라 하며, 이것을 知라 한다.

　『직지심체요절』 법안法眼 문익文益(885-958)선사 조에 다음과 같은 게송이 있다.

　　　我有一券經　나에게 한 권의 경전이 있으니
　　　아 유 일 권 경

　　　不因紙墨成　종이와 먹으로 된 것이 아니다.
　　　불 인 지 묵 성

　　　展開無一字　펼치면 글자 하나 없지만
　　　전 개 무 일 자

　　　常放大光明　항상 크나큰 광명을 놓고 있다.
　　　상 방 대 광 명

이 경전의 이름이 『이목구비경耳目口鼻經』으로 종이나 먹으로 씌어진

것은 아니지만 누구나 가지고 있는 안眼·이耳·비鼻·설舌·신身·의意 6문
六門이 항상 빛을 발하는 경전이라는 것이다.

한편 『벽암록』에는 '견색명심見色明心 문성오도聞聲悟道'라는 선어禪語
가 있다. '사물의 모양[色]을 보고 거기에 응하여 마음을 밝히고, 자연
의 소리를 듣고 진리[道]를 깨친다.'라는 뜻이다.
이는 곧 산하대지 일체 만물이 모두 불성佛性을 갖춘 진리의 존재이
므로 무엇을 보든 어느 경계에 접하든 마음을 밝게 가지면 도리를 깨
닫게 된다는 말씀이다.

다음은 소동파蘇東坡의 오도시悟道詩 「증동림총장로贈東林總長老」이다.

계 성 편 시 광 장 설 溪聲便是廣長舌	시냇물 소리가 문득 부처님 설법이니
산 색 기 비 청 정 신 山色豈非淸淨身	산빛이 어찌 청정한 법신이 아니리오
야 래 팔 만 사 천 게 夜來八萬四千偈	밤새 들려오는 팔만 사천의 게송
타 일 여 하 거 시 인 他日如何擧示人	다음 날 어떻게 들어 보여 줄 수 있을까

서산스님은 20세에 당시 조선 최고의 숭인스님을 만나 여러 경전
을 학습하고 부용스님으로부터 선학禪學을 배워서 불교의 교리를 어느
정도 터득하였다.
그러나 무상도리無上道理를 얻지 못하여 마음이 매우 혼란스러웠는
데, 어느 날 밤 문득 두견새 울음소리를 듣고 언어문자로는 도저히 표
현할 수 없는 묘한 진리의 세계를 깨닫고 출가하게 되었다.

忽聞杜宇啼窓外   홀연히 창밖에 두견새 우는 소리 들으니

滿眼靑山盡故鄕   눈앞에 푸른 산이 모두 다 고향이네

서산스님이 깨달았다는 것이 무엇인가.

'창밖'과 '고향'이 바로 그것이다. 내가 앉아 있는 방을 중심으로 창밖은 삼천대천세계인 우주이며, 어느 곳이든 간에 그 우주는 바로 내 고향 불국정토임을 깨달은 것이다. 즉 내가 태어난 그 동네만이 내 고향이 아니요, 창밖은 어디고 나의 고향이라 하였으니 대우주의 대아大我를 본 것이 아니겠는가…….

이어서 27세에 같이 수행하던 도반을 찾아 전라북도 남원(용성)을 지나 성촌마을 앞에서 한낮에 우는 닭 울음소리를 듣고 활연豁然 대오大悟하여 다음과 같은 오도시悟道詩를 읊었다.

髮白非心白   머리털은 희었으나 마음은 희어지지 않았다고

古人曾漏洩   옛사람이 일찍이 누설하셨네

今聽一聲鷄   지금 닭 울음소리를 듣고

丈夫能事畢   대장부 할 일을 능히 마쳤네

문성오도聞聲悟道! 출가시에서는 문득 두견새 울음소리를 듣고 창밖의 모든 푸른 산이 내 고향임을 알았고, 오도송에서는 대낮에 닭 울음소리를 듣고 온 세상의 사물이 그냥 그대로 진리의 세계임을 홀연히 깨닫게 된다. 이는 곧 소리를 볼 수 있는 관음觀音의 경지가 아니런가!

6
| 계정혜 | 戒定慧 |

계정혜戒定慧란 불도佛道를 배워 깨달음에 이르려는 사람이 반드시 닦아야 할 세 가지 요체인 계율戒律·선정禪定·지혜智慧의 준말이다. 이를 삼학三學 또는 삼승학三勝學이라고도 한다.

계戒는 신身·구口의 그릇됨[身業·口業]을 막기 위하여 계율을 지키는 것이며, 정定은 산란한 마음[意業]을 제거하기 위하여 한 경계에 머물게 하는 선정의 모든 삼매三昧에 드는 것이며, 혜慧는 미迷(사리에 어두움)·혹惑(사리를 그르침)을 타파하고 지혜를 얻기 위해 고苦·집集·멸滅·도道의 사성제四聖諦와 열두 가지 인연법 내지 진여실상眞如實相을 관조觀照하여 얻게 된다. 관조란 지혜로 모든 사물의 참모습과 나아가 영원히 변하지 않는 진리를 비추어 보는 것이다.

계·정·혜 이 세 가지가 호응하여 증과證果를 얻는 것이므로 계를 지킴으로써 정定을 얻게 되고, 정定에 의하여 지혜를 얻어 마침내 깨달음[正覺]에 이르는 것이다. 누구나 자기 욕심대로 되지 않으면 성질을 부리고 성질대로 화를 내면 어리석은 사람이 된다. 이에 욕심(탐애貪愛)이 사라지면 저절로 계행戒行이 이루어지며, 성냄(진에瞋恚)이 없으면 그대로 선정인 것이다. 탐욕에 따른 성냄으로 말미암아 일어나는 어리석음(치암癡暗)을 제거하면 그야말로 지혜가 샘솟아 번뇌 고통을 여의는 것이다.

진여실상은 '진리 그대로 실다운 모습'이라는 말로, 진여와 실상은 어휘만 다를 뿐 본래 같은 뜻이다. 일여一如를 일컬어 '진여'라 하고, 묘유妙有를 뜻하여 '실상'이라 하였으니, 이는 다름 아닌 중도불이中道不二를 가리키는 말이다.

『법구경』「계신품誠愼品」에 다음과 같은 말씀이 있다.

持戒者安 계율을 지킨 자는 편안하고

令身無惱 몸으로 하여금 번뇌가 없게 하며

夜臥恬淡 밤에 누워서 마음이 고요하고

寢則常歡 잠에서 깨어나면 항상 즐겁다

— 제5절

以戒降心 계율로써 마음을 항복받고

守意正定 뜻을 지켜 선정을 바르게 하며

內學正觀 안으로 바르게 관찰함을 배워

無忘正智 바른 지혜를 잊어버림이 없게 하라

— 제10절

戒定慧解 계율과 선정과 지혜와 해탈

是當善惟 이것들을 마땅히 잘 사유토록 하라

^{도 이 이 구}
都已離垢　　온갖 때 묻음을 다 여의고 나면

^{무 화 제 유}
無禍除有　　재앙도 없고 소유할 것도 없느니라

　　　　　　　　　　　　　　　　　　　　　— 제13절

　이에 계·정·혜는 해탈열반, 곧 깨달음에 이르는 차례이고 지름길이
된다.

　이 네 가지는 구도자의 염두에서 잠시도 떠날 수 없는 것으로, 마음
속에 온갖 욕심이 사라지고 나면 그 사람에게 재앙이 있을 리 없고 내
소유라는 관념도 있을 수 없다.

餘韻　^{제 거 탐 애 정 계 율}
　　　　除去貪愛正戒律　탐욕과 갈애를 제거함이 바른 계율이요

　　　　^{멸 진 진 에 시 선 정}
　　　　滅盡瞋恚是禪定　성내고 화냄을 멸진함이 옳은 선정이다

　　　　^{생 출 계 정 실 지 혜}
　　　　生出戒定實智慧　계행과 선정에서 실다운 지혜가 나오고

　　　　^{쌍 수 정 혜 진 해 탈}
　　　　双修定慧眞解脫　선정 지혜를 함께 닦으면 참 해탈을 얻으리라

7
고집멸도 | 苦集滅道 |

불교의 근본 교리인 고제苦諦·집제集諦·멸제滅諦·도제道諦의 첫 글자를 따서 이르는 말이다. '고집멸도'란 네 가지의 성스러운 진리라 하여 '사성제四聖諦'라 이르며, 석가세존께서 성도成道하신 다음 첫 가르침으로서 가장 훌륭한 말씀이라 하여 '최승법설最勝法說'이라고도 한다.

부처님이 붓다가야 보리수 아래서 성도하신 후 녹야원에서 아야교진여 등의 다섯 비구에게 처음으로 펼치신 가르침이 바로 이 사성제법문이었으며, 이를 일러 '초전법륜初轉法輪'이라고 한다.

여기에서 '제諦'란 범어 satya의 번역어로서 진실하여 착오가 없는 것 내지 영원히 변하지 않는 진실을 뜻한다.

본래 諦(진실 체·제) 자는 '帝(임금 제) + 言(말씀 언)'의 회의자會意字(두 개 이상의 한자를 뜻까지 합성하여 만든 글자)로 '임금이 백성에게 하는 말은 진실해야 한다'는 의미로 만들어진 글자이다.

이에 유일한 진실을 '일제一諦'라 하며, 변하지 않는 진실을 진제眞諦라 하고 세월 따라 변하는 진실을 속제俗諦라 하여 '이제二諦'라 하고, 공空·가假·중中의 '삼제三諦', 고·집·멸·도의 '사제四諦' 등 7제, 10제, 16제, 25제로 교리에 따라 분류하기도 한다.

'苦'란 범어 duḥkha의 번역어로서 넓은 의미로 몸과 마음을 핍박받고 괴롭힘을 당하는 상태이며, '樂'의 반대개념이다. 누구나 자기 마음이 자신이 좋아하는 대상으로 향할 때는 즐거움을 느끼지만, 마음에 계합契合(사물이나 현상이 서로 꼭 들어맞음)되지 않는 대상으로 향할 때는 괴로움을 느끼게 된다.

또한 열반의 세계는 '언제나 즐겁고 자재自在한 참된 자아가 확립되어 있으며 청정하다'는 열반의 네 가지 덕인 '상락아정常樂我淨'이 없는 상태를 苦라 한다.

이러한 괴로움에는 혐오(du)와 공허(khaṁ)의 두 가지 뜻이 있다. 몸으로 받는 괴로움을 苦(괴로움)라 하고, 마음으로 느끼는 괴로움을 憂(근심)라고 한다. 자기의 심신 안에서 일어나는 것을 내고內苦라 하고, 밖으로부터 받는 것을 외고外苦라고도 한다. 그리고 이러한 것들이 확대된 사고四苦와 팔고八苦를 비롯한 모든 괴로움의 원인을 고제苦諦라고 하는 것이다.

'集'이란 작은 새들이 한 나무에 옹기종기 모여드는 것처럼 온갖 괴로움의 원인이 되는 것들이 마음에 회집會集되어 있다는 뜻이다. 즉, 중생들의 번뇌와 고통은 탐욕과 갈애渴愛(오욕에 대한 애착)로부터 일어난다는 진리를 집제集諦라고 한다.

'滅'이란 온갖 괴로움을 일으키는 갈애를 비롯하여 탐진치 3독을 온전히 멸해야만 범부의 생사인과生死因果가 소멸된다고 하여 멸무滅無의 의미를 갖는다. 깨달음의 목표가 모든 번뇌의 얽매임에서 벗어나고 진리를 깨달아서 불생불멸의 법을 체득하는 열반涅槃에 드는 것이므로 그 이치가 참된 것이라 하여 멸제滅諦라 한다.

'道'란 중생의 괴로움을 멸진시켜서 해탈 열반의 바른길로 인도하는 것으로서, 그 수행방법은 유루有漏의 번뇌망념의 경계를 여의고 무루無漏의 무위무심無爲無心으로 적연부동寂然不動한 경계에 들어 마침내 道를 성취하는 것이다. 道란 멸제에 이르는 진리이므로 도제道諦라고 한다.

대개의 중생들이 과거 어리석었던 인연으로 태어났기에 어쩔 수 없이 받는 고통이긴 하지만, 마음 한번 돌려 제대로 깨닫고 나면 苦는 곧바로 樂이 된다[離苦得樂].
'마음 한번 돌린다'는 것은 어떻게 하라는 것인가?
그릇된 견해를 바꾸라는 것이다.
① 자기와 세계가 영원하리라는 생각[常], ② 그러므로 즐겁다고 여기는 생각[樂], ③ 스스로 주체적 존재라는 생각[我], ④ 자기는 옳고 깨끗하다는 생각[淨]
이 네 가지 그릇된 생각을 4전도심四顚倒心이라 하는데, 이 마음을 '열반 4덕'으로 돌리는 것이다.

① 깨달음은 절대 영원하며[常]
② 깨달음은 영원히 즐거우며[樂]
③ 깨달음은 능동적인 자재자自在者가 되는 것이며[我]
④ 깨달음은 지극히 청정하다[淨]

이와 같이 똑같은 상락아정이 마음먹기에 따라서 전도망념顚倒妄念이 되기도 하고 해탈열반解脫涅槃으로 둔갑하기도 한다. 실로 '마음은 도깨비와 같다'는 옛말이 허황되지 않음을 알겠노라.

따라서 '苦'와 '集'은 괴로움의 원인, 즉 번뇌를 일으키는 일체의 갈애를 버림으로써 해결되는 것一切放下이며, '滅'은 탐내고 성내어 어리석음에 빠지는 탐진치를 제거하면三毒滅盡 어둠은 사라지고 광명이 비친다. '道'는 팔정도를 실천하면 저절로 중도행中道行을 이룰 수 있고, 마침내 해탈열반에 이르게 된다.

餘韻 生老病死根本苦

　　　태어나서 늙고 병들어 죽는 것은 근본의 괴로움이요

善惡愛憎隨緣集

　　　좋고 나쁘고 사랑하고 미워함은 인연 따라 모이는 것

惑業煩惱永盡滅

　　　미혹의 죄업과 번뇌를 길이 다 멸진하고 나면

戒定慧覺涅槃道

　　　계정혜로 깨달아서 열반의 길로 가리라

8
| 교학상장 | 教學相長 |

'교학教學'이란 '교육과 학문'의 줄임말이기도 하지만, 여기에서는 남을 가르치는 일을 教라 하고, 스승에게 배우는 일을 學이라 하며, 가르치고 배워서 바른길로 나아간다는 뜻이다.

『법구경』「교학품」말씀 중에 몇 구절만 인용한다.

교학이란 ;

導以所行   행하는 바로써 이끌어

釋己愚闇   각기 어리석고 어두움을 깨우쳐 주고

得見道明   진리의 밝음을 볼 수 있게 함이다

— 제1절

思而不放逸   깊이 생각하여 방일하지 아니하며

爲仁學仁迹   어짊을 행하고 어짊의 자취를 배우면

從是無有憂   이에 따라서 근심할 것이 없으리니

常念自滅意   항상 마음에 새겨 스스로 욕심을 없애라

— 제4절

非務勿學 _{비무물학}　　바르지 않은 것은 힘써 배우지 말고

是務宣行 _{시무선행}　　올바른 것은 힘써 마땅히 배우라

已知可念* _{이지가념}　　가히 생각이란 것이 무엇인지 알고 나면

則漏*得滅 _{즉루득멸}　　번뇌망념이 사라짐을 얻은 것이다

— 제9절

지가념知可念이란 불도를 수행하여 무념의 경계에 도달했음을 이르는 말이며, 漏는 불가에서 번뇌 망념을 이르는 말이다.

學當先求解 _{학당선구해}　　배움은 마땅히 먼저 깨달음을 참구해야 하나니

觀察別是非 _{관찰별시비}　　잘 관찰하여 옳고 그름을 분별하라

受諦應誨彼 _{수제응회피}　　진리를 수지하였으면 응당 남을 가르칠 것이며

慧然不復惑 _{혜연불부혹}　　혜연*하여 다시는 미혹되지 않으리라

— 제20절

혜연慧然이란 지혜를 얻어 천연스러움, 슬기로운 모습을 말한다.

이어서 '상장相長'이란 배우는 학생은 물론 가르치는 스승도 서로 함께 학문이 신장伸張된다는 뜻이다.

『예기禮記』「학기學記」편에 이르기를 ;

學然後知不足 _{학연후지부족}　　배우고 나서야 지혜가 부족함을 알며

^{교 연 후 지 곤}
教然後知困

　　가르쳐 본 뒤에야 가르치는 어려움을 안다

^{지 부 족 연 후 능 자 반 야}
知不足然後能自反也

　　부족함을 안 뒤에야 스스로 반성할 수 있으며

^{지 곤 연 후 능 자 강 야}
知困然後能自强也

　　어려움을 안 뒤에야 스스로 노력할 수 있게 된다

^{고 왈 교 학 상 장 야}
故曰 教學相長也

　　그러므로 가르치고 배우면서 서로 성장하는 것이라고 한다.

배움[學]이란 무엇인가?

『논어』의 첫머리에 공자께서 말씀하셨다.

　　배우고 때로 그것을 익히면 기쁘지 아니한가. [子曰 學而時習之 不亦

　說(悅)乎]

　배우지 못하면 아는 것이 없고, 아는 것이 없으면 인생의 진정한 행복이 무엇인지 모르는 인간이 되고 만다. 세상 물정 아는 것이 없으면 미련하고 어리석어 자기 뜻에 알맞은 경계를 만났을 때의 기쁨, 죽어 극락왕생하는 것에 대한 기쁨, 불법佛法을 듣고 느끼는 기쁨 등 참다운 환희와 유한한 욕구를 넘어서서 얻는 큰 기쁨인 실다운 열락悅樂을 맛보지 못한 채 아까운 인생을 마치게 된다.

　배우고 익혀서 사리에 밝아지면 스스로 희열을 느끼게 되고, 그 나름의 학식 수준에 따라 의기투합하는 동지들이 생겨나서 붕우 교제가 자연히 일어나게 된다. 그리하여 벗과 이웃들이 나를 인정해 주고 그

사회가 알아봐 주는 인물로 성장하였을 때 스스로 자존감과 행복감을 얻을 수 있을 것이다. 혹 남들이 알아주지 않더라도 이미 인격 도야가 원만해져 있으므로 성내는 마음조차 일으키지 않는다면 진정한 인격자가 아니겠는가.

만약에 무지몽매한 채로 죽은 이의 영혼이 다음 생에 유식한 중생으로 태어날 수 있겠는가.

지옥·아귀·축생·수라·인간·천상의 6道 중에 어느 곳이 배움의 조건과 환경이 가장 적합한 곳인지 차례대로 살펴보면 다음과 같다.

① 지옥도地獄道

지옥은 오직 고통만이 존재하는 세계이다. 숨 쉴 여가조차 허락되지 않는 무간지옥無間地獄의 세상에서 어찌 배우고 익힐 겨를이 주어지겠는가.

② 아귀도餓鬼道

지옥보다는 덜하지만 배고픔의 괴로움만 있는 세계이다. 역시 공부할 엄두를 낼 수 없는 세상이다.

③ 축생도畜生道

식욕과 음욕만 강하고 무지하며 윤리가 없는 세계로서 약육강식, 서로 잡아먹는 공포의 세상이다.

④ 수라도修羅道

항상 시기와 질투 속에 서로 싸움만 하는 세계이다.

⑤ 인간도人間道

業을 가장 많이 짓는 세계이며 업인業因에 따라 천차만별의 삶을 영위하면서 행락行樂과 고통이 상존常存하는 세상이다. 각자 나름의 삶을 찾아 모든 것을 성취할 수 있는 환경이므로 배우고 익히는 데 가장 적합한 조건이다.

⑥ 천상도天上道

극락 국토라 하며, 모든 것이 빠짐없이 골고루 갖추어져 있으므로 지극한 즐거움 속에 아쉬울 게 전혀 없는 안락의 세계여서 배움이라는 필요성이 절실하지 않은 세상이다. 그러므로 공부는 인간으로 태어났을 때가 가장 적합한 시기이다.

9
| 구류중생 | 九類衆生 |

　　과거 생에 지은 행업行業에 의해 금생에 몸을 받을 때 아홉 가지의
형태로 태어나게 되는 중생을 '구류중생'이라고 한다.

　　세존께서는 『금강경』제3 대승정종분大乘正宗分에서 육도六道 중생을
첫째 태어나는 형태에 따라, 둘째 신명身命(목숨)의 유무에 따라, 셋째
지각의 유무에 따라 다시 분류하여 아홉 가지로 교설하신다.

소유일체중생지류 약난생 약태생 약습생 약화생 약유색
所有一切重生之類　若卵生　若胎生　若濕生　若化生　若有色

약무색 약유상 약무상 약비유상비무상 아개영입무여열반
若無色　若有想　若無想　若非有想非無想　我皆令入無餘涅槃

이 멸 도 지
而滅度之

　　있는바 일체중생의 종류에는 알에서 태어나는 것, 태반으로 태
어나는 것, 물에서 태어나는 것, 변화되어 태어나는 것, 형체가 있
는 것, 형체가 없는 것, 생각이 있는 것, 생각이 없는 것, 생각이
있는 것도 아니고 생각이 없는 것도 아닌 것들이 있으니, 내가 이
들을 모두 남음이 없는 열반에 들게 하여 모든 번뇌의 얽매임에서
벗어나고 진리를 깨달아 불생불멸의 법을 체득게 하리라.

원문에서 가능조동사 '若'을 9차례 사용하여 구류중생으로 분류하고 있는데, 이는 태어나는 형태에 따른 분류, 신명身命(목숨)의 유무에 따른 분류, 지각知覺에 따른 분류로서 다시 세분하여 아홉 가지로 교설하신 것이다. 이러한 중생마다의 특성을 『구사론』 제8권의 내용을 원용하여 개략적으로 요약 정리하면 다음과 같다.

■ 구류중생의 특성

1. 태어나는 형태적 분류

① 태생胎生 : 태장胎臟(태반)으로부터 생겨 나온 유정류有情類로서, 사람을 비롯한 코끼리 말 소 돼지 양 등과 같은 것이다. 암컷은 유방이 발달되었고 뒷걸음이 가능한 동물이다.

② 난생卵生 : 난곡卵穀(有精卵)으로부터 생겨나는 유정류로서, 거위나 공작 앵무새 기러기 같은 것이다. 조류와 파충류 등 알에서 태어난 동물은 암컷도 젖이 없으며 뒷걸음질을 못한다.

③ 습생濕生 : 물에 의한 습기로부터 생겨나는 유정류로서, 벌레나 누에 나비 모기 노래기 지네 등과 같은 것이다.

④ 화생化生 : 어디에도 의탁한 바 없이 생겨난 유정류로서 사락가師落迦(지옥 아귀 수라) 천중天衆 중유中有 등과 같은 것이다.

이에 대하여 6조 혜능대사는 『금강경오가해』에서 다음과 같이 이른다.

卵生者迷性也 <small>난 생 자 미 성 야</small> 난생이란 미혹한 성품이다

胎生者習性也 <small>태 생 자 습 성 야</small> 태생이란 훈습된 성품이다

濕生者隨邪性也 <small>습 생 자 수 사 성 야</small> 습생이란 삿됨(不定)을 따르는 성품이다

化生者見趣性也 <small>화 생 자 견 취 성 야</small> 화생이란 보고 잘못 고집하는(妄見) 성품이다

迷故造諸業 <small>미 고 조 제 업</small> 미혹한 까닭에 모든 업을 짓고

習故常流轉 <small>습 고 상 유 전</small> 훈습되어 있으므로 항상 유전하며

隨邪心不定 <small>수 사 심 부 정</small> 삿됨을 따르므로 안정되지 못하며

見趣多淪墮 <small>견 취 다 륜 타</small> 온갖 갈래를 다 보므로 빠져들고 떨어짐이 많으니라

이 모두가 어리석어서 업을 짓고 습성에 젖어 있기에 생사윤회에 유전하고, 삿됨에 끌려 마음이 안정되지 못하기 때문에 타락하게 된다고 하였다.

2. 형상의 유무에 따른 분류

① 유색有色

　형상이 있는 모든 생물체…육신생肉身生(태생·난생·습생) = 신명身命

② 무색無色

　형상이 없는 모든 영식체靈識體 … 윤회식輪迴識(화생) = 식명識命

3. 지각의 유무에 따른 분류

① 유상有想 : 육체적 지각으로 생각하는 존재

② 무상無想 : 육체적 지각과 생각이 없는 존재

③ 비유상비무상非有想非無想 : 생각이 있는 것도 아니고 생각이 없는 것도 아닌 중생(무색계의 제4천)

위와 같은 9류類 가운데 비유상비무상을 뺀 여덟 가지에 비유색非有色·비무색非無色·비유상非有想·비무상非無想의 4가지를 더하여 12류중생이라고 분류하기도 한다.

중생은 무리 지어 생존하는 존재이며, 정情을 주고받으면서 살아가는 존재이므로 유정중생有情衆生이라고도 한다.

유정중생이란 범어 사트바sattva(보살)의 번역어로 대개 심心·의意·식識을 가지고 살아가는 수많은 생류生類라는 뜻으로 군생群生, 군류群類라고도 하며, 생명을 가지고 있는 일체 존재를 지칭하는 것이므로 넓은 의미로는 불보살까지 포함된 개념이기도 하다. 다만 불보살은 깨달은 중생이므로 '중생즉여래衆生卽如來'라고 말할 수 있는 것이다.

여기에 대해서 산천·초목·대지 등은 무정無情 또는 비유정非有情이라 하는데, 성유식론成唯識論에서는 유정과 무정을 아울러서 중생이라 이르기도 한다.

餘韻	衆生衆生覺卽佛	중생 중생 해도 깨달으면 부처요
	是佛是佛名卽生	부처 부처 해도 이름 붙이면 중생이다.
	般若本是具備圓	반야지혜 본래로 갖추어져 원만하거늘
	衆生安得如來成	중생들은 어디에서 여래를 이루려 하는가.

胎卵濕化業緣生　　태생 난생 습생 화생 업연으로 태어나며

志情意識空然心　　뜻과 뜻, 뜻과 앎 부질없는 마음이라

法報應身一如佛　　법신 보신 응신 한결같은 부처이며

本自佛性淸淨心　　본성 자성 불성 청정한 마음일 뿐이라

四大緣集構一身　　4대가 인연 따라 모여 이 한 몸 갖추고

五蘊積聚成等心　　5온이 쌓이고 모여 갖가지 마음 이루네

九類衆生無別身　　구류중생 별달리 몸이 없음이요

一切諸佛有唯心　　일체의 모든 부처 오직 마음에 있음이라

10
| 금구성언 | 金口聖言 |

 '금구金口'란 부처님의 몸이 황금빛의 금강신金剛身이므로 그 입을 이렇게 말하는 것이다. 이에 부처님의 성스러운 말씀은 금강과 같이 영원히 사라지지 않는 진리의 말씀이 되므로 비유적으로 '금구설金口說' 또는 '금구성언金口聖言'이라 한다.

 '성언'을 성어聖語라고도 하는데, 聖은 正의 뜻을 가지므로 '바르고 정직한 말씀'이라 하여 성언이 '정음正音'으로 번역된다.

 이러한 정음에 4가지가 있으니, 『아비달마집이문족론阿毘達磨集異門足論』 제10에 '사성언四聖言'에 대해서 다음과 같이 이르고 있다.

① 不見言不見 : 보지 않은 것을 보지 않았다고 말하는 것

② 不聞言不聞 : 듣지 않은 것을 듣지 않았다고 말하는 것

③ 不覺言不覺 : 깨닫지 못한 것을 깨닫지 못했다고 말하는 것

④ 不知言不知 : 알지 못하는 것을 알지 못한다고 말하는 것

 즉, 진솔하여 거짓이 없는 말이어야 정음이 되어 악업을 짓지 않고

성스러울 수 있다는 것이다.

공자님께서도 『논어』에서 이와 유사한 말씀을 하신다.

_{지 지 위 지 지 　 부 지 위 부 지 　 시 지 야}
知之爲知之 不知爲不知 是知也

아는 것을 안다고 하고 모르는 것을 모른다고 하는 것, 이것이
바르게 아는 것이다.

또 『법구경』「도리품道利品」에도 다음과 같이 이르고 있다.

_{미 설 정 위 상}
美說正爲上　아름다운 말이 바르면 으뜸이 되고

_{법 설 위 제 이}
法說爲第二　법의 말씀이 둘째가 되며

_{애 설 가 피 삼}
愛說可彼三　사랑의 말이 셋째가 되고

_{성 설 불 기 사}
誠說不欺四　성실하게 말하여 속이지 않음이 넷째가 된다.

대개 중생들의 온갖 행위는 업을 짓는 일이 되므로 조업造業이라 한
다. 착한 행위는 착한 대로 선업이 되고, 악한 행위는 악한 만큼 악업
이 되어 삼계 육도의 생사윤회를 거듭하게 되는 것이다.

몸과 입, 마음으로 짓는 열 가지 악업 중에 특히 악구惡口(욕설), 망어
妄語(진리를 왜곡시키는 거짓말), 기어綺語(아첨하는 말), 양설兩舌(이간질)의 네
가지 구업을 경계하여 예로부터 많은 격언·속담 등이 전해 온다.

'한마디 말이 이치에 맞지 않으면 천 마디 지껄여도 쓸데없다一言不
中 千語無用.' 하였고, '황금 만 냥이 귀한 것이 아니요, 사람의 훌륭한
말 한마디가 천금보다 낫다黃金萬兩未爲貴 得人一言勝千金.'고 하였다. 또 '장

부의 말 한마디 천금보다 무겁나니, 한 입으로 두말하면 두 아비 자식이다[丈夫一言重千金 一口二言二父子].'라고 격하게 이르기도 한다.

전한前漢 때 군평君平이란 이가,

"입과 혀는 재앙과 근심의 문이요, 몸을 망치는 도끼이다[口舌者 禍患之門 滅身之斧]."

라는 말을 했는데, 조선의 연산군이 이 말을 끌어다가 자신의 폭정에 대한 언로言路를 막느라 대신들의 목에,

"입은 재앙의 문이요, 혀는 목을 베는 칼이다[口是禍之門 舌是斬身刀]."

라고 새긴 신언패愼言牌를 걸고 다니게 한 일도 있다.

11
| 기도발원 | 祈禱發願 |

　기도祈禱란 기원祈願·기념祈念·기청祈請·심원心願이라고도 하며, 불보살의 가피加被(도움)를 받아 화를 물리치고 복을 받아들이는 종교에 따른 신앙행위이다.

　발원發願이란 원하는 바를 세우는 것으로 발원심發願心·발지원發志願·발대원發大願이라 이른다. 이는 모두 불과佛果의 보리심을 구하는 마음이며, 정토淨土를 완성하여 나를 비롯한 모든 중생을 제도하고자 하는 서원誓願을 일으키는 것이다.

　이에 기도는 각자 나름의 신명神明(신앙의 대상)에게 자기가 마음속에 품고 있는 구하는 것과 바라는 것(소구소망所求所望)을 실제로 얻을 수 있게 해 달라고 간절히 비는 신앙적 행위이며, '발원發願'이란 그 내용을 밖으로 표현하는 것을 말한다.

　여기에서 기도라는 용어의 문자적 의미를 살펴보면, '빌 기祈'와 '빌 도禱'는 이음동의어異音同義語로서 '빌다' '빎'이라는 뜻은 같은데 문자적 속뜻에 엄연한 차이가 있다. 한자는 같은 의미의 글자라 하더라도 각각 고유한 속뜻을 가지고 있기 때문이다.

　'祈'는 자기의 허물을 뉘우쳐 고하며 잘못을 빈다는 '참회懺悔'의 뜻을 내포하고 있으며, '禱'는 그 뉘우침에 이어 두루 가호加護를 받아 자기가 원하는 것이 이루어지고 그것이 영속되기를 원한다는 뜻을 가진다. 그러므로 기도란 반드시 뉘우침이 전제되어야 바라는 바를 이룰 수 있음을 의미한다.

뉘우침을 뜻하는 '참회' 또한 이음동의어로서, '懺'은 자기가 살아오면서 이미 저지른 잘못된 과오를 뉘우치고 있다는 '지어전비知於前非'의 뜻을 나타내며, '悔'는 앞으로 살아가면서 목숨이 다하도록 다시는 그런 잘못을 저지르지 않겠다는 '종신부작終身不作'을 다짐하는 뜻을 품고 있다.

이와같이 참회하면 악도 선으로 변할 수 있다고 『법구경』「악행품」에 다음과 같이 이르고 있다.

過失犯惡　잘못으로 악을 범했을지라도

能追悔善　능히 뒤따라 참회하면 선이 되나라

是明照世間　이것은 세상을 밝게 비추어

如日無雲噎　마치 구름 걷힌 하늘의 해와 같기 때문이다.

불교적으로는 묵언·묵상의 참선기도參禪祈禱와 염불·염경의 칭명기도稱名祈禱와 송주誦呪·진언眞言의 다라니기도陀羅尼祈禱를 비롯하여 사경寫經, 참배參拜 등으로 기도발원을 한다. 그것도 행行·주住·좌坐·와臥·어語·묵默·동動·정靜의 걸을 때나 머물 때나, 앉아 있을 때나 누워 있을 때나, 말할 때나 침묵할 때나, 움직일 때나 가만히 있을 때나 일상생활을 올바르게 실천하는 것을 기도로 본다.

　기도 발원과 발원문에는 사홍서원(四弘誓願)을 비롯하여 여래 10대원, 아미타의 48원, 백팔참회 발원문, 이산(怡山) 혜연(慧然)선사 발원문, 의상조사 백화도량(白花道場) 발원문, 연지(蓮池)대사 극락왕생 발원문, 나옹화상 발원문, 불교 행사에 따른 발원문, 일상 기도에 따른 발원문 등이 있다. 일체중생의 소구소망을 담은 기도 발원은 아마도 중생의 숫자만큼 많으리라 짐작된다.

12
|기별·예언 | 記別·豫言 |

　'기별記別'이란 범어 vyākarana(和伽羅那)의 의역意譯으로서 부처님이 수행자에게 미래에 성불할 것을 낱낱이 구별하여 미리 일러 주시는 말씀으로 '수기'라고도 한다. 기별을 주는 부처님에 대한 기록일 때는 '줄 授'를 써서 '授記'라 하고, 기별을 받는 수행자의 기록일 경우에는 '받을 受'를 써서 '受記'라 표기한다.

　'記別'은 우리가 일반적으로 흔히 사용하는 '奇別'이라는 용어와 혼동될 수도 있고, 또는 '예언豫言'이라는 말과 유사한 뜻으로 이해될 수도 있다. 그러나 세상의 종말을 예언한 마야문명의 달력처럼 어디까지나 앞으로 일어날 일을 미리 짐작하는 것에 불과하므로 그 내용이 맞을 수도 있고 틀릴 수도 있다.

　이에 반해 '記別'이란 아직 닥치지 않은 미래사이지만 인과응보의 확정된 결과이므로 마치 '오이 심은 데 오이 나고 콩 심은 데 콩 나듯이[種瓜得瓜 種豆得豆]' 시간 차이만 있을 뿐 반드시 일어날 일을 말씀하시는 것이다. 엄연한 사실이기에 절대로 틀릴 수 없는 실제적 사실(fact)의 기록이다. 그러므로 단순하게 '記(기록)'라고 줄여 쓰기도 한다.

　이러한 기별의 내용들은 엄연한 사실을 확실히 나타내기 위하여 시간(겁수劫數), 장소(국토), 불명, 수명 등을 빠짐없이 기록하고 있다.

일례로 석가여래의 구원겁久遠劫 전생 고행자 시절에 수기를 받는 내용이 『증일아함경』을 비롯하여 여러 경전에 기록되어 있는데, 누구나 쉽게 접할 수 있는 『금강경』 제17분에도 다음과 같은 내용이 나타나 있다.

시고 연등불 여아수기 작시언 여어내세 당득작불 호석
是故 燃燈佛 與我授記 作是言 汝於來世 當得作佛 號釋
가모니
迦牟尼

이런 연유로 연등부처님께서 나에게 수기하시면서 이 말씀을 하셨느니라.
"너는 내세에 마땅히 불과佛果를 지어 얻고 석가모니라 이름하리라."

이러한 수기, 즉 기별을 받기 위하여 석가모니는 어떠한 수행을 하였던가. 『본생경本生經』 『현우경賢愚經』 『잡보장경雜寶藏經』 등 여러 경전에 나타난 여러 가지의 본생설화 중에 한두 가지만 요약해 본다.
먼저 『열반경』에 나오는 「설산동자의 위법망구爲法忘軀」의 설화에 나오는 이야기다.

설산동자는 석가모니불이 구원겁의 먼 전생에 설산에서 수행할 때의 이름이다. 설산동자가 수행에 정진하고 있을 때 제석천이 설산동자의 구도심을 시험해 보고자 나찰로 변신하여,

모든 행은 항상함이 없나니[諸行無常]
이는 생멸의 법칙이니라[是生滅法].

라고 부처님의 게송 중 절반만을 읊조렸다.

그 게송을 들은 설산동자는 마음이 환하게 밝아지면서 뭔가 구절이 더 있을 것 같은 생각이 들어 나찰에게 나머지도 들려주기를 간청한다. 그러자 나찰은,

"수행자여, 나는 지금 며칠째 굶어 말할 기운도 없다. 사람의 뜨거운 피와 살을 먹게 해 준다면 말해 주지."

"나머지 게송을 들려준다면 이깟 몸뚱이 기꺼이 바치겠소."

"참으로 어리석구나! 겨우 여덟 글자를 들으려고 귀한 목숨을 버리겠다고?"

"옹기 항아리를 깨서 금 항아리(금강신金剛身)를 얻고자 함이니 나머지 게송이나 들려주시오."

그러자 나찰은 목소리를 가다듬어 나머지 절반을 들려주었다.

생겨났다 멸하는 것(경계)마저 사라져 버리면[生滅滅已]
고요하고 고요한 열반의 즐거움을 얻게 되느니라[寂滅爲樂]

그리고는 곧 설산동자의 몸을 요구하였다. 설산동자는 자기가 이대로 죽어 버리면 세상 사람들이 이 귀중한 진리를 알 수 없을 테니 돌과 나무에 이 게송을 많이 써 놓고 높은 바위에 올라가서 나찰에게로 몸을 던졌다. 나찰이 제석천의 본모습으로 돌아와서 커다란 손으로 설산동자를 받아 내려놓자 모든 하늘중생들이 동자의 발아래 엎드려 찬탄하였다.

이어서 『본생경』에 수록된 「산화해발散花解髮」의 설화는 다음과 같

다. 석가모니불이 구원겁 전생 선혜(Sumedha)보살 시절 인행因行(부처가 되기 위한 수행) 중에 연등불을 뵙게 되었다. 나라 안 백성들이 모두 꽃 공양을 올리느라 꽃을 살 수 없을 때 선혜보살은 그 나라의 왕녀 '고 피'라는 여인에게 은전 500닢을 주고 청련화 다섯 송이를 얻어 뿌리며 공양드린 후 진창에 머리를 풀고 엎드려 말씀드렸다.

"부처님께서는 진흙을 밟지 마시고 마니주(여의주)로 꾸며진 다리를 밟는다 여기시고 저를 밟고 가소서. 이는 저에게 영원한 이익과 안락이 되겠습니다."

그러자 연등불이 선혜보살에게 수기를 내리신다.

"착하고 착하다. 그대 심성이 기특하구나. 그대는 미래세에 석가모니불이 되어 나와 더불어 삼계의 중생들을 제도하리라. 그대는 카필라성에 날 것이며 아버지는 정반왕이요, 어머니는 마야 왕비이다."

13
| 내외명철 | 內外明徹 |

'내외명철內外明徹'이란 '안과 밖의 6근根(안이비설신의) 6진塵(색성향미촉법)이 서로 밝고 분명하게 통한다'라는 뜻으로, 겉과 속이 막힘없이 트여 밝고 환한 깨달음으로 색심불이色心不二하고 원융무애한 최고의 경계를 의미한다. 6근을 내內라 하고 6진을 외外라 하는데, 내외겸명內外兼明이라고도 한다.

『육조단경』에 다음과 같이 이르고 있다.

세 인 성 정 유 여 청 천 혜 여 일 지 여 월
世人性淨 猶如淸天 慧如日 智如月

　세상 사람들 본성의 청정함은 마치 맑은 하늘과 같아

　슬기로움이 해와 같고 지혜로움이 달과 같다.

지 혜 상 명 어 외 착 경 망 념 부 운 개 복 자 성 불 능 명
智慧常明 於外著境 妄念浮雲 蓋覆自性 不能明

　지혜는 항상 밝은데 밖의 경계에 집착하여

　망령된 생각으로 뜬구름에 덮여서

　자성이 능히 밝아지지 못할 뿐이다.

고 우 선 지 식 개 진 법 취 각 미 망 내 외 명 철 어 자 성 중 만 법 개 현
故遇善知識 開眞法 吹却迷妄 內外明徹 於自性中 萬法皆見

　그러므로 선지식을 만나 참된 법을 열게 되면

　미망을 불어 물리쳐 버리고 안팎으로 밝음이 사무쳐

자기의 성품 가운데에 만법이 다 드러나게 되나니

^{일 체 법 자 재 성 명 위 청 정 법 신}
一切法自在性 名爲淸淨法身

일체법의 자재한 성품으로 청정법신이라 이름하느니라

무엇을 청정법신이라 하는가? 세상 사람의 자성은 본래 청정하므로 모든 법이 자기의 성품으로부터 난다. 하늘이 항상 맑고 해와 달이 항상 밝되, 구름이 덮이면 위는 밝고 아래는 어둡다가 문득 바람이 불어 구름이 흩어지면 위아래가 함께 밝아지는 것과 같이 세상 사람의 성품도 이와 같다. 智는 해와 같고 慧는 달과 같아 지혜가 항상 밝은데, 밖으로 경계에 집착하는 마음과 망념의 뜬구름으로 자성自性이 밝지 못한 것이다. 그러므로 선지식을 만나 참된 법을 듣고 미망을 스스로 없앤다면 내외명철하여 자기의 성품 가운데 만법이 모두 나타나며, 그 성품을 본 사람도 또한 이와 같으므로 이를 청정법신불이라고 이름한다고 하였다.

내외겸명이란 인도의 논리학으로 5명五明을 말한다.

앞의 4가지를 외명外明이라 하고, 다섯 번째 불교 진리에 대한 것을 내명內明이라 하며, 여기에서 明이란 배운 바를 분명히 한다는 뜻이다.

① 성명聲明 : 언어·문학·문법을 명철히 함
② 공교명工巧明 : 공예·기술·역수 등 학문을 명철히 함
③ 의방명醫方明 : 의학·약학을 명철히 함
④ 인명因明 : 정사正邪의 진위를 분명히 함
⑤ 내명內明 : 불교 진리, 특히 자기가 믿는 종파의 종지를 명철히 함

14
다문정심 | 多聞淨心 |

'다문정심多聞淨心'이란 '많이 듣고 배워서 마음을 맑힌다'는 뜻이다.

부처님께 기원정사를 지어 올리고 가난한 이에게 많은 보시를 하여 급고독給孤獨장자라 이르는 수닷타에게 호시護施라는 친구가 있었다. 호시는 해와 달을 섬기면서 모든 수행자의 가르침을 거부하고 의술도 믿지 않았는데, 중병에 걸려 몸져누워 있을 때 수닷타의 권고로 세존을 친견하게 되었다.

호시가 부처님께 아뢰었다.

"저는 해와 달을 섬기고, 임금과 조상들을 공경하면서 온갖 재계齋戒로 기도하며 살았습니다. 그러나 그 은덕을 입지 못했음인지 이렇게 병을 앓고 있습니다. 약이나 침, 뜸 등 어떠한 처방도 아예 받아들이지 않았으며, 경전이나 계율의 복덕에 대해서 알지도 못하고 믿지도 않았습니다. 이것은 저희 조상 적부터 지켜 왔으므로 이렇게 그냥 살다 갈까 합니다."

부처님께서 호시에게 말씀하셨다.

"사람이 세상을 살면서 비명횡사非命橫死하는 이유로는 세 가지가 있다. 그 하나는 병들어 있으면서 병을 치료하지 않는 것이고, 그다음은 치료는 받으나 환자가 스스로 삼가야 할 것을 삼가지 않는 것이다. 그리고 또 하나는 교만하고 방자하여 처방이나 지시를 어기고 따라야 할 것을 따르지 않는 것이다. 사람의 병은 해와 달, 국왕, 또는 조상과 부모가 고칠 수 있는 것이 아니다. 병이란 밝은 도리로 시간에 따라 점차적으로 고쳐 나가야 된다. 그 도리란 더위와 추위 등 환경에서 온 병은 의사의 치료와 약으로 고치고, 삿된 일이나 악귀로 인해 생긴 병은 경전의 가르침과 청정한 계율로 고쳐야 하며, 어진 사람을 섬김으로써 얻은바 자비심으로 주위의 곤궁과 재난을 구제해야 된다. 이러한 덕은 천지신명을 감동시켜 중생을 복되게 하고, 큰 지혜로써 번뇌망상을 소멸시킨다. 이와 같이 행하면 현세에서 편하고 복되어 뜻밖의 재난을 당하는 일이 없게 되느니라."

이어서 게송으로 말씀하셨다(『법구경』 「다문품」).

事日爲明故　해를 섬김은 밝음 때문이요

事父爲恩故　아버지를 섬김은 은혜 때문이고

事君爲力高　임금을 섬김은 권력 때문이며

聞故事道人　듣고 배우므로 도인을 섬기는 것이다.

人爲命事醫　사람은 목숨을 위하여 의원을 섬기고

欲勝依豪强　남을 이기기 위해 세력에 의지한다

法在智慧處　법은 지혜 있는 곳에 있으며

福行世世明　복이 행해지면 대대로 세상이 밝아진다.

察友在爲謀 벗을 살펴 사귐은 일을 도모함에 있고

別伴在急時 친구와 헤어짐은 위급한 때에 있으며

觀妻在房樂 아내를 보살핌은 사랑을 위해서이고

欲知智在說 지혜를 알고자 하면 설법을 들음에 있다.

聞而今世利 듣고 배움은 금세의 이익이 되고

妻子昆弟友 처자와 형제간의 우애도

亦致後世福 역시 후세의 복으로 이르나니

積聞成聖智 듣고 배워서 성인의 지혜를 이룬다.

是能散憂恚 이는 능히 근심과 성냄을 흩뜨릴 수 있으며

亦除不祥衰 또한 상서롭지 못한 쇠망을 제거하나니

欲得安穩吉 안온한 길함을 얻고자 한다면

當事多聞者 마땅히 많이 듣고 배운 이를 섬길지어다.

　　세존의 이와 같은 법문을 듣고 호시는 의혹의 구름이 맑게 걷혔다. 그길로 지혜로운 의사의 치료를 받고 道의 길에 들어 德에 의지하니 몸은 평온하고 온갖 근심 걱정이 사라져 감로수를 마신 듯하였다.

15
| 다선일미 | 茶禪一味 |

　　땅 위에 흐르는 모든 강물이 바다에 이르면 한결같이 짠맛으로 한 가지 맛, 일미一味가 된다. 깨달음의 세계도 만법일여萬法一如이듯 다미茶味와 선미禪味도 하나라는 것이다.

　　이는 『벽암록碧巖錄』을 저술한 원오圓悟 극근克勤(1063-1105)스님의 '茶禪一味'라는 묵적墨跡을 일본의 에이사이榮西스님이 일본으로 가져가 일본 다도茶道 정신의 표상이 되었다고 한다. 일본의 다서茶書 『선다록禪茶錄』에는,

　　"茶의 뜻과 禪의 뜻은 하나이니, 선미를 모르면 다미도 알 수 없다."
라고 하여 다도의 격조를 높이고 있다.

　　우리나라의 다도를 정립한 사람은 조선 후기의 초의艸衣선사(意恂 1786-1866)이다. 초의선사는 15세 때 강변에서 놀다가 급류에 휘말려 죽을 고비에 어느 스님이 구해 주어 살게 되었고, 그 승려의 권유로 16세에 출가하여 대흥사大興寺에서 구족계를 받았다. 22세 때부터 전국의 선지식을 찾아 경률론經律論 3장藏을 배워 통달하였고, 불교학 이외에 유학·도교 및 범서梵書·범패梵唄와 신상神像에도 능하였고, 장 담그는 법, 화초 기르기, 단약방單藥方, 서예에 이르기까지 일가견이 있었다고 한다.

또한 정약용丁若鏞·홍현주洪顯周·김정희金正喜 등과 교우관계를 가졌는데 명성이 널리 알려지자 대흥사의 동쪽 계곡으로 들어가 일지암一枝庵을 짓고 40여 년 동안 홀로 禪의 지관止觀 수행에 전념하면서 불이선不二禪의 오의奧義를 찾아 다선삼매에 들곤 하였다. 그의 사상은 선사상과 다선일미사상으로 집약된다.

차를 마시되 법희선열식法喜禪悅食이어야 하다고 강조하면서 본디 차의 성품이 삿됨이 없어서 어떠한 욕심에도 사로잡히지 않는 것이라 보았기에 무착바라밀無着波羅蜜이라고 하였다. 차를 마심에 있어,

"티끌과 더러움이 없는 맑은 정기를 마시거늘 어찌 큰 도를 이룰 날이 멀다고 하겠는가![塵穢除盡精氣入 大道得成何遠哉]"

라고 하였다. 그의 다도는 불을 피우고 물을 끓이며 좋은 물과 좋은 차를 적절히 조합하여 마시는 평범하고 일상적인 생활 그 자체(平常是中道)일 뿐이었다. 그에게는 제법불이諸法不二, 즉 다와 선이 별개의 둘이 아니요, 시와 그림이 둘이 아니며, 시와 선이 둘이 아님을 표방하여 그의 저서 『선문사변만어禪門四辨漫語』를 통해 강조하고 있다.

우리나라의 다경茶經이라 할 수 있는 선사의 저술 『동다송東茶頌』에 수록된 31송의 시 중 2수만 소개한다.

■ 13번째 頌('총명사달聰明四達'이라는 소제목이 달려 있음)

취 도 녹 향 상 입 조
翠濤綠香裳入朝　　푸르른 물 녹색 향기 아침 옷깃에 스미어

총 명 사 달 무 체 옹
聰明四達無滯壅　　총명이 사방에 트여서 막힘이 없구나

신 이 영 근 탁 신 산
愼爾靈根托神山　　참으로 너는 영험한 뿌리를 신령한 산에 의탁하고

선 풍 옥 골 자 령 종
仙風玉骨自靈種　　선풍에다 옥골이니 스스로 신비한 종자로다

■ 16번째 頌

一傾玉花風生腋 옥화차 한 잔 기울이니 겨드랑이에 바람 일고

身輕已涉上淸境 몸 가벼워져 이미 선경에 올랐도다

明月爲燭兼爲友 밝은 달은 촛불이 되고 또 벗이 되어 주네

白雲鋪席因作屛 흰 구름은 자리 펴고 병풍까지 치누나

餘韻　禪卽虛心 선은 텅 빈 마음

茶卽實氣 차는 실다운 기운

虛實相養 허와 실 서로 도우니

茶禪一味 다선은 한맛이어라

16
단하소불 | 丹霞燒佛 |

『경덕전등록景德傳燈錄』 14권 「오등회원五燈會元」에 나오는 일화이다.

당나라 때 선승 단하丹霞 천연天然(739-824)선사가 어느 겨울 낙양洛陽 혜림사惠林寺에서 좌선 중 추워지자, 법당에 모셔져 있는 목불木佛을 가져다 불을 때고 있었다.

"어찌하여 내가 모시는 목불을 태우는가?" [爲何燒我木佛]

이를 본 원주院主스님이 놀라 크게 꾸짖자, 단하스님은 부지깽이로 재를 헤치면서 태연히 대답했다.

"나는 부처를 태워 사리를 얻고자 하오." [吾燒佛取舍利]

"목불에 무슨 사리가 있단 말이오?" [木佛那有舍利]

원주가 비웃자 단하스님이 말했다.

"사리 없는 부처라면 나무토막이지 어찌 부처이겠습니까? 나머지 두 보처불補處佛마저 태워 버릴까 보다." [旣無舍利是木 再取兩尊燒之]

훗날 단하스님은 멀쩡했지만 원주스님은 눈썹이 다 빠졌다고 한다. 눈썹이 빠졌다는 것은 성내는 마음을 소멸시켜야 한다는 진심소멸瞋心燒滅을 뜻하는 가르침일 것이다.

하여간 이러한 단하스님의 행위는 세속적인 사고로는 납득하기 어려운 일이며, 불가의 계율로는 더더욱 용납할 수 없는 사건이었다. 만약 세속의 윤리를 적용하면 단하는 성물聖物 파괴죄로 징역감이요, 승가의 법도로는 삭탈도첩削奪度牒당할 일이다.

이 일은 종교적 윤리 의식이나 일반적 사고로는 매우 비합리적인 것으로 보인다. 그러나 선가禪家에서는 곧바로 깨달음에 이르는 단초로 삼는 것이며, 흔히 불립문자 언어도단의 경지로 받아들인다.

40여 년이 흐른 뒤 이를 두고 고려 때 진각眞覺(1178-1234)국사에게 어느 스님이 물었다.

"단하는 목불을 태웠고 원주는 그것을 꾸짖었는데, 누구의 허물입니까?"

"원주는 부처만 보았고, 단하는 나무토막만 태웠느니라."

단하 천연선사는 어릴 적부터 유가儒家와 묵가墨家(천민기술집단)를 공부해 통달했다고 한다. 그가 낙양으로 친구 방거사와 과거를 보러 가던 중 어떤 운수행각 스님과 대화를 하게 된다.

"부처를 뽑는 곳으로 어찌 가지 않는가?"

"그곳이 어딥니까?"

"강서의 마조馬祖를 찾아가라."

단하가 마조를 만나니 마조는,

"남악으로 칠백 리를 가면 석두장로가 돌 끝에 앉아 계시니 거기서 출가하라."

고 한다.

석두장로를 찾아간 단하가 지금까지의 일을 고하자, 석두장로가 말했다.

"부엌에서 밥이나 지어라."

단하는 2년 동안 허드렛일을 하며 지냈다. 그러던 어느 날 석두장로가,

"내일 아침 공양 후에 법당 앞의 한 무더기 풀을 깎을 것이니 준비하라."

고 했는데, 다른 사람들은 낫을 들고 왔으나 단하만이 삭도를 들고 왔다. 석두장로는,

"너희들은 낫 든 김에 벌초나 하거라."

하고는 단하의 머리를 먼저 깎았다. 그때 단하의 머리 정수리가 볼록 솟아 있는 것을 쓰다듬으며,

"천연스럽구나!"

라고 한 것이 단하스님의 법호가 된 것이라고 한다.

천연이란 사람의 힘으로 움직이거나 변화시킬 수 없는, 본래 자연 그대로의 상태를 이르는 말이다.

17
| 당간지주 | 幢竿支柱 |

　　불교에는 상징적인 조형물이 매우 다양한데, 이것은 그 상징성을
중생의 눈에 보여 주고 부처님의 말씀을 전하기 위해서이다. 우리가
불교의 조형물을 볼 때 오래되어 풍치나 모습이 그윽하다거나 아름답
다거나 또는 외경스럽다는 등 단순히 겉으로 드러난 형상으로만 보아
서는 안 될 것이다.

　　예전에는 절 앞에 불보살의 위엄을 나타내는 불화佛畵를 그린 당幢
이라는 좁고 긴 깃발을 걸어 사찰의 행사를 알렸다. 이때 당을 거는
깃대를 당간幢竿이라 하며, 당간을 고정하기 위한 지지대가 당간지주幢
竿支柱이다. 대법회 등의 의식이 있을 때 당간을 달며, 찰간지주刹竿支柱
라고도 한다.

　　『잡아함경』 제35권 「염삼보경念三寶經」과 『당경幢經』에 보면 사찰 입
구에 당간이 서게 된 이유를 알 수 있다.

　　세존께서 상인들에게 말씀하셨다.
　　"그대들은 넓은 벌판을 지나다가 온갖 두려움이 생겨 마음이
놀라 온몸에 털이 곤두서거나 할 때 마땅히 여래에 대한 일을 생

각해야 하나니, 과거 세상에 제석천과 아수라가 싸울 때 제석천이 여러 하늘에게 말하였다. '너희들이 아수라와 싸울 때 두려움이 생기거든 꼭 나의 최복당摧伏幢이라는 깃발을 기억하라. 그리하면 곧 두려움이 없어질 것이다.' 하물며 여래 응공應供 등정각等正覺 불 세존은 탐욕, 성냄, 어리석음을 여의었고 생로병사, 근심, 슬픔, 번민의 괴로움에서 해탈하여 어떤 두려움과 무서움도 없이 도망 치거나 피하는 일이 없거늘, 그 여래를 기억함으로써 모든 두려움 을 없애지 못할 이치가 있겠는가?"

불자들은 제석천의 깃발을 생각하듯 사찰 입구에 당간을 세우고 부 처님 일을 생각하며 생사의 두려움에서 벗어나 피안의 세계에 들고자 하였을 것이다.

또한 당간지주의 당을 보는 이로 하여금 부처님의 위신력을 입게 하려고 사찰 입구에 당을 내걸었을 것이다.

『금강정경金剛頂經』에 다음과 같이 이르고 있다.

  "금강당보살은 지장보살과 같은 몸으로 언제나 깃발을 들고서
  사람들에게 자신이 있는 곳을 알려 준다. 타인의 성불을 위해 지
  혜광명의 깃발을 높이 들어 중생에게 법의 이익을 준다. 장대[竽]
  끝에 기[幢]를 달아 허공 가득히 나부끼는 모습으로 이 당을 보는
  자 모두가 복덕을 입고 부처님의 위신력을 입게 한다."

사찰에서는 당간을 용두보당龍頭寶幢이라 하여 당간 꼭대기에 용머 리를 세워 먼저 부처님의 세계를 장엄하였고, 그리고 부처님을 뵈러

사찰에 찾아오는 불자들을 불법의 수호자인 용이 높은 곳에서 지켜보게 하여 불자들이 두려움에서 벗어나 안전하게 불전에 이르도록 배려한 것이다.

선종의 공안 가운데 '백척간두百尺竿頭 진일보進一步'가 있다.

이는 당나라 장사長沙 경잠景岑(?-868)스님의 말씀으로, 백 척이나 되는 장대 끝[竿頭]에서 한 걸음 더 나아가야 비로소 모든 세계가 새로운 모습을 드러낸다는 뜻이다.

깨달음을 얻기 위해 온갖 수행을 거쳐 오르고 올라 더 이상 오를 곳 없는 높은 곳에 다다랐다고 해도 거기에서 한 발짝 더 내딛지 못하면, 즉 깨달음마저도 떨쳐 버려 무심無心을 얻지 못하면 모두 허사가 되고 마는 것이다.

'백척간두 진일보'에 대한 일화를 하나 소개하자면, 조선시대 거상巨商으로 알려진 임상옥林尚沃(1779-1855)이 중국에 인삼을 팔러 갔을 때 일이다. 중국 상인들이 인삼을 헐값에 사려고 불매를 담합하여 서로 눈치만 보는 상황이 초래되었다.

위기에 처한 임상옥은 함께 갔던 추사秋史 김정희金正喜(1786-1856)에게 이 일을 어찌 대처하면 좋겠는가, 의견을 물었다. 그러자 추사는 붓으로 '百尺竿頭進一步'라고만 썼다.

여기에서 큰 깨달음을 얻은 임상옥은 중국 상인들이 보는 앞에서 인삼을 쌓아 놓고 불을 질렀다. 그러자 놀란 중국 상인들이 임상옥 앞에 엎드려 싹싹 빌어 결국 제값을 받고 가져간 인삼을 모두 팔 수 있었다.

당간지주는 통일신라시대부터 사찰 앞에 설치했던 건축물로서 그 주변 지역이 신성한 영역임을 표시하는 역할도 했다.

당간은 대개 나무로 만들기 때문에 거의 사라졌고, 대부분 돌로 만든 당간지주만 남아 있다. 그러나 아주 드물게 당간을 철로 만드는 경우가 있었다. 공주 갑사, 청주 용두사지, 보은 법주사, 안성 칠장사 등에서 아직 남아 있는 철 당간 유적을 볼 수 있다. 또 담양 읍내리 석당간과 나주 동문 밖 당간은 돌로 만들어진 특수한 사례를 보여 준다.

현재 남아 있는 당간지주는 기단부가 거의 파손된 상태이며 모두 통일신라시대 이후의 것들이다.

안양 중초사지 당간지주(보물 제4호), 김제 금산사 당간지주(보물 제28호), 영주 숙수사지 당간지주(보물 제59호), 춘천 근화동 당간지주(보물 제76호), 천안 천흥사지 당간지주(보물 제99호), 서산 보원사지 당간지주(보물 제103호), 서산 부석사 당간지주(보물 제255호) 등이 있다.

18
| 대도무문 | 大道無門 |

   '대도무문大道無門'은 송나라 무문無門 혜개慧開(1183-1260)선사의 설법을 제자 종소宗紹가 1228년에 엮은 『선종무문관禪宗無門關』 서문에 나오는 말이다. 이 책은 선종의 대표적인 책으로 약칭 『무문관無門關』이라고도 하며, 그 내용은 선어록禪語錄 중에서 공안 48칙을 뽑아 각각 염제拈提(어떠한 문제를 드러내어 그에 대해 해설하고 비평함)와 공덕을 기리는 송頌을 붙인 것이다.

> **大道無門 千着有路**
> 대 도 무 문 천 착 유 로
>
>   큰길에는 문이 없고 길은 천 갈래로 어디에나 있다.
>
> **透得此關 乾坤獨步**
> 투 득 차 관 건 곤 독 보
>
>   이 관문을 뚫고 나가면 세상을 당당히 걸으리라.

   사전적 의미로는 '큰길에는 문이 없다'이지만, 의역하면 '사람으로서 마땅히 지켜야 할 큰 도리, 또는 걸어가야 할 바른길에는 거칠 것이 없다'라는 말이다.

   역시 대도무문인 불법佛法의 가르침에는 고정된 형식도 없고 특정한 방법도 없으며, 오로지 큰 도리를 깨우치려는 원력만 있으면 세상만

사 온갖 것에 구애받지 않고 언제 어디서나 부처님의 위대한 진리의 문에 들어갈 수 있다는 불교의 가르침인 것이다.

그러므로 불교에서의 '무문無門'이란 선 수행자를 깨달음의 길로 인도하는 데 있어 정해진 원칙(관문關門)을 내세우지 않기에 간화선看話禪, 묵조선默照禪, 여래선如來禪, 조사선祖師禪을 비롯하여 염불선念佛禪, 관음선觀音禪, 문자선文字禪 등 여러 갈래로 나뉜다.

또한 지도하는 방법도 다양하여 '덕산德山의 몽둥이[棒]질과 임제臨濟의 외마디 할喝'이 있고, 남전南泉스님은 고양이 목을 뎅강 자르기도 하고(남전참묘南泉斬猫), 단하스님은 한겨울 추위에 법당에 모셔져 있는 목불을 가져다가 도끼질하여 군불을 때기도 한다(단하소불丹霞燒佛).

부처가 무엇이냐고 물으니 운문雲門스님은 '마른 똥막대기(운문시궐雲門屎橛)'라 하였고, 동산洞山스님은 '마麻 3근'이라고 하였다. 이러한 엉뚱한 표현들이 깨달음에 이르는 첩경이 되므로 진리의 길에 이르는 관문이 없다 하여 '무문'이라 하는 것이다.

더욱이 마조馬祖스님께 어떤 이가 '개에게 불성이 있습니까?' 물으니 '없다'고 말하고, 또 다른 이가 똑같은 질문을 했을 때는 '있다'고 대답했는데 둘 다 정답이라는 것이다.

이런 것이 바로 '무문'이요 '화두'며 '공안'인 것이다.

또한 심성心性이나 진여眞如를 비유적으로 표현할 때 '무문'이라 칭하기도 하며, 부처님의 이명異名으로 쓰이기도 한다.

『예기禮記』「학기學記」편에 다음과 같은 글이 나온다.

　　　　대 덕 불 관
　　　　大德不官　　큰 덕이 있는 사람은 관직에 얽매이지 않고

大道不器 대 도 불 기　큰 도는 그릇(형식)에 국한되지 않고

大信不約 대 신 불 약　큰 믿음은 약속이 필요하지 않고

大時不齊 대 시 부 제　큰 시간은 가지런하지 않느니라.

여기서 '대덕불관'은 훌륭한 인격자, 큰 인물은 관직을 맡지 않고 벼슬하지 않는다는 뜻으로도 해석이 가능하다.

이어 「악기樂記」편에는 다음과 같이 이르고 있다.

大樂必易 대 악 필 이　위대한 음악은 반드시 쉬운 것이며

大禮必簡 대 례 필 간　성대한 예절은 반드시 간결한 것이다.

또한 『노자』에는 다음과 같은 구절도 있다.

大方無隅 대 방 무 우　큰 모서리는 모퉁이가 없고

大器晚成 대 기 만 성　큰 그릇은 늦게 이루어지며

大音希聲 대 음 희 성　큰 소리는 희미하게 들리고

大象無形 대 상 무 형　큰 모습은 형체가 없다.

19
| 대자대비 | 大慈大悲 |

　일체중생들에 대한 불·보살의 광대심원廣大深遠한 가피력加被力을 말하는 것으로, 직접적으로 즐거움을 주는 것을 '慈'라 하고, 간접적으로 괴로움으로부터 벗어나게 해 주는 것을 '悲'라 한다.

　불·보살님들의 대자대비大慈大悲에 대해서 용수龍樹보살의 『대지도론大智道論』에는 다음과 같이 설하고 있다.

大慈與一切衆生樂　　대자는 모든 중생에게 즐거움을 주는 것이요,

大悲拔一切衆生苦　　대비는 모든 중생의

　　　　　　　　　　괴로움을 없애 주는 것이다.

大慈以喜樂因緣與衆生　대자는 기쁘고 즐거운 인연을

　　　　　　　　　　중생에게 주는 것이요,

大悲以離苦因緣與衆生　대비는 괴로움을 여의는 인연을

　　　　　　　　　　중생에게 주는 것이다.

　이러한 논설에 의거하여 "자능여락慈能與樂(자慈는 능히 즐거움을 줄 수 있고), 비능발고悲能拔苦(비悲는 능히 괴로움을 없애 줄 수 있다)"라는 글귀가 만

87

들어지고, 이 말을 더 줄여서 '발고여락拔苦與樂', 고통을 없애 주고 즐거움을 준다는 성어成語가 생긴 것이다.

그러므로 발고拔苦는 불·보살의 비덕悲德이 되고, 여락與樂은 불·보살의 자덕慈德인 것이며, 慈는 순정지애심純情之愛心으로서 모성애적 관세음의 자비이며, 悲는 연민지애심憐憫之愛心으로서 부성애적 대세지보살의 자비라 할 수 있다.

이어서 소자소비小慈小悲에 대하여는 다음과 같이 논하고 있다.

諸佛心中慈悲名爲大   모든 부처님 마음속 자비를 대자비라 하고,

餘人心中名爲小   나머지 사람들 마음속 자비를 소자비라 한다.

대자대비행과 연관하여 『법화경』 「안락행품」에 의하면, 부처님께서 오탁악세五濁惡世에 법화경을 펼치려는 보살들에게 자행화타自行化他(스스로 행하고 남도 교화시킴)를 온전하게 하기 위하여 4안락행을 설하고 있다.

① 신안락행身安樂行
몸으로 짓는 10가지 허물十惡을 여의고 안락하게, 곧 몸을 편안하게 하고 마음을 바로잡는 좌선을 행하는 것이다.
② 구안락행口安樂行
입으로 타인의 허물이나 경전을 비방하지 않으며, 남을 업신여기거나 헐뜯거나 깎아내리지 않고 칭찬하며, 원망하는 마음 없이 안락하게 수행하는 것이다.

③ 의안락행意安樂行

악세에 법화경을 널리 알리는 보살이 자신을 위해서나 남을 교화하기 위해서는 질투, 첨광諂誑(아첨과 기만), 경만輕慢(남을 업신여기는 교만함), 가매訶罵(꾸짖거나 욕함), 쟁경爭競(우열이나 승패를 겨루게 함)을 멀리 여의고 안락행을 하는 것이다.

④ 서원안락행誓願安樂行

일승一乘의 법문(「76 尋常茶飯」 장 참조)을 듣지 못하고, 알지 못하고, 깨닫지 못하고, 믿지 못하고, 이해하지 못하는 이들에 대하여 자비심을 일으켜 자기가 정각을 이룰 때에 지혜력으로 이들 중생을 인도하여 일승법해一乘法海에 들게 한다는 한결같음으로 항상 몸과 마음을 안락하게 하여 보살 수행을 정진하는 것이다.

20
| 동종선근 | 同種善根 |

   '동종同種'이란 같은 종류[同類]를 뜻하는 말로 같은 인종이라는 의미이고, '선근'이란 온갖 선을 낳는 근본이라는 뜻으로 훌륭한 과보科報를 낳게 하는 좋은 인연을 의미하는 말이다.

   같은 동족 간에 좋은 인연으로 금생에 만난다는 것이 얼마나 소중하고 어려운 일인가에 대해 한국불교의식집인 『석문의범釋門儀範』 하권 제30의 「동종선근설」에 다음과 같이 이르고 있다.

일천겁동종선근자 일국동생
一千劫同種善根者 一國同生

   일천 겁 동안 동종으로 선근을 함께 쌓은 인연이라야

   한 나라에 태어날 수 있고

이천겁동종선근자 일일동행
二千劫同種善根者 一日同行

   이천 겁 동안 동종으로 선근을 함께 쌓은 인연이라야

   하루를 동행할 수 있고

삼천겁동종선근자 일야동숙
三千劫洞種善根者 一夜同宿

   삼천 겁 동안 동종으로 선근을 함께 쌓은 인연이라야

   하룻밤 같이 잘 수 있고

四千劫同種善根者 一鄉同族

사천 겁 동안 동종으로 선근을 함께 쌓은 인연이라야

한 고향 동족이 될 수 있고

五千劫同種善根者 一里同生

오천 겁 동안 동종으로 선근을 함께 쌓은 인연이라야

한 마을에 태어날 수 있고

六千劫同種善根者 一夜同枕

육천 겁 동안 동종으로 선근을 함께 쌓은 인연이라야

하룻밤 동침할 수 있고

七千劫同種善根者 一家同生

칠천 겁 동안 동종으로 선근을 함께 쌓은 인연이라야

한 집안에 같이 태어날 수 있고

八千劫同種善根者 爲夫婦

팔천 겁 동안 동종으로 선근을 함께 쌓은 인연이라야

부부가 될 수 있고

九千劫同種善根者 爲兄弟

구천 겁 동안 동종으로 선근을 함께 쌓은 인연이라야

형제가 될 수 있고

十千劫同種善根者 爲父母師資*

십천 겁(일만 겁) 동안 동종으로 선근을 함께 쌓은 자라야

부모와 스승과 제자의 인연으로 만날 수 있다

---

* 師資는 스님과 그 제자의 관계를 아울러 이르는 말로, 스님의 업적이나 자산은 오로지 훌륭한
  제자를 키워서 불법을 영속시키는 일이 된다.

1겁劫은 우리가 살고 있는 소우주가 한 번 생성되었다가 소멸되는 오랜 기간 정도로 이해할 수 있겠다.

겁이란 말은 범어 kalpa를 음역한 것이며, 장시長時라 번역한다. 『지도론智道論』 권5에 여러 가지 비유로 개자겁芥子劫, 반석겁盤石劫, 진점겁塵點劫, 증감겁增減劫 등이 나타나 있다.

① 개자겁

가로·세로·높이가 각각 1유순由旬(약 8㎞)인 성 안에 가득한 겨자씨를 100년에 한 알씩 집어내어 겨자씨가 다 없어진다 해도 1겁이 끝나지 않는다고 함.

② 반석겁

가로·세로·높이가 각각 1유순인 큰 반석을 솜털로 짠 베로 100년에 한 번씩 쓸어 반석이 다 닳아 없어져도 1겁이 끝나지 않는다고 함.

③ 진점겁

삼천대천세계의 모든 땅을 갈아 먹물로 만들어 1천 국토 지날 때마다 티끌만 한 먹물 한 방울을 떨어뜨려 그 먹물이 다 없어졌을 때, 지나온 모든 국토를 부수어 티끌로 만들어 그 티끌 하나를 1겁으로 한 무한히 긴 시간을 말함.

④ 증감겁

세계가 생겨나서부터 사라져 없어지는 기간을 4기로 나누어 성

成·주住·괴壞·공空이라 하는데, 성겁成劫은 세계가 생기는 기간, 주겁住劫은 생겨서 존재하는 기간, 괴겁壞劫은 무너져 없어지는 기간, 공겁空劫은 다 사라져 공무空無한 기간을 말한다. 주겁 때에 임금과 백성들이 바르지 못해 사람의 목숨이 8만 살로부터 100년에 한 살씩 점점 줄어 열 살이 될 때까지 줄임을 감減이라 하고, 열 살에서부터 도로 더하여 8만 살이 될 때까지 더함을 증增이라 하는데, 한 번 증으로써 감하고, 감으로써 증하는 사이를 증감겁이라고 한다. 가장 증하면 대개 8만 살을 살고, 가장 감하면 평균 열 살을 산다고 함.

21
| 마전작경 | 磨塼作鏡 |

마전작경磨塼作鏡은 '벽돌을 갈아 거울을 만든다'는 뜻이다. 가능한 일이겠는가?

중국선中國禪의 씨앗이 달마達磨였다면, 그 씨앗으로부터 뿌리를 내리고 싹을 틔운 사람은 6조 혜능惠能(638-713)이며, 그 줄기는 마조馬祖(709-788), 꽃을 만개시킨 이는 조주趙州(778-897)라 할 수 있다.

달마-혜가慧可-승찬僧璨-도신道信-홍인弘忍에 이어 혜능에게는 뛰어난 제자가 다섯 명 있었다. 남악南嶽 회양懷讓(677-744), 청원靑原 행사行思(?-704), 영가永嘉 현각玄覺(665-713), 남양南陽 혜충慧忠(677-775), 하택荷澤 신회神會(670-758)가 그들이다.

이 다섯 사람 중에서 남악 회양과 청원 행사의 두 갈래만이 후에 번연繁衍하여 회양 아래서는 마조馬祖 도일道一(709-788)이 나왔고, 행사 아래서는 석두石頭 희천希遷(700-790)이 나왔다. 마조는 강서를 중심으로 활약하였고, 석두는 호남을 중심으로 활약하여 천하를 반분한 선계禪界의 쌍벽이라 하였다. 그리고 임제종臨濟宗의 의현義玄(?-867)과 위앙종潙仰宗의 영우靈祐(771-853)가 각각 개조開祖가 되었으며, 마조는 수많은 제자를 배출하여 중국 선종사의 가장 위대한 교육자가 되었다.

『전등록傳燈錄』에 의하면, 마조는 태어날 때부터 용모가 특이하였다.

혓바닥이 유난히 길어 쭉 내밀면 콧등을 덮었다[舌過鼻] 하며, 발바닥에
는 두 개의 동그라미[足下有二輪文]가 있고, 소처럼 걷고 호랑이처럼 응시
한다[牛行虎視]고 했으며, 유난히 큰 목청으로 한번 소리치면 제자들의
귀가 사흘 동안 먹먹하였다[直得三日耳聾]고 한다.

그는 일찍이 모든 학문에 통달하였고, 어려서 한주漢州의 나한사羅漢
寺로 출가하여 당화상唐和尙에게 삭발계를 받았고, 호북성湖北省 명월산
에서 수행하다가 어느 날 호남성 남악에 육조 혜능의 법을 이은 회양
이 수도하고 있다는 말을 듣고 그곳으로 찾아가 홀로 남악산에 둥지
를 틀고 좌선 정진을 하였다.

그때 회양은 남악산 반야사般若寺에 주석하고 있으면서 마조를 한번
만나 보고 그가 큰 그릇임을 직감한다. 그래서 마조가 좌선하는 토굴
을 찾아가서 한마디 의문을 던진다.

"대덕께서는 좌선을 해서 뭐 하실 거요?"[大德坐禪圖甚麽]

"부처가 되려고 합니다."[圖作佛]

그러자 회양은 마조의 토굴 앞에 벽돌을 가져다가 숫돌에 벅벅 갈
기 시작하는 것이었다. 이상하게 여긴 마조가 내다보며 물었다.

"그건 갈아서 뭐 하려고 그러시오?"[磨作甚麽]

"잘 갈아서 거울을 만들려고."[磨作鏡]

"벽돌을 갈아서 어떻게 거울을 만들 수 있습니까?"[磨塼豈得成鏡耶]

"벽돌을 갈아서 거울을 만들지 못한다는 것을 뻔히 아는 놈이 그래
좌선해서 부처가 되겠다고 해? 아무려나, 틀고 앉아 있어 봐라, 부처
가 되는지."[磨塼旣不成鏡 坐禪豈得作佛]

"그럼 어떻게 해야 올바른 것인가요?"[如何即是]

"소를 맨 달구지를 생각해 보자. 소달구지가 안 가면 채찍으로 소를

쳐야 옳으냐 달구지를 쳐야 옳으냐?" [如牛駕車 車若不行 打車即是 打牛即是]

이 한마디 말에 경악한 마조가 가슴이 먹먹하여 대답을 못하고[一無對] 있는데 회양이 다시 말을 이어 갔다.

"그대는 좌선을 배우려는 것인가, 좌불을 배우려는 것인가? 만약 좌선을 배우는 것이라면 선이란 앉고 눕는 것이 아니요, 만약 좌불을 배우는 것이라면 부처는 정해진 모습이 있는 게 아니다. 어떠한 법에도 머묾이 없어서 응당 취하지도 버리지도 못하는 것이다. 그대가 만약 앉아서 부처가 되겠다면 곧바로 부처를 죽여야 되는 것이며, 만약 앉아서 모습에 집착하면 그 진리에 도달하지 못하느니라." [汝學坐禪 爲學坐佛 若學坐禪 禪非坐臥 若學坐佛 佛非定相 於無住法 不應取捨 汝若坐佛 即是殺佛 若執坐相 非達其理]

마조는 이러한 회양의 가르침을 받고 그 자리에서 일어나 예를 갖추어 절하고 다시 여쭈었다.

"어떻게 마음을 운용하여야 곧바로 무상삼매에 계합할 수 있나이까?" [如何用心 即合無相三昧]

"네 마음 본바탕의 법문을 배운다는 것은 마치 진리의 씨앗을 심는 것과 같다. 내가 진리법의 요체를 설하는 것은 하늘의 단비[澤雨]와 같나니 겨우 인연과 합치되므로 마땅히 道를 보게 되리라." [汝學心地法門 如下種子 我說法要 譬彼川澤 汝緣合 故 當見其道]

"도란 색깔도 없고 형체도 없는데 어떻게 그 도를 볼 수 있단 말입니까?" [道非色相 云何能見]

"마음바탕에 법안이 있어 그 道를 능히 볼 수 있나니, 모습 없는 삼매경지도 또한 그러하니라." [心地法眼 能見乎道 無相三昧 亦復然矣]

"(道라는 것이) 이루어졌다가 괴멸함이 있는 것입니까?" [有成壞否]

"만약에 이루어졌다가 부서지고 모였다가 흩어져 버리는 것을 道라고 여긴다면 그것은 道를 보는 것이 아니다. 나의 게송을 잘 새겨들어라."[若以成壞取散而見道者 非見道也 聽吾偈 曰]

心地含諸種 마음속에 온갖 씨앗이 들어 있어

遇澤悉皆萌 단비를 만나면 모두 싹이 튼다

三昧華無相 삼매의 꽃은 모습이 없으니

何壞復价成 어찌 부수고 다시 만들고 하리요

이에 마조도일 선사는 무명을 떨치고 개오한다. 그의 마음은 허공과 같이 초연하였으며 활짝 갠 봄날같이 화창하였다.

마침내 80세에 천화遷化를 앞두고 몸이 안녕치 못한 대사께 완주스님이 문안을 와서 여쭈었다.

"화상께옵서는 요즈음 기체 존후 어떠하시옵니까?"

그러자 대사가 대답했다.

"일면불日面佛 월면불月面佛."

이 말의 이미는 무엇인가? 이것이 과연 무슨 화두인가? 아니면 대각大覺의 임종정념臨終正念인가?

『벽암록』의 저자 원오 극근선사(1065-1135)도 해석을 보류하고 다음과 같이 독백한다.

"이 빌어먹을 일면불 월면불은 도대체 알아먹기 어렵구나!"[只這 日面佛 月面佛 極是難見]

의미 해석의 난해함을 토로한 것인데, 지금까지 1,235년이 넘도록

이 분야의 주석가들은 한결같이 『불설불명경佛說佛名經』 권7에 의거하여 이렇게 해석한다.

"일면불은 변함없는 해와 같으니 일천팔백 세를 족히 사는 장수의 부처님이요, 월면불은 날마다 변하는 달과 같이 일일일야의 하루밖에 못 사는 단명한 부처이다."

만약 이 말대로라면 마조의 일면불 월면불의 의미는 '천년을 살아도 부처를 보고, 하루를 살아도 부처를 본다.' 정도일 것이다.

이에 대하여 도올 김용옥 박사는 그의 저서 『화두, 혜능과 셰익스피어』에서 다음과 같이 단언하고 있다.

"난 말이야, 낮에는 해를 보고 살았고, 밤에는 달을 보고 살았어! 그냥 그렇게 살았어!"

필자는 여기에서 도올 선생의 해석이든 『불설불명경』에 의한 주석이든 모두 정답이라고 생각한다. 어쩌면 이 세상이 다하는 그날까지 끝없는 해석들이 나올지도 모른다. 그런데 그 해석들의 모두가 정답일 수 있다. 왜냐하면 해[日] 달[月] 얼굴[面] 부처[佛] 이 네 가지 명제를 완벽히 풀어낸다는 것은 인간의 언어문자로는 도단道斷의 길이기 때문이다. 이는 깨달음의 경계이므로 오직 받아들이는 사람의 지근智根에 달려 있을 뿐이다. 그래서 필자는 원오선사의 '극시난견極是難見'에 박수를 보내며, 본디 없는 뱀다리를 그려 본다.

· 蛇足 ·

일 출 이 면 월 출 대
日出以面月出對　　해 나오면 해를 보고 달 뜨면 달을 본다

기 갈 이 식 수 래 침
飢渴以食睡來寢　　배고프면 밥을 먹고 졸리면 잠을 자지

22
막경소선 | 莫輕小善 |

'작은 선이라도 가벼이 여기지 말라'는 뜻으로, 『법구경』에 다음과
같이 이르고 있다.

莫輕小善 以爲無福

자그마한 선이라고 가벼이 여겨 복이 없다 하지 말라

水渧雖微 漸盈大器

물방울이 비록 작아도 차츰 큰 그릇을 채우나니

凡福充滿 從纖纖積

무릇 복이 충만함도 미세함이 쌓여 된 것이니라

또한 중국 삼국시대 촉한蜀漢의 유비劉備도 그 아들에게 훈계하였다.

勿以善小而不爲   선이 작다고 하여 아니 행하지 말고

勿以惡小而爲之   악이 작다고 하여 행하면 아니 되나리

아울러 『주역』 「계사편」에는 다음과 같이 이르고 있다.

^{소 인 이 소 선 위 무 익 이 불 위 야}
小人以小善 爲無益而弗爲也

소인은 조금 착한 것으로는 이익이 없다 하여 하지 아니하며

^{이 소 악 위 무 상 이 불 거 야}
以小惡 爲無傷而弗去也

조금 악한 것으로는 상함이 없다 하여 버리지 아니한다

과연 善이란 무엇인가?

사전적 의미로는 '착하다' '올바르다' '어질다' '좋다'의 뜻을 가지며, 일반사회적 용어로는 '좋은' 결과, '좋은' 과보[善果], '잘' 사용함[善用], '바른' 도리[善道], '착한' 사람[善人], '훌륭한' 방책 등 다양한 의미로 쓰인다.

善의 반대개념은 엄밀히 따지면 악惡이 아니고 불선不善이다. 예를 들어 仁의 반대가 불인不仁이듯, 사람과 짐승의 관계가 반대가 아니고 상대적이듯 선악의 관계도 그러하다.

특히 불가에서는 유루선有漏善과 무루선無漏善으로 크게 구별되고, 이어서 유위선有爲善·무위선無爲善, 2종선에서부터 11종선까지 광범위한 이론체계가 있으며, 불선不善도 4종불선 등 범위가 매우 넓다.

여기에서는 유루선과 무루선에 국한하여 간략히 살펴본다.

① 유루선

법성法性의 이치에 꼭 들어맞지는 않으며 차별적인 상相을 취해서 닦는 유상선有相善이다. 때문에 선을 행하는 상대가 정해져 있다는 의미로 상선相善이라고도 한다. 그러므로 선행에 따른 복덕 또한 그에 부응하며, 적을 수밖에 없다.

② 무루선

번뇌 망념의 경계를 완전히 벗어난 출세간出世間의 善이다. 이것에 의하여 미래의 과보를 받게 되는 수는 없으며, 더욱이 열반의 깨달음을 얻는 데 필수이므로 열반선涅槃善이라 말하기도 한다. 그러므로 무루선의 과보는 선행의 결과로 얻는 복덕福德을 뛰어넘어 수행의 결과로 얻는 공덕功德을 쌓는 것이 된다. 곧 해탈열반에 이르는 첩경인 것이다.

23
| 맹귀우목 | 盲龜遇木 |

  석가모니부처님께서 육도六道를 헤매는 중생이 사람의 몸을 받아 세상에 태어나서 불법佛法을 만나기가 얼마나 어려운 것인가를 비유로써 말씀하신 것이다.

  맹귀우목의 비유는 『니리경泥犁經』「대 1-909 상」에 다음과 같이 설해지고 있다.

  사람이 삼악도에 있으면서 해탈을 얻기가 어렵나니, 비유하자면 둘레가 8만 4천 리나 되는 물속에 한 마리의 눈먼 거북이가 살고 있으며, 물 위에는 구멍이 하나 뚫린 나뭇조각이 떠 있는데, 이 거북이는 100년에 한 번씩 물 밖으로 머리를 내밀어 숨을 쉰 뒤에 다시 물속으로 들어간다. 구멍 뚫린 나무판은 파도에 밀려 정처 없이 떠다니는데, 저 거북이가 머리를 내밀 때 우연히 널판 구멍에 머리가 걸려야 숨을 쉴 수 있다고 가정할 경우, 눈먼 거북이와 구멍 난 널판이 만나는 일이 얼마나 어려운 인연이겠는가?

  [人在三惡道難得脫 譬如周匝八萬四千里水中有一盲龜 水上有一浮木有一孔 龜從水中百歲一跳出頭 寧能値木孔中不]

  부처님은 비구들에게 불법을 만났을 때 방일放逸하지 말고 정진할 것을 부촉附囑하시면서, 사람으로 태어나 불법을 만나기 어려운 여덟 가지 어려움八難을 설하고 계신다(『열반경涅槃經』「애탄품哀嘆品」).

•팔난八難

① 지옥 : 오로지 고통만 존재하므로 불법을 만나기 어렵다.

② 아귀 : 배고픔과 목마름만 존재하므로 불법을 만나기 어렵다.

③ 축생 : 식욕·음욕만 강하고 무지無知하므로 불법을 만나기 어렵다.

④ 장수천長壽天 : 오래 사는 것을 즐겨 구도심求道心이 생기지 않으므로 불법을 만나기 어렵다.

⑤ 변지邊地 … 극락의 변두리 땅은 극락왕생 염불을 하면서도 아미타불의 본원에 의혹을 품은 자들이 태어나는 방편의 정토로서, 즐거움이 너무 많아 불법을 만나기 어렵다.

⑥ 맹롱음아盲聾瘖瘂 : 소경과 귀머거리와 벙어리 등 감각기관의 결함 때문에 불법을 만나기 어렵다.

⑦ 세지변청世智辯聽 : 세속지世俗智뿐이라 정리正理를 따르지 못하여 불법을 만나기 어렵다.

⑧ 불전불후佛前佛後 : 부처님이 안 계실 때 태어나서 불법을 만나기 어렵다.

24
| 명산대찰 | 名山大刹 |

'명산名山'이란 예로부터 나라에서 신성시하여 봄·가을로 제사를 지내던 이름난 산으로 다음과 같다.

동쪽 ··· 원주原州 치악산雉嶽山
남쪽 ··· 공주公州 계룡산, 단양丹陽 죽령산竹嶺山, 울산蔚山 우불산亏弗山,
　　　　문경聞慶 주흘산主屹山, 나주羅州 금성산錦城山
중앙 ··· 서울 목멱산木覓山
서쪽 ··· 장단長湍 오악산五岳山, 해주海州 우이산牛耳山
북쪽 ··· 적성積城 감악산紺嶽山, 회양淮陽 의관령義館嶺

'대찰大刹'이란 규모가 큰 절로서, 삼천리금수강산 이름난 산마다 명당자리[吉地]가 있어 부처님을 모시는 대찰이 참으로 많다. 그중에 불법승佛法僧의 세 가지 보물을 간직하고 있는 3보三寶 사찰과 석가모니의 진신사리를 모셔 놓은 5대 적멸보궁寂滅寶宮을 살펴본다.

삼보 가운데 불보佛寶는 중생들을 가르치고 인도하는 석가모니를 말하며, 법보法寶는 부처가 스스로 깨달은 진리를 중생을 위해 설명한 교법敎法, 승보僧寶는 부처의 교법을 배우고 수행하는 제자 집단, 즉 사부대중으로 중생에게는 진리의 길을 함께 가는 벗이다. 삼귀의三歸依가 모든 사부대중에게 삶의 지침이 되는 것처럼, 이 세 가지는 불교에서 가장 근본이 되는 믿음의 대상이다.

우리나라의 3보 사찰은 다음과 같다.

① 불보사찰 : 경남 양산 영취산의 통도사通度寺

부처의 법신法身을 상징하는 진신사리를 모시고 있어 불보사찰이라고 한다. 7세기 중엽 신라의 고승 자장慈藏(590-658)율사가 당나라에서 문수보살의 계시를 받고 불사리와 부처의 가사 한 벌을 가져와, 사리는 3분하여 황룡사와 울산 태화사泰和寺에 두고 나머지는 통도사를 창건하여 금강계단金剛戒壇(국보 290)에 가사와 함께 안치함으로써 불보 종찰宗刹이 되었다. 본당인 대웅전에는 불상이 없고 불단만 있는데, 법당 안에서 정면을 향하면 바로 사리를 모신 보궁이 보이게 되어 있다.

② 법보사찰 : 경남 합천 가야산의 해인사海印寺

부처의 가르침을 집대성한 『고려대장경高麗大藏經』(국보 32)을 모신 곳이라고 해서 법보사찰이라고 한다. 고려대장경을 모신 해인사장경판전海印寺藏經板殿(국보 52)은 사찰의 가장 중요한 전각이다.

③ 승보사찰 : 전남 순천 조계산의 송광사松廣寺

고려 중기의 고승 보조국사普照國師 지눌知訥이 당시 타락한 고려 불교를 바로잡아 한국 불교의 새로운 전통을 확립한 정혜결사定慧結社의 근본도량이다. 그 뒤 지눌의 제자 혜심慧諶을 비롯하여 조선 초기까지

16명의 국사를 배출했다고 해서 승보사찰이라고 불렸다. 이들 국사의 진영은 송광사국사전松廣寺國師殿(국보 제56호)에 모셔져 있다. 근세 이후 한국 전통불교의 승맥僧脈을 잇는 구심점 역할을 하고 있다.

적멸보궁은 석가모니의 진신사리를 모셔 놓은 법당을 말한다. 『삼국유사』에 의하면, 643년 신라의 자장율사가 당나라에서 모셔온 석가모니의 진신 사리와 정골頂骨을 나누어 봉안한 5대 적멸보궁이 있다.

① 경남 양산 영축산靈鷲山의 통도사通度寺

불보사찰이기도 한 통도사는 절이 위치한 산의 모습이 석가모니가 설법하던 인도 영취산의 모습과 통하므로 통도사라 이름했고[此山之形通於印度靈鷲山形], 또 승려가 되고자 하는 사람은 모두 이 계단戒壇을 통과해야 한다는 의미에서 통도라 했으며[爲僧者通而度之], 모든 진리를 회통會通하여 일체중생을 제도濟道한다는 의미에서 통도라 이름 지었다고 한다. 『삼국유사』의 기록을 보면 신라의 자장慈藏율사가 당나라에서 불법을 배우고 돌아와 왕명에 따라 통도사를 창건하고 승려의 규범을 관장, 법식法式을 가르치는 등 불법을 널리 전한 데서 비롯된다. 이때 부처의 진신사리를 안치하고 금강계단金剛戒壇을 쌓아, 승려가 되고자 원하는 많은 사람들을 득도케 하였다.

② 강원도 평창 오대산 상원사上院寺

월정사를 품고 있는 오대산은 문수보살의 성산聖山으로, 산 전체가 불교성지가 되는 곳은 남한에서는 오대산이 유일하다. 월정사는 자장율사에 의해서, 신라 선덕여왕 12년(643)에 창건된다. 자장은 중국으로 유학하여 산서성 오대산의 태화지에서 문수보살을 친견한다. 이때 문수보살이 부처님의 사리와 가사를 전해 준 뒤, 신라에서도 오대산을 찾으라는 가르침을 주게 된다. 이후 귀국하여 찾게 된 곳이 강원도 오대산이며, 이때 월정사를 창건하고 오대 중 중대에 부처님의 사리를 모신 적멸보궁 상원사를 조성하게 된다. 상원사는 월정사에서 약 9㎞ 위쪽에 위치하고 있다. 조선시대 세조와의 인연이 깊어 문수보살을 친견하고 나서 등에 난 종기를 고친 후 조각하게 하였다는 문수동자상과 문수보살이 세조의 등을 밀어 줄 때 옷을 벗어 걸어 두었다는 관대걸이가 남아 있으며, 높이 1.67m, 지름 91㎝로 신라 성덕왕 때 만들어져 우리나라에서 가장 오래되었다는 동종이 국보 제36호로 지정되어 있다.

③ 강원도 인제 설악산 봉정암鳳頂庵

643년(신라 선덕여왕12) 자장율사가 당나라에서 가져온 부처의 진신사리와 금란가사를 봉안하여 창건하였다. 원효·보조 등 여러 고승들이 이곳에서 수도하였으며 677년(문무왕17) 원효가, 1188년(고려 명종18) 지눌이 중건한 것을 비롯하여 6·25전쟁 이전까지 7차례에 걸쳐 중건하였다. 6·25전쟁 때 화재로 자칫하면 명맥이 끊어질 뻔하였다.

④ 강원도 영월 사자산 법흥사法興寺

자장율사가 나라의 흥륭과 백성의 편안함을 도모하기 위해 643년(선덕여왕12)에 사자산 연화봉에 부처님의 진신사리를 봉안하고 흥녕사로 창건했다. 중국 선종의 중흥조인 마조도일 선사로부터 선을 전수 받았던 신라의 선승 도윤칠감국사의 제자 징효절중이 886년 이곳에 선문禪門을 여니 이것이 바로 나말여초 구산선문 중 하나였던 사자산문이다. 1902년 대원각스님에 의해 법흥사로 개칭되고 재건되었다. 1912년 또다시 화제로 소실되었던 것을 1933년 지금의 터로 적멸보궁을 이전 중수하였다.

⑤ 강원도 정선 태백산 정암사淨巖寺

신라 선덕여왕 때 자장율사가 석가모니불의 사리를 수마노탑에 봉안하고 이를 지키기 위하여 건립한 것으로, 수마노탑에 불사리가 봉안되어 있기 때문에 법당에는 불상을 모시지 않고 있다. 이 보궁 안에는 선덕여왕이 자장율사에게 하사했다는 금란가사가 보관되어 있었다고 한다. 적멸보궁 뒤쪽의 수마노탑은 2020년 국보로 지정되었다.

25
몽중설몽 | 夢中說夢 |

'몽중설몽夢中說夢'이란 '꿈속에서 남에게 꿈 이야기를 한다'는 뜻으로 일체 현상이나 인간의 삶이란 것이 본디 고정적인 실체가 없는 환상 속의 환상일 뿐이라는 말이다.

원래 '꿈'이란 수면 중 마음작용[心所]이 어느 대상을 영사映寫하여 여러 가지 사상事象을 마치 현실처럼 보는 것이다.

『선견율비바사善見律毘婆沙』 권12에서는 꿈을 다음과 같은 4가지로 분류하고 있다.

① 신체의 부조화로부터 생기는 꿈 … 사대불화몽四大不和夢
② 경험할 일을 미리 보여 주는 꿈 … 선견몽先見夢
③ 천인이 나타나 선행으로 인도해 주는 꿈 … 천인몽天人夢
④ 과거의 업에 따라 선악의 일을 보게 되는 꿈 … 상몽想夢

이러한 꿈은 3계三界 중에 욕계에만 있는 것으로 색계와 무색계에는 없다고 하며, 불타佛陀는 아예 수면이 없다고 하였으니 당연히 꿈도 없다. 꿈은 반드시 잠을 자야 살아갈 수 있는 육신을 가진 중생에게만 있기 때문이다.

서산대사의 『청허당집』권2 「재답완산노부윤서再答完山盧府尹書」끝부분에 '삼몽사三夢詞'라는 5언절구가 있다.

휴정이 나이 오십이 되는 해에 평소 친분이 깊던 부윤 노수신盧守愼 (1515-1590)에게 '할아버지와 아버지와 자식의 3대에 걸친 꿈같이 지나 버린 행적의 기록'인 「삼몽록三夢錄」을 보냈다. 그러자 노수신이 '몽세夢世'란 두 글자의 뜻과 그것을 분별하여 법을 보이라는 답신을 보내왔다. 휴정은 그에 대해 재답신을 쓴 뒤에 다음과 같은 시로 마무리 짓고 있다.

> 主人夢說客　주인은 나그네에게 제 꿈 이야기를 하고
> 客夢說主人　나그네도 주인에게 제 꿈 이야기를 하네
> 今說二夢客　지금 두 꿈을 이야기하는 나그네
> 亦是夢中人　역시 꿈속의 사람일레라

노산鷺山 이은상李殷相은 「서산의 문학」에서 다음과 같이 평하였다.

> "인세人世를 꿈으로 본 시가詩歌가 고래로 얼마나 많은지 그 수를 헤아리기조차 어렵지마는 휴정의 스무 자(「삼몽사」)를 넘어설 작품은 없을 것이다."

'몽중설몽'과 비슷한 말로 '치인설몽癡人說夢'이란 말이 있다. 바보에게 꿈 이야기를 해 준다, 또는 어리석은 사람이 종잡을 수 없이 지껄인다는 뜻이다.

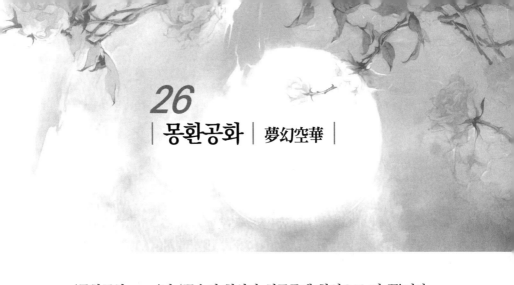

26
몽환공화 | 夢幻空華 |

'몽환공화夢幻空華'란 '꿈속의 환상과 허공중에 환영으로 핀 꽃'이란 뜻이다. 사람이 망견妄見에 사로잡혀 본래 실체가 없는 것을 있는 줄로 착각하고 그것에 집착하는 어리석음을 경계하는 말이다.

즉, '몽환'은 허황된 생각이며, '공화'는 망령된 착각으로서 마치 눈병을 앓는 사람이 아무것도 없는 허공에 꽃이 피어 있는 것으로 잘못 보는 것에 비유한 말이다.

승찬僧璨대사의 『신심명信心銘』에 다음과 같이 이르고 있다.

夢幻空華	꿈속의 환상과 허공 속에 핀 꽃
何勞把捉	어찌하여 수고롭게 붙잡으려 하는가
得失是非	얻음과 잃음 옳음과 그름
一時放却	한꺼번에 내쳐 버려라
眼若不睡	만약 눈이 잠자지 않는다면
諸夢自除	모든 꿈들 저절로 사라지나니
心若不異	마음이 다르지 않다면(一心이면)

萬法一如　온갖 법이 한가지일 뿐이다

또 『금강경』에 이르기를 :

一切有爲法　일체의 함이 있는 법은

如夢幻泡影　마치 꿈 환상 거품 그림자 같으며

如露亦如電　마치 이슬 같고 또한 번개와 같나니

應作如是觀　응당 이와 같이 볼지어다

인생사 그지없이 허망하다는 사실에 대하여 어찌 불교에서만 힘주어 말하겠는가.

부질없는 부귀영화 조로석연朝露夕煙처럼 덧없이 사라져 버린다는 일장춘몽一場春夢의 설화를 비롯하여 당나라 순우분淳于棼의 '남가일몽南柯一夢', 초나라 회왕懷王의 '무산지몽巫山之夢', 노생盧生의 '한단지몽邯鄲之夢', 먼 옛날 중국 최초의 성천자聖天子로 알려진 황제 공손헌원公孫軒轅의 '화서지몽華胥之夢', 꿈인지 생시인지 구별이 모호한 장자의 '호접지몽胡蝶之夢' 등 모두가 한바탕 꿈임을 은유적으로 말하고 있다.

조선 말 월창月窓거사 김대현金大鉉(?-1870)의 『술몽쇄언述夢瑣言』(자잘한 꿈 이야기) 「자성自成」 조에 다음과 같이 기술하고 있다.

夢中亦有天地萬物　꿈속에도 역시 천지만물이 있다

기 천 지 만 물 래 입 오 몽 여
其天地萬物 來入吾夢歟   천지만물이 내 꿈속으로 들어온 것인가

억 오 왕 견 천 지 만 물 여
抑吾往見天地萬物歟   아니면 내가 가서 천지만물을 본 것인가

몽 여 갑 을 음 주
夢與甲乙飲酒   꿈에 갑과 을이 함께 술을 마시지만

이 갑 을 불 몽
而甲乙不夢   갑과 을은 같은 꿈을 꾸지 않네

시 하 상 래 왕
是何嘗來往   이 어찌 일찍이 오고 감이 있었겠는가

개 아 자 심 망 성
皆我自心妄成   모두 내 마음이 스스로 헛되이 이뤘네

이어서 「유무有無」 조에 :

   혹은 태어남을 없음으로부터 홀연히 있는 것이라 말하고[或曰生者自無而忽有], 죽은 것을 있음으로부터 갑자기 없어지는 것이라 한다[者自有而忽無]. 혹은 있다고 하고 혹은 없다고도 하며[曰或有或無], 오래되면 또한 사라져 없어진다고 말한다[曰久生泯滅].

   이는 다 감정과 의식의 망령된 추측의 헤아림인데[是皆情識妄度] 만물은 본디 생겨남이 없다는 이치를 알지 못하는 것이다[不知無生之理也].

   홀연히 꿈을 꾸기도 깨기도 하면서[忽夢忽覺] 능히 꿈을 꿀 수도 있고 깰 수도 있음을 아는 것이며[而知其有能夢能覺者], 꿈이 있기도 하고 없기도 하지만, 그러나 혹 꿈을 꿀 수도 있고 꾸지 않을 수도 있음을 알 수 있는 것이다[有夢無夢而知其有或夢或不夢者].

   죽고 사는 것은 큰 꿈이요, 깨어나고 잠자는 것은 작은 꿈이다[生死大夢 寤寐小夢]. 무릇 작은 꿈은 큰 꿈에 의거하여 있기도 하고 없기도 한데[夫小夢依於大夢而有無], 큰 꿈은 꿈 아닌 것에 의거하여 숨기도 하고 나타나기도 한다[大夢依於非夢而隱現].

또한 「자시自是」 조에 :

취중에 사람이 스스로 옳다고 주장하다가 술 깬 뒤에야 비로소 그러했음이 취한 것이었음을 알고 본성이 아니었음을 슬퍼하게 된다[醉中人自以爲是 醒而後 始知其醉悲非本性].

몽중의 사람이 스스로 옳다고 우기다가 깨달은 다음에 비로소 그 꿈이 본성이 아니었음을 알게 된다[夢中人自以爲是 覺以後 始知其夢非本性].

이른바 지식과 이해, 옳고 그름, 사랑과 미움, 원망과 연모는 모두 취중의 심정이며, 꿈속의 마음이 아니겠는가[所謂知解是非愛惡怨戀 皆不出於醉情夢想].

밝고 깨끗한 성품 가운데 어찌 이런 일이 있겠는가[淸淨性中 豈有是事].

雲走天無動 구름이 내달리는데 하늘은 움직임이 없고

舟行崖不移 배가 노 저어 가는데 언덕은 옮겨 가지 않네

本是無一物 본래 한 물건도 없으니

何處起歡悲 어디에 기쁨과 슬픔이 일어나리요

— 미상未詳

竹影掃階塵不動 대 그림자 섬돌을 쓸지만 티끌은 일지 않고

月色穿潭水無痕 달빛이 못을 뚫었건만 물은 흔적이 없네

— 야부冶父

影沈綠水衣無濕 녹수에 그림자 잠겼는데 옷은 젖음이 없고

夢踏靑山股不勞 꿈에 청산 헤맸으나 다리는 피로하지 않네

— 미상未詳

餘韻 紅顔常靑夢 젊은 청춘의 늘 푸른 꿈이여

白頭恒新情 늙은 노인의 늘 새로운 정이여

27

| 무상보리 | 無上菩提 |

무상보리無上菩提는 '더할 나위 없이 훌륭한 부처의 깨달음'이다.
『유마경維摩經』「불도품佛道品」에 문수보살이 어떻게 하면 불도를 성취하여 보살의 길을 갈 수 있는지에 대하여 유마거사에게 묻는다.

> 유마 길 아닌 길을 가야 불도를 이룰 수 있다.
>
> 문수 어떤 것이 길 아닌 길인가?
>
> 유마 지옥의 죄를 짓되 번뇌와 분노가 없고, 지옥에 가되 죄와 잘못이 없고, 탐욕을 행하되 물듦과 집착이 없고, 성내는 모습을 보이되 항상 인자하고, 번뇌하되 마음이 늘 청정하고, 삿된 듯하나 정법으로 중생을 제도하며……

유마거사는 '길 아닌 길' 31가지를 제시하면서 이러한 길을 가야 불도를 통달할 수 있다고 말한다.
이어서 문수보살은 여래가 될 수 있는 성품에 대해 묻는다.

> 문수 여래 될 종자[如來種]는 어떠한 것인가?
>
> 유마 우리 중생의 이 몸 이대로 여래가 될 종자이며[衆生即如來] 중생의 무명과 애착 모든 것이 여래의 씨앗이 되는 것이지. 성문聲聞 등과

같이 번뇌를 끊고 함이 없는 청정한 무위로써 아뇩다라삼먁삼보리를 발할 수 없는 것이네.

문수 어찌하여 그러한가?

유마 우트파라 꽃이나 파드마 꽃 등의 진귀한 꽃들은 낮고 습한 진흙 속에서만 자라나 피어나는 것과 같은 것이다.

유마거사의 이 말은 성문승과 같이 수행에만 의존하여 청정만을 추구하다 보면 스스로를 옭아매어 자가당착自家撞着이 되거나 수행의 매너리즘에 빠져들어 정작 무상보리심無上菩提心을 발하기가 어렵다는 것이다.

예를 들면, 연꽃은 진흙탕 속에 뿌리를 내리고 있지만 가장 아름답고 진귀한 꽃을 피우는 것과 같이, 보살이 혼탁한 세속에 의탁되어 있지 않으면 아뇩다라삼먁삼보리심을 낼 수 없다는 것이다. 연꽃은 반드시 진흙탕 속이라야 꽃을 피울 수 있고, 진흙 속에서 살아가고 있지만 더러움에 조금도 물들지 않는다는 것이다.

이와 같은 문답을 듣고 마하가섭은 자신들처럼 번뇌를 완전히 여의어 버린 아라한들은 부처를 이루는 무상보리심을 일으킬 수 없다고 탄식한다. 이때 보현 색신보살이 유마거사에게 묻는다.

"누가 당신의 부모 형제 처자이며 벗이며, 재산 관리는 누가 합니까?"

이에 대한 대답을 유마는 매우 긴 게송으로 말한다. 이 게송은 5언 4구로써 42수首로 되어 있는데, 그 가운데 보살들이 중생을 교화하기 위해 보여 주는 자비행이 어떠한 것인가에 대한 12수만 뽑아 여기에 소개한다.

^{지 도 보 살 모}
智度菩薩母　반야지혜 바라밀은 보살의 어머니요

^{방 편 이 위 부}
方便以爲父　방편력의 바라밀은 보살의 아버지시니

^{일 체 중 도 사}
一切衆導師　모든 중생 이끄시는 스승님들은

^{무 불 유 시 생}
無不由是生　이로 말미암아 나오지 않음이 없네

^{법 희 이 위 처}
法喜以爲妻　법의 기쁨은 보살님들 아내가 되고

^{자 비 심 위 녀}
慈悲心爲女　자비로운 그 마음은 보살님들 딸이 되고

^{선 심 성 실 남}
善心誠實男　착한 마음 성실함은 실제 아들이요

^{필 경 공 적 사}
畢竟空寂舍　필경에는 텅 빈 고요함이 보살의 집이라오

^{제 도 법 등 려}
諸度法等侶　여러 가지 바라밀은 진리의 도반이요

^{사 섭 위 기 녀}
四攝爲伎女　사섭법은 아름다운 기녀로다

^{가 영 송 법 언}
歌詠誦法言　노래로 칭송하고 법대로 말씀하심이

^{이 차 위 음 악}
以此爲音樂　이로써 음악이 되었노라

^{감 로 법 지 식}
甘露法之食　단이슬의 감로법은 밥으로 먹고

^{해 탈 미 위 장}
解脫味爲漿　해탈경계 즐겨 먹는 국으로 삼고

^{정 심 이 조 욕}
淨心以澡浴　깨끗하게 목욕하여 마음 맑히고

^{계 품 위 도 향}
戒品爲塗香　십계 두루 갖추어 향을 바르네

催滅煩惱賊 번뇌라는 도적들을 꺾어 소멸시키니
최 멸 번 뇌 적

勇健無能踰 용감하고 강건하여 이길 자 없네
용 건 무 능 유

降伏四種魔 네 종류의 마구니를 항복시키고
항 복 사 종 마

勝幡建道場 도량에다 승전 깃발 드날리도다
승 번 건 도 량

雖知無起滅 일어남과 사라짐을 알 수 없지만
수 지 무 기 멸

示彼故有生 저 중생에게 보이고자 태어나시어
시 피 고 유 생

悉現諸國土 국토마다 남김없이 몸을 나투어
실 현 제 국 토

如日無不見 태양처럼 모든 이가 보게 하노라
여 일 무 불 견

火中生蓮花 불 속에서 연꽃이 피어나니
화 중 생 련 화

是可謂希有 이는 가히 희유한 일이라 하듯
시 가 위 희 유

在欲而行禪 오욕 속에 있으면서 禪을 닦는 일
재 욕 이 행 선

希有亦如是 이것 역시 희유하기 그지없도다
희 유 역 여 시

或現作淫女 어떤 때는 음녀 모습 나타내어
혹 현 작 음 녀

引諸好色者 색을 좋아하는 이를 모두 이끌어
인 제 호 색 자

先以欲鉤牽 먼저 애욕의 갈고리로 끌어당기고
선 이 욕 구 견

後令入佛智 뒤에 다시 불지혜에 들게 하노라
후 령 입 불 지

諸爲貧窮者 모든 가난하고 곤궁한 자를 위하여

現作無盡藏 다함없는 보배창고 나타내어서

因爲勸導之 인연 따라 부지런히 이끌어 주고

令發菩提心 보리마음 발하게 하네

我心憍慢者 아상 있어 교만스런 사람에게

爲現大力士 대역사의 위력을 나타내어

消伏諸貢高 모든 교만심과 거드름을 소멸하여 항복받고

令住無上道 위없는 진리에 머물 수 있게 하노라

其有恐懼重 두려움에 떨고 있는 중생에게는

居前而慰安 그 앞에서 살아가며 위안을 주고

先施以無畏 먼저 두려움이 사라지게 베푼 다음

後令發道心 도를 일으키는 마음 발하도록 이끄노라

或現離淫慾 음욕심을 멀리 여의었음을 언제나 나타내고

爲五通仙人 다섯 가지 신통 갖춘 선인이 되어

開導諸群生 모든 중생 부지런히 개도하여서

令住戒忍慈 지계 인욕 자비 속에 머물게 하도다

아뇩다라삼먁삼보리, 곧 무상보리 세계는 깨달음의 세계이다.

깨달음의 세계는 진정한 삶의 세계이며 무심의 세계이다.

무심의 세계는 무위의 세계이며 무위의 세계는 평등의 세계이다.

평등의 세계는 부모·형제·처자·권속을 비롯한 온갖 중생들이 함께 어우러져 소통하며 살아가는 사바세계이다.

이에 보현보살이 색신色身을 나타내어 여러 가지 질문한 것에 대하여 유마거사가 한 대답의 핵심은, 번뇌를 여읜 아라한들이 청정한 무위만 가지고는 아뇩다라삼먁삼보리를 증득할 수 없다는 것이다. 왜냐하면 여래가 중생을 떠나서 별도로 존재하는 것이 아니기 때문이다.

물론 사바세계와 깨달음의 세계는 상반성相反性을 띤 양극단 세계이다. 그러나 강물이 바다로 흘러갈 때 사바의 이 언덕과 깨달음의 저 언덕 사이로 흐른다. 언덕은 이 언덕 저 언덕 둘이지만, 강물에게는 오직 하나의 언덕일 뿐이다. 그러므로 둘이면서 둘이 아닌 이이불이二而不二요, 동시에 둘이 아니면서 둘인 불이이이不二而二인 것이다. 이게 바로 진공묘유의 경계가 아닌가?

옛말에 '안장 위에 사람 없고 안장 밑에 말이 없다.'라고 하였다. 즉 사람(菩提)과 말(煩惱)이 하나(一如)임을 강조하는 것이다.

영가永嘉 현각玄覺(665-713)대사는 「증도가證道歌」에서 이렇게 노래하고 있다.

無明實性卽佛性
무명의 실다운 성품이 곧 불성이요

幻化空身卽法身
허깨비 같은 빈 몸이 곧 법신이다.

121

28
| 무애광명 | 無碍光明 |

무애無碍는 행하는 바 어느 것에도 막히거나 걸림이 없이 순탄하다는 뜻을 가지며, 이것을 두 가지로 분류하여 말한다.

① 원융무애圓融無碍

모든 것이 잘 융화되어 일체 거리낌 없이 서로 방해하지 않는 상태를 말한다.

② 자재무애自在無碍

마음이 대상에 의지하여 작용을 일으키는 것이 없어 모든 것에 자유로워 막힘이 없는 상태를 말한다.

여기에서 광명光明이란 사람에게나 법에나 어떠한 것에도 거침없이 비치는 진리와 지혜의 작용이다. 부처님의 지혜를 무애지無碍智라 하고, 아미타불의 광명을 무애광無碍光 또는 무량광無量光이라고 한다.

또한 아미타불 광명의 덕을 12가지로 나누어 다음과 같이 이르기도 한다.

① 무량광불無量光佛 ② 무변광불無邊光佛 ③ 무애광불無碍光佛 ④ 무대광

불無對光佛 ⑤ 염왕광불焰王光佛 ⑥ 청정광불淸淨光佛 ⑦ 환희광불歡喜光佛 ⑧ 지혜광불智慧光佛 ⑨ 부단광불不斷光佛 ⑩ 난사광불難思光佛 ⑪ 무칭광불無稱光佛 ⑫ 초일월광불超日月光佛

『구사론』권1에서 태양빛을 '광光'이라 하고, 달빛·별빛·불빛 등을 '명明'이라 하였다. 즉, 스스로 빛을 내는 것을 '광'이라 하고, 물건에 비쳐지는 밝기를 '명'이라 이르는 것이다. 이러한 광명에 대하여 두 가지 혹은 세 가지로 구분하기도 한다.

① 2종 광명 첫째
- 마광魔光 : 사람의 마음을 들뜨게 하고 황홀하게 하는 작용
- 불광佛光 : 사람의 마음을 청정하게 하고 평온하게 하는 작용

② 2종 광명 둘째
- 색광色光·신광身光·외광外光 : 부처의 광명은 가로막힘이 없이 두루 하므로 무애광無碍光이라 한다. 언제나 불보살의 몸에서 발하는 빛은 상광常光이다.
- 심광心光·지광智光·내광內光 : 지혜로 사물의 실상을 밝혀내므로 현기광現起光이라 한다. 교화의 대상에 따라 나타나는 빛이므로 원광圓光이라고도 한다.

③ 3종 광명
- 외명광外光明 : 해와 달 등의 빛
- 법광명法光明 : 마음이 밝아지는 심광에 해당됨

- 신광명身光明 : 불보살의 몸에서 나오는 빛. 광배光背라고도 함

광명이라 하면 일반적으로 저 하늘의 태양빛을 떠올리게 된다.
밝은 태양은 햇빛[日色 sunshine] 되어 우주가 있음을 알려 준다.
밝은 태양은 햇살[일광 sun beam] 되어 세상을 밝혀 드러낸다.
밝은 태양은 햇볕[日陽 sun energy] 되어 만물을 푸르게 길러 낸다.

광명이 사라져 없는 것을 무명無明이라 한다.
무명이란 범어 ayidiā의 번역으로, 사물의 실체를 있는 그대로 보지 못하는 불여실지견不如實智見을 이르는 말이다. 곧 진리에 어두워서 사물의 현상과 이치를 확실히 이해하지 못하는 부달不達·불해不解·불료不了한 정신상태로서 우치愚癡를 그 내용으로 하며, 12연기의 첫째가 되는 무명지無明支이다.

① 무명無明이 연緣하여 행行이 있고,
② 행을 연하여 식識이 있고,
③ 식을 연하여 명색名色이 있고,
④ 명색이 연하여 6처六處가 있고,
⑤ 6처가 연하여 촉觸이 있고,
⑥ 촉을 연하여 수受가 있고,
⑦ 수를 연하여 애愛가 있고,
⑧ 애를 연하여 취取가 있고,
⑨ 취를 연하여 유有가 있고,
⑩ 유가 연하여 생生이 있고,
⑪ 생을 연하여 노사老死가 있고,

⑫ 노사에 따른 우憂·비悲·뇌惱·고苦가 있게 된다.

그리하여 마침내 고온苦蘊의 집集이 되는바, 이러한 무명을 멸함으로써 행멸行滅하고, 행멸로써 식멸識滅하는 식으로 이어서 생로병사, 우비고뇌를 모두 멸하고 나면 드디어 무애광명無碍光明이 나타나게 된다.

6조 혜능대사께서 이르셨다.

"하나의 등명은 능히 천년의 어둠을 제거하고[一燈能除千年闇], 하나의 지혜는 만년의 어리석음을 면할 수 있다[一智能滅萬年愚]."

29
무위자연 | 無爲自然 |

무위無爲란 '하는 일이 아무것도 없다'는 뜻으로 유위有爲가 전제되어 성립된 개념이다.

인간이 삶을 영위하기 위해 생활의 3대 요소인 의·식·주를 해결하고자 움직이는 일체의 행위를 유위라고 할 때, 하는 일 없이 밥만 축내고 빈둥빈둥 놀고 있으면 무위도식無爲徒食이라 하고, 멀쩡히 성한 사람이 하는 일도 없고 아무 능력도 없으면 무위무능無爲無能 또는 무위무책無爲無策이라 한다.

여기까지는 어떠한 경제활동을 하고 있다/없다의 단순의미에 국한하여 쓰이는 말이지만, 철학적 의미가 함축된 자연自然(nature)이라는 어휘가 앞에 붙으면 매우 광의적이고 고차원적인 의미를 갖게 된다. 뒤에 다시 언급하겠지만, 무無의 궁극에 이르면 유무有無의 관계가 초월된 우주만물의 근본경지를 나타내는 의미로 확대되기 때문이다.

흔히 무위자연을 거론하면 우선 노자老子와 장자莊子, 그리고 도교와 불교의 동양사상을 떠올리게 되고, 좀 더 나아가면 서양의 루소가 주장한 사회적 인습에 젖어 있는 나쁜 영향에서 벗어나 '자연으로 돌아가라(Return to nature!)'는 외침에서부터 비틀즈의 노래 「Let it be」까지 연상시킨다.

기실 노자의 사상과 도교의 교리는 직접 관계가 없다고 할 수 있다. 도교는 근래에 이르기까지 중국인들의 다양한 민간신앙을 가미한 다신적多神的 종교로서, 노자를 교조로 하여 무위자연설을 주지主旨로 삼고는 있다. 하지만 음양오행설에다 우화등선羽化登仙의 신선사상을 더하여 불로장생·장생불사·자손번영 내지 부귀행복을 추구하는 다소 저급한 세속신앙으로 전락되어 있으므로 순수 무위자연사상과는 거리가 있어 보인다.

인간의 작위력作爲力이 가미되지 않은 그냥 그대로의 존재와 현상들을 무위자연이라고 하였을 때 노자는 천지만물의 생성 근본태를 '무無'로 간주하고 궁극의 자연작용을 무無라고 단정하고 있다.

또한 음양오행설에서도 하늘과 땅이 분리되기 이전 우주만물의 근원이 되는 실체를 태극太極이라고 이름하면서 '무극이 태극이다無極卽太極'라고 하였다. 즉, 무극이라는 텅 빈 허공 간에 어떤 에너지가 가득 차게 되면 태극이라는 상태가 되고, 이 태극이라는 에너지가 음양陰陽(양의兩儀)으로 나뉘게 된다는 것이다.

이 태극에서 발생된 음양이 작용하여 만물이 생성되고, 이러한 만물은 본래적으로 제각각 고유한 성질이 있으니 물질마다 나무[木]의 성질, 불[火]의 성질, 흙[土]의 성질, 쇠[金]의 성질, 물[水]의 성질 이렇게 다섯 가지의 성질 중에 저마다의 기본이 되는 하나의 주된 성질을 나타내면서 서로 간에 상생相生과 상극相剋의 인연 따라 생성소멸을 이루게 되는데 이를 일러 오행五行이라 한다.

그러므로 오행이란 결국 만물자연의 순환법칙이 되는 셈이며, 이러한 자연은 무엇을 어찌어찌하겠다는 의지적 행위인 '함'은 없지만 애써 공들이지 않아도 '저절로 그리되어짐'의 무위이화無爲而化를 끊임없이 실현해 내고 있다. 즉 무위의 자연은 저절로 변화를 일으키면서 우주의 온갖 것을 지어내고 있으므로 '함이 없지만 하지 않음도 없다'는 무위이무불위無爲而無不爲인 것이며 이는 바로 옳음도 없고 옳지 않음도 없는 무가무불가無可無不可의 경지 그대로 자연인 것이다.

이에 따라 '세상의 만물은 유에서 생겨나고 유는 무에서 생긴 것이다[天下之物 生於有 有生於無-도덕경 40장]'라고 말한다.

자연으로서의 無는 有에 대한 부정이나 상대적 개념의 無가 아니며, 有 자체를 오히려 확실히 성립시켜 주는 유무가 초월된 절대적 개념으로 선택된 용어이다.

과연 노자가 추구하는 삶은 어떤 것인가?

人法地   사람은 땅을 본받고

地法天   땅은 하늘을 본받고

天法道   하늘은 도를 본받고

道法自燃   도는 자연을 본받는다
　　　　　　　　　—『도덕경』제25장

대개 '法'은 사회생활을 유지하기 위하여 국가기관에서 제정한 국민의 의무적 행동규칙을 말하는 것이지만, 여기에서는 문법적으로 동사 역할을 하므로 '모범을 삼아 본받다'를 뜻한다.

사람은 땅의 환경을 거스르지 않아야 안전할 수 있으므로 땅의 자연을 본받고, 땅은 하늘을 거스르지 않아야 온전히 만물을 실을 수 있으므로 하늘의 자연을 본받으며, 하늘은 도를 거스르지 않아야 온전히 만물을 덮을 수 있으므로[天覆地載] 도道를 본받는다. 도道는 스스로 그러함을 거스르지 않아야 만물이 본성대로 이루어질 수 있으므로 자연을 본받는다. 스스로 그러함의 자연이란 우주만물의 총체적 현상에 대한 궁극의 표현인 것이다.

그러면 어떻게 살아야 무위자연의 삶인가?

'질박함으로 돌아가라[復歸於樸]'고 이르고 있다. 박樸이란 다듬지 않은 통나무를 뜻하는 글자로서 꾸밈이 없는 본연 그대로의 상태이다. 길들이지 않은 야생마나 갈기를 깎지 않은 말을 박마樸馬라고 한다.

우리 전통건축의 공법에 '그렝이법'이라는 것이 있다. 집을 지을 때 땅을 깎아 내거나 메우기를 해서 평평하게 수평을 잡아 주춧돌을 놓고 기둥을 세우는데, 그렝이법은 지형지물을 그대로 살려서 기둥을 세우므로 기둥마다 그 길이가 다르다. 이 방법으로 집을 지으면 기존의 자연과 친화되어 수해나 산사태, 태풍 등에 매우 안전하지만 공력과 건축비가 배가되고 고도의 기술도 요구되므로 일반화되지 못하여 제대로 발전하지 못한 듯하다. 이 그렝이법을 적용하여 지은 건축물은 충남 서산의 개심사開心寺 안양루安養樓와 경남 하동의 쌍계사雙磎寺 팔영루八泳樓 전각에서 그 자취를 엿볼 수 있다.

이와 같이 '자연을 좇아 질박으로 돌아가서 꾸밈없는 박樸을 흩뜨려 구별 없이 펼쳐 쓰면 큰 그릇이 된다[復歸於樸 樸散卽爲器 - 도덕경 제28장].'고 노자는 말하고 있다.

이어서 도道란 무엇인가?

하늘도 본받아야 된다는 도道는 다시 저절로 그리됨의 자연을 본받는다 하였다. 이러한 도는 일차적으로 사람이 오고 가는 길에서부터 인생행로의 도리·이치·근원·바탕·기능·작용·방법·사상 등 다양한 뜻으로 확대되어 활용되는 어휘로서 가장 광범위한 의미가 내포된 한자이기도 하다. 무어라 한마디로 정의할 수 없기에 노자도 도道는 그 주어진 여건에 따라 적용되는 것이므로 항상 고정되어 변하지 않는 도道가 있다고 한다면 그것은 참된 도道가 아니라고 하였다[道可道非常道 - 도덕경 제1장].

사람이 마땅히 지켜야 하는 도리를 들어 말할 경우, 세상에 태어나면 반드시 누구의 자식이 되어 아들딸로서 지켜야 할 도리가 주어지고, 장성하여 결혼하면 남편·아내의 도리가 생겨나고, 자식을 낳게 되면 부모의 도리가 있다. 각자의 상황에 따라 주어지는 도리가 끊임없이 변하고 있다.

변하는 도道 그대로가 자연이며, 그 자연의 속성은 바뀜[易] 그 자체이기 때문에 일체만물은 고정불변이 없는 것이다. 또한 바뀌어 가는 입장이나 상황 따라 거기에 주어지는 명칭도 바뀔 수밖에 없지 않겠는가. 손자가 할배 되고, 올챙이가 개구리 되고, 밥이 똥 되듯이…….

이에 노자는 기존의 사회가 추구하고 있는 윤리적 고정관념에 얽매인 관례나 인仁·의義·예禮·지智 등의 획일적 가치기준이 순박한 인간 본성을 일방적으로 규정지어 놓고 억압함으로써 오히려 순수한 행복에서 멀어지게 한다고 말한다. 따라서 인간은 이 규범의 제약에서 벗어나고자 거짓된 행위와 교묘한 술수를 쓰게 된다면서, 결국 유가儒家나 법가法家의 사상이 거짓과 도적질을 조장시킨다고 주장하였다.

결론적으로 노자의 도道란 만물이 소통하므로 저절로 생겨난 길이다. 인위적 조작이 배제되어 무위와 타고난 본성에 부합되는 자연스러운 길이 무위자연의 자생자화自生自化하는, 저절로 생겨나고 저절로 변화되는 참된 도道로서 행복이 저절로 따른다는 것이다.

노자 『도덕경』의 무위자연사상에 대한 짧은 글이지만, 여기까지 써 오면서 은연중에 '도道에 뜻을 두고 덕德을 지키면서 살아가라志於道 據於德-『논어』 술이편 6'는 공자님의 말씀이 떠오른다. 그러나 도道에 대하여 제대로 알아야 덕도 제대로 베풀지 않겠는가.

현자賢者가 되기를 꿈꾸는 모든 이들은 득도得道를 원하지만 쉽게 얻지는 못한다. 얻기 어렵다는 것에 연관하여 불가佛家에서 구전되어 내려오는 말이 있다.

人生難得   사람으로 태어나기 어렵고

丈夫難得   사나이로 태어나기 어렵고

出家難得   집 떠나서 스님 되기 어렵고

得道難得   스님 돼도 도道 얻기 어렵다

필자는 도道를 얻은 도인道人이 아니다. 아닌 게 아니라 도道에 이르지 못한 범부중생이다. 자칭 한문학자로서 평생 사서오경 속에 파묻혀 살아오면서 소원이라면 어엿한 스님이 되는 것이었는데 이루지 못한 불자이다.

불교에서 일체유심조一切唯心造라 하였는데 아마 나는 막연한 소망이 었을 뿐 다부진 원력도 부족하고 전생에 쌓아 놓은 그만한 복연福緣이 없기 때문이리라.

아직 득도는 못했을지언정 무위자연의 삶을 흉내 내며 오늘을 살고 있다.

無爲 ^{무위}

日出以面月出對 ^{일 출 이 면 월 출 대}   낮에는 해를 보고 밤에는 달을 본다

飢渴以食睡來寢 ^{기 갈 이 식 수 래 침}   배고프면 밥 먹고 졸리면 잠을 잔다

自然 ^{자 연}

日落月出然 ^{일 낙 월 출 연}   해 지듯이 달 뜨듯이 그렇게

雲去雲來然 ^{운 거 운 래 연}   구름 가듯 구름 오듯 그렇게

如花如葉然 ^{여 화 여 엽 연}   꽃 피듯이 잎 지듯이 그렇게

如風如水然 ^{여 풍 여 수 연}   바람 불듯 물 흐르듯 그렇게

30
무유정법 | 無有定法 |

'무유정법無有定法'은 어떤 정해진 법이 없다는 뜻이다.

무유정법과 문법적 구조가 유사한 '생사는 없다無有生死' '생사의 다음은 없다無後生死'라는 말이 있다. 이는 불생불멸의 불과佛果에 들어가서 다시는 다음 생을 받지 않는다는 뜻으로, 윤회전생에 대한 강한 부정을 나타내는 말이다. 이에 무유無有란 '있을 것이 없다'는 존재의 없음을 매우 강조하는 말이며, 정법이란 '결정된 법'이라는 뜻이다.

이 두 어구가 결합되어 쓰일 때 '有'라는 글자가 특이하게 관형사 역할이 되어 '어떠한有 정해진定 법도法 없다無'라는 서술문이 된다. 이는 『금강경』에 있는 말씀으로 아뇩다라삼먁삼보리阿耨多羅三藐三菩提(무상정등각無上正等正覺)를 달리 이르는 말이다.

여기서 유정법有定法(정해진 법이 있다)이란 유위有爲의 12연기법을 뜻하는 것이며, 이러한 연기법을 부정하고 그것을 뛰어넘은 무유정법이란 곧 정각을 성취한 해탈열반의 무위법을 이르는 것이다.

또한 『금강경』에 '정해진 법 없음의 이름이 아뇩다라삼먁삼보리無有定法名阿耨多羅三藐三菩提'라 하였으니, 이에 무유정법은 능能(Subject)이 되고, 아뇩다라삼먁삼보리는 소所(Object)가 되는 능소能所의 관계인 것이다.

어떤 행위나 동작의 주체가 되는 것을 능能이라 하며, 그 행위의 객체(목적)는 소所가 된다. 예를 들어 어느 강좌가 열렸을 때 강사의 입장에서는 자기가 능能이 되지만, 학인의 입장에서는 학생이 능能인 것이다. 그러므로 능소의 관계도 결국 피차일여彼此一如인 것이다.

아뇩다라삼먁삼보리(Anuttarā samyak sambodhi)는 범어로서 한문으로 표기했을 때 소리 나는 대로 음사한 음역이며, 번역하면,

阿 = 無, 耨多羅 = 上, 三 = 正, 藐 = 等, 三 = 正, 菩提 = 覺

→무상정등정각無上正等正覺, 무상정진도無上正眞道, 무상정변지無上正偏智

등의 뜻을 갖는다. 혹은 줄여서 '삼먁삼보리'라 하고 '정등각正等覺'이라고 번역한다.

이는 부처가 되는 지혜의 깨달음으로 더 이상의 경지가 없는 평등 원만한 최고의 깨달음을 표현한 말이다.

경전을 열어 부처님의 교설을 염송하기 전에 다음과 같이 외우는 네 구절 게송구[開經偈]가 있는데, 이는 불자들의 한결같은 염원이기도 하다.

無上甚深微妙法   위없이 매우 깊고 미묘한 법

百千萬劫難遭遇   백천만 겁이 지나도 만나기 어려운데

我今聞見得受持   내 이제 듣고 보고 받아 지닐 수 있으니

願解如來眞實義   원하옵건대 여래의 진실한 뜻 알게 하소서

餘韻 여운

有耶無耶本是共
유 야 무 야 본 시 공

있으나 없으나 본래 함께함이여

是也非也原來同
시 야 비 야 원 래 동

옳거나 그르거나 원래는 한가지라

無有正法本然成
무 유 정 법 본 연 성

정해진 법이 없음은 본래 그리 됨이요

阿耨多羅唯爾功
아 녹 다 라 유 이 공

아뇩다라삼먁삼보리는

오직 그대의 공덕일 뿐이다

31
| 무재칠시 | 無財七施 |

보시란 범어 dana의 번역어로서 '베풂'의 뜻이며, 재물이나 음식 등을 보시한 자를 '단월檀越(dānapati)', 시주施主, 또는 '단나檀那'라고도 한다. 승가僧伽(sàmgha 불도를 행하는 승려 및 그 집단)에서 이러한 보시를 받으면 그에 대한 보답으로 법을 설하여 주었는데, 이를 달친達嚫이라 하였다. 지금은 그런 의식행위는 거의 사라지고 보시재물의 많고 적음에 따라 설판재자設辦齋者니 상설판上設辦이니 하면서 보시하는 재물의 경중을 따져 차등적 예우를 하는 경향이 있다.

보시는 6념六念의 하나인 염시念施이며 사섭법四攝法의 하나인 보시섭布施攝(원하는 것을 보시함으로써 친애하는 마음을 일으키도록 하여 불도로 이끄는 법)으로 취급하면서 가난한 사람에게 재물을 제공하는 것을 재시財施라 하고, 불법을 깨우치도록 이끌어 주는 것을 법시法施라 하며, 온갖 공포와 번뇌에서 벗어나게 해 주는 것을 무외시無畏施라 한다.

보시의 행위·내용·태도·목적에 따라 베푸는 자가 깨끗해야[施者淸淨] 되고, 받는 자도 깨끗해야[受者淸淨] 하며, 베푸는 물질도 깨끗해야[施物淸淨] 되므로 삼분청정三分淸淨 또는 삼륜청정三輪淸淨이라 한다. 이에 더하여 베푸는 자도 베푸는 물질도 베풂을 받는 자도 본질적으로 성주괴공成住壞空 내지 생주이멸生住異滅과 생로병사의 공空한 존재들이므로 삼륜체공三輪體空이라고도 한다.

재물이 없어도 베풀 수 있는 일곱 가지를 '무재칠시無財七施'라고 한다. 『잡보장경雜寶藏經』 권6에 의하면, "일곱 가지 보시[七施]가 있으니 재물을 덜어 내지 않고도 큰 과보를 얻는다[佛說 有七種施 不損財物 獲得果報]." 고 이르고 있다. 7보시와 그에 따르는 칠과七果는 다음과 같다.

① 안시眼施

누구에게나 따뜻한 눈길을 주는 것으로, 다음 생에 천안天眼을 얻고 마침내 불안佛眼을 얻는다.

② 화안열색시和顔悅色施

누구에게나 환한 얼굴과 즐거운 낯빛으로 찌푸리지 않는 것이니, 미래에 부처가 되어 순금색의 몸을 얻는다.

③ 언사시言辭施

누구에게나 부드럽고 다정한 말을 하는 것이니, 미래에 부처님의 변재辯才를 얻는다.

④ 신시身施

누구라도 일어나 맞이하여 예배하듯 공경함이니, 미래에 부처가 되어 그 정수리를 보는 이가 없이 공경을 받는다.

⑤ 심시心施

착한 마음으로 누구에게나 정성껏 대함이니, 미래에 부처가 되어 일체종지一切種智(현상계 모든 존재의 각기 다른 모습과 그 속에 감추어져 있는 참모습을 알아내는 부처의 지혜)를 얻는다.

⑥ 상좌시床座施

누구에게나 자리를 마련하여 앉을 수 있게 하며, 자기 자리라도 양보하면 미래에 부처가 되어 사자법좌獅子法座를 얻는다.

⑦ 방사시房舍施

부모·스승·사문·바라문 누구에게나 집안에서 편히 쉴 수 있게 배려함이니, 미래에 부처가 되어 온갖 선옥택禪屋宅을 얻는다.

한편 6조 혜능스님은 색色·수受·상想·행行·식識의 5온五蘊에 끄달리지 않고, 즉 마음속에 망념의 쌓임이 없이 베푸는 것이 참보시[無所蘊積是眞布施]라고 말씀하신다.

餘韻 (여운) **授受福德** (수수복덕)

今生受福前生德 (금생수복전생덕)	금생에 복받음은 전생의 덕이요
此生布德來生福 (차생포덕내생복)	이생에 덕 베풂은 다음 생 복이어라
授受福德刹那幸 (수수복덕찰나행)	주고받는 복과 덕은 찰나의 행복이요
修行功德恒住福 (수행공덕항주복)	수행으로 쌓은 덕은 영원한 복이라네

32
| 무주생심 | 無住生心 |

'머묾 없이 마음을 내라[無住生心]'는 말은 '응당 머무는 바 없이 그 마음을 낸다[應無所住而生其心]'는 『금강경』 제10 「장엄정토분」의 부처님 말씀을 줄여 이르는 말이다.

『금강경』에 수록된 5,129자의 교설을 한마디로 축약시키면 세존께서 '진공묘유眞空妙有'를 말씀하신 것이라 한다. 그러나 『금강경』 어디에도 진공묘유라는 어휘는 나타나 있지 않다. 무상정등각無上正等覺 아뇩다라삼먁삼보리를 성취하려면 반드시 진공묘유의 경지에 이르러야 된다고 은유적으로 설하신 것이다.

그중에서도 '응무소주應無所住 이생기심而生其心'이라는 말씀은 핵심 중의 핵심, 화룡점정이라 할 수 있다. 무소주無所住는 바로 진공眞空의 경지이며, 생기심生其心은 묘유妙有의 실상인 것이다. 그러므로 남방의 무지렁이 나무꾼이 이 한마디에 마음의 눈이 열려 마침내 6조 혜능惠能대사가 되지 않았던가.

사람으로 태어나 어리석은 중생인 것은 분명하지만 이미 지옥·아귀·축생의 3악도를 뛰어넘어 수라·인간·천중의 3선도 그 가운데 들어 있기에 이 정도의 근기는 인간 누구나 기본적으로 갖추어져 있다는 증거이다. 이에 우리는 너나없이 머지않아 생사윤회를 벗어나 득

도정각得道正覺 성불할 수 있음이다.

6조 혜능스님이 이 구절을 독송하는 소리를 듣고 출가구법出家求法의 마음을 내었다 하며, 혜능대사로 말미암아 중국의 선종이 발흥되고 우리나라의 선불교도 이에 맥을 같이하고 있다.

이 부분에 대해서 득통得通 기화己和스님의 『금강경오해金剛經五家解』 「설의說誼」에 다음과 같이 이르고 있다.

無所住者
무 소 주 자   머무는 바가 없다는 것은

了無內外
요 무 내 외   마침내 안과 밖이 없음이요

中虛無物
중 허 무 물   가운데는 텅 비어 아무것도 없음이니

如鑑空衡平
여 감 공 형 평   마치 거울 속이 텅 비어 있고 저울대가 평평하여

而不以善惡是非 介於胸中也
이 불 이 선 악 시 비 개 어 흉 중 야

        선악 시비를 마음에 두지 않음과 같기 때문이다.

生其心者
생 기 심 자   그 마음을 낸다는 것은

以無住心
이 무 주 심   머묾 없는 마음으로써

應之於事
응 지 어 사   사물에 호응하는 것이지만

而不物累也
이 불 물 루 야   사물에 얽매이지 않는 것이다.

… 중략 …

昔者盧能於五祖弘忍大師處聞說此經
석 자 노 능 어 오 조 홍 인 대 사 처 문 설 차 경

        옛날에 노능(혜능)이
        5조 홍인대사 처소에서 이 경 설함을 듣고

^{도 차 심 화 돈 발}
到此心花頓發　이에 이르러 마음의 꽃이 활짝 피어서

^{득 전 의 발 위 제 육 조}
得傳衣盂 爲第六祖　가사와 발우를 전해 받으사 제6조가 되었다.

^{자 이 오 엽 결 과}
自爾五葉結果　이로부터 다섯 잎이 열매를 맺어

^{분 방 천 하}
芬芳天下…　세상을 향기롭게 하였다…

여기에서 '다섯 잎'이란 6조 혜능계의 남종선 5파[5家7宗]를 이르는 말이다.

중국의 선종은 초조[初祖] 달마[達磨]로부터 5조 홍인[弘忍]에 이르러 남종과 북종으로 분파되었다. 북종은 분파가 생기지 않았으나, 남종은 6조 혜능의 문하인 청원[靑原] 아래서 조동[曹洞]·운문[雲門]·법안[法眼]의 3종이 생기고, 같은 문하인 남악회양[南岳懷讓] 밑에서 임제[臨濟]·위앙[潙仰] 2종을 내었다. 이것을 5가[五家]라 하며, 임제로부터 파생된 양기[楊岐]와 황룡[黃龍]의 2종을 더하여 7종[七宗]이라 한다.

餘韻 ^{여 운}　^{무 소 주 진 공}
無所住眞空　머무는 바 없으니 진공이요

^{생 기 심 묘 유}
生其心妙有　그 마음에서 일으킴은 묘유로다

^{진 공 즉 정 각}
眞空卽正覺　진공은 곧 올바른 깨달음이며

^{묘 유 즉 진 불}
妙有卽眞佛　묘유는 곧 참으로 부처라네

33
| 방생법회 | 放生法會 |

'방생放生'이란 죽음에 직면한 목숨을 살려 주는 수행방법의 하나로서, 위험에 처한 산목숨을 잘 살 수 있도록 도와주거나 사람들에게 잡혀온 물고기·새·짐승 등을 사들여 제 사는 곳에 도로 놓아주는 일이다. 이는 불교계율 중 으뜸으로 꼽는 불살생不殺生 계율을 지키기 위한 것이며, 더 나아가 불교의 자비정신을 실천하는 것이다.

살생을 금하는 것이 소극적인 선행인 데 비해 이러한 방생은 적극적인 선행이라 할 수 있다.

예로부터 우리나라 사찰에서는 대개 음력 정월대보름, 3월 3일, 4월 초파일, 8월 한가위에 이 방생법회를 널리 행하였으며, 근래에는 일정한 때가 없이 수시로 행하고 있다.

명나라의 승려 연지蓮池대사가 방생법회의 작선作善 행위에 앞서 세속의 재가불자들의 식생활문화에서 육식을 아예 금할 수 없으므로 절충방안을 찾아 7가지 불살생 계율을 정하여 전파하였다. 세속에서 중요한 행사 때만이라도 온누리에 밝고 맑은 상서로운 기운이 충만하기를 염원하여 살생하지 말라고 간절히 권고하고 있다.

① 생일에 살생하지 말라.

② 자식을 낳았을 때 살생하지 말라.

③ 제사지낼 때 살생하지 말라.

④ 혼인할 때 살생하지 말라.

⑤ 연회할 적에 살생하지 말라.

⑥ 기도할 적에 살생하지 말라.

⑦ 직업으로 살생하지 말라.

불살생과 연관하여 필자의 어린 시절 이야기가 떠오른다.

내가 열다섯 나이 때 우리 마을 뒷산의 조그마한 암자에서 한 비구니가 홀로 수행하시면서 마을로 가끔 동냥을 다니셨다. 우리 부모님은 그 스님께 곡식이며 된장, 간장, 장아찌 등을 시주해 드리고 일가붙이처럼 지내셨다. 환갑쯤으로 보였던 그 스님은 누가 물어도 '나는 늙은 여중입니다.' 정도만 말할 뿐 더 이상 당신을 밝히지 않았으므로 동네 사람 누구도 그 스님에 대해 자세히 아는 이가 없었지만 다들 학식이 높은 스님이라고 말했다.

당시 나는 어렸지만 4서四書(대학·중용·논어·맹자)를 거의 독파하고 한시漢詩를 지을 수 있는 실력이었다. 스님은 그 점을 기특하다 하시면서 특별히 시간을 내어 몇 차례 『반야심경』을 강의해 주셨다. 그러나 나는 유교적 사고방식에 젖어 있으면서 불교든 기독교든 싸잡아서 배타하는 감정이 있어 그런지는 모르겠으나 반야심경의 공도리空道理가 도대체 이해가 되질 않았다. 그 스님은 좋았지만 불교는 가까이하고 싶지 않았다. 스님은 그런 나를 안타까워하셨는데, 얼마 지나서 우리 동네를 떠나셨다.

그로부터 몇 년 세월이 지난 뒤에 내 일기장을 들춰 보다가 그 스님과 나눈 대화를 적어 놓은 글이 나를 불교로 이끈 계기가 되었다. 스님은 소위 5신채五辛菜(마늘·달래·무릇·파·부추)를 비롯하여 고추장도 마다 하셨고, 육식은 새우젓이나 멸치국물까지 거절하셨는데 그때 내가 당돌하게 질문했었다.

"스님, 일반 사람들이 고기를 안 먹고 어떻게 세상을 살 수 있겠습니까?"

스님의 대답은 이러했다.

"그래 학생, 수행자가 아닌 세속인들이 스님처럼 살 수야 없겠지. 하지만 과도한 살생을 하지 않아도 생활에 큰 지장은 없을 거야. 모든 생명은 똑같이 소중하다는 것을 안다면 최소한 살아 있는 생명을 직접 때려잡아 먹지 말아야 하며, 스스로 죽이지 않더라도 죽는 모습을 본 것은 먹지 말아야 하며, 죽을 때 비명소리를 들었거나 피 흘린 모습을 보았다면 먹지 말아야 해. 왜냐하면 인간은 누구나 죽어 가는 모습을 목격하게 되면 유교에서 말하는 측은지심惻隱之心이 저절로 일어나게 되어 있으며, 이런 마음은 각자 의식의 밑바닥에 남아 잔상殘像이 되고, 다시 이러한 의식은 업業이 되어 다음 생에서 소중한 생명이 죽어 가는 것을 방조한 죄가 되고, 만약 그런 고기를 먹었다면 더욱 무거운 죄과를 받게 되거든. 그 죄과란 결국 나도 그와 같이 죽게 된다는 것으로, 바로 인과응보가 되는 것이야."

스님이 이 말씀을 하실 때는 반신반의 미심쩍었었다. 그런데 몇 년이 지나 우연한 기회에 그 일기를 다시 읽고 크게 공감하면서 불교에 깊이 심취하는 계기가 되었다. 이름 모를 그 스님이 필자에겐 평생 스승님의 한 분으로 자리하고 계신다.

34
| 방하착 | 放下着 |

'방하착放下着'이란 주관과 객관 사이에서 집착하는 마음을 어디에도
두지 말고 '내려놓아라', 또는 마음에 두지 말고 '잊어버려라'의 뜻이
다. 우리 마음속 온갖 번뇌와 갈등, 스트레스, 원망, 집착 등을 모두
홀가분하게 벗어던져 버리라는 것이다.

이 말은 일찍이 석가세존께서 흑씨범지에게 설하신 말씀에서 비롯
된 것이지만 불자들에게는 조주趙州선사의 방하착이 화두話頭의 하나로
더 알려져 있다.

『조주록趙州錄』382에 다음과 같은 내용이 있다.

엄양嚴陽존자가 조주선사에게 물었다.

"한 물건도 가져오지 않았을 때 어떻게 해야 합니까?" [一物不將來時如
何]

"내려놓아라." [放下着]

"한 물건도 가져오지 않는데 무엇을 내려놓습니까?" [一物不將來放下
个什麼]

"그렇다면 즉시 짊어지고 가거라." [伊麼卽擔取去]

엄양존자는 크게 깨달았다.

부처님 당시 흑씨범지黑氏梵志라는 수행자가 있었다. 부처님의 법을 아직 깨닫지는 못하였지만 오신통五神通을 갖춘 그는 꽃이 가득 핀 오동나무 두 그루를 신력으로 뽑아서 양손에 하나씩 들고 부처님에게 문안을 드리러 갔다. 이를 본 부처님께서,

"놓아라!"

하시자 그는 오른손에 있는 오동나무를 내려놓았다. 부처님께서 또, '놓아라!' 하므로 왼쪽 손에 있는 것마저 내려놓았다.

그런데 부처님께서 또 '놓아라!' 하시자 그는 어리둥절한 얼굴로 여쭈었다.

"세존이시여, 저는 이제 아무것도 갖고 있지 않사옵니다. 다시 무엇을 놓으라 하십니까?"

그러자 부처님께서 말씀하셨다.

"내가 놓으라는 것은 네가 손에 가진 물건이 아니라 네 안의 6근六根, 밖의 6진六塵, 중간의 6식六識을 놓으라는 것이다. 즉 6근·6진·6식의 18계를 다 놓아서 다시 놓을 것이 없는 상태에 이르면, 그때가 네가 생사에서 벗어나는 때이니라."

모든 생각을 다 쉬어라, 번뇌를 쉬어라, 허공과 같이 하라, 그때 너는 원래 생사가 없는, 생사에서 벗어난 도리를 깨달을 것이라는 말씀이다.

이렇게 하는 방법은 대개 가만히 앉아서 호흡을 고르고, 모든 생각을 다 놓고, 묵묵히 말을 잊고 마음자세를 항상 지켜 나가는 참선법이다. 이것이 묵조선默照禪이라는 선법이다.

35
백복장엄 | 百福莊嚴 |

'백복百福으로서 한 상호相好를 꾸민다'는 뜻이다.

부처님에게는 32가지의 미묘하고 거룩한 모습[相好]이 있는바, 그 한 상호마다 과거세에 100가지 복덕 내지 공덕을 쌓은 인연에 의해서 얻어진 것이라고 한다.

그러므로 '백복장엄'이란 한 상호마다 백 가지 훌륭한 선근공덕이 깃들어 있는 표상으로 본다.

결국 부처님의 모습을 갖추려면 줄잡아 3,200가지의 선근복덕을 쌓아야 가능하다는 말이 된다.

조계사 대웅전 후면 주련柱聯에 다음과 같은 글귀가 걸려 있다.

因修十善三祇滿 인 수 십 선 삼 지 만	열 가지 선행을 오래도록 닦은 인연 3아승지겁에 가득하고
果修千華百福嚴 과 수 천 화 백 복 엄	천 가지 아름다운 수행의 과보는 백 가지 복덕으로 장엄되었네

이러한 32상에 대하여 6조 혜능慧能스님이 말씀하셨다.

삼 십 이 상 자　시 삼 십 이 청 정 행
三十二相者 是三十二淸淨行　　32상이란 서른두 가지 청정행이니

어 오 근 중 수 육 바 라 밀
於五根中修六波羅密　　　　5근 중에 6바라밀을 닦고

어 의 근 중 수 무 상 무 위
於意根中修無相無爲　　　　의근 중에 무상 무위를 닦으면

시 명 삼 십 이 청 정 행
是名三十二淸淨行　　　　　이를 32청정행이라 이름하니라

※ 5근 × 6바라밀 = 30 + 무위 + 무상 = 32상(32상은 '백호광명' 참조)

여기서 무상無相이란 ① 모든 현상에 영원한 근본 모양이 없는 것 ② 모든 집착을 여읜 경계 ③ 생멸 변천하는 모양이 없는 무위법無爲法을 말한다.

무위無爲란 인연에 의해서 만들어지는 것이 아니고 생멸변화를 여읜, 마치 허공과 같은 상주常住 절대의 법을 일컫는 것으로 무위법無爲法이라 하며, 열반涅槃의 이명異名이기도 하다.

'장엄'이란 범어 '비우하vyūha'의 뜻 번역으로서 '몸이나 국토 주처住處를 아름답고 훌륭하게 꾸민다(decoration).'는 말로 더없이 완벽한 상태를 의미한다.

『북본열반경』에서는 밝은 지혜를 닦아 몸을 꾸미는 '지혜장엄'과 선행의 보시와 청정한 계율을 닦아서 몸을 꾸미는 '복덕장엄', 즉 지혜와 복덕의 2종 장엄으로 구분하고 있다. 세친世親(320?~400? 인도 대승 개척자. 저서 『아비달마구사론阿毘達磨俱舍論』 『대승성업론大乘成業論』이 있음)의 『정토론』에서는 아미타 극락정토의 뛰어나게 훌륭함을 29종 장엄으로 형용하기도 한다.

또한 6조 혜능스님은 다음과 같이 설시說示하고 있다.

"장엄에 세 가지가 있으니, 제1장엄은 세간불토世間佛土로서 절을 짓고 사경寫經하며 보시 공양하는 것이요, 제2장엄은 신불토身佛土이니 모든 사람을 볼 때 두루두루 공경을 행하는 것이요, 제3장엄은 심불토心佛土이니 마음이 청정하면 곧 불토가 청정하게 되어 생각 생각에 얻는 바 없는 행을 얻나니 바로 이것이다."

불교 의식에 아미타불에 귀의하고 그 세계를 장엄하는 예찬의식으로 장엄염불莊嚴念佛이 있듯이, 가톨릭교의 가장 오래되고 규모가 큰 예배의식으로 장엄미사莊嚴 missa가 있다.

36
| 백척간두 | 百尺竿頭 |

'백 자나 되는 높은 장대 위에 올라섰다'는 뜻으로, 몹시 어렵고 위태로운 지경을 이르는 사자성어이다.

이는 '백척간두百尺竿頭 진일보進一步'라 하여 어떤 목적이나 경지에 도달하였어도 거기에서 멈추지 않고 더욱더 노력함을 뜻하거나, 자신의 나태함을 극복하기 위해서 스스로 극한 상태에 올려놓고 몸과 마음의 긴장을 늦추지 않는다는 뜻으로 쓰이는 말이다.

『경덕전등록景德傳燈錄』 장사長沙 경잠景岑(748-834)스님의 게송구偈頌句에서 비롯된 것으로 『무문관無門關』 46칙에도 인용되어 있다.

石霜和尙云 석상화상이 말하였다.

白尺竿頭 如何進步

백 척의 높은 장대 끝에서 어떻게 한 걸음 더 나아갈 수 있는가?

又古德云 또 옛 어른이 말하였다.

白尺竿頭坐底人

백척간두 꼭대기에 위태로이 앉아 있는 사람아

수연득입미위진
雖然得入未爲眞

비록 도에 든 듯하여도 아직 참된 도는 아니라네

백척간두진일보
百尺竿頭進一步

백척간두 거기에서 한 걸음 더 내디뎌야

십방세계시전신
十方世界是全身

시방세계가 그대로 온전한 몸(부처)임을 알리라

- 중략 -

이는 결국 떨어져 몸뚱이가 부서져 가루가 되어야 부처가 될 수 있다는 말씀 아닌가?

석가모니 『전생담』에 의하면, 석가모니가 과거세에 설산에서 보살도를 수행할 때 어디서 미묘한 노랫소리가 들려왔다.

"모든 행은 무상하여 영원함이 없나니, 이는 나고 죽는 법이라네[諸行無常 是生滅法]."

설산동자는 이 노랫말 뒤에 무엇인가 더 이어지는 것이 있을 법하여 귀를 기울였으나 끝내 이어지지 않았다. 노랫소리가 들리던 곳으로 찾아가 보니 한 나찰羅刹이 허기져 누워 있는 것이었다.

이 부분의 내용이 『열반경』 40에 수록되어 있으므로 여기에 옮겨 본다.

내가 설산에서 수행하고 있을 때 제석천이 나를 시험하기 위해
나찰로 변신하여 과거 부처님이 설하신 게송 중에 반만을 읊었다.
나는 이때 이 게송을 듣고 마음에 기쁨이 생겨 사방을 돌아보니
오직 나찰뿐이므로 그에게 말했다.

"착한 대사여, 그대가 만일 나머지 반을 읊어 준다면 내가 종신토록 그대의 제자가 되겠다."

그러자 나찰이 대답하였다.

"나는 지금 너무나 굶주려서 입도 뗄 수가 없다."

내가 다시 말하였다.

"그 게송을 설해 준다면 내 몸을 그대에게 주겠다."

그러자 나찰이 나머지 게를 읊어 주었다.

"나고 죽는 일이 함께 사라지고 나면 생멸이 고요히 사라진 즐거움[涅槃樂]이 되느니라[生滅滅已 寂滅爲樂]."

나는 석벽과 나무와 길에 이 게를 써 놓고 즉시 높은 나무에 올라가서 땅으로 몸을 던졌다. 이때 나찰이 본래의 제석천 모습을 나타내어 내 몸을 받았고, 이 공덕으로 인하여 12겁을 초월하여 성불할 수 있었다.

이게 바로 '크게 죽어야 크게 살 수 있다'는 '백척간두 진일보'의 가르침이며 선불교禪佛教의 화두이다.

37
│ 백팔번뇌 │ 百八煩惱 │

'백팔번뇌'란 마음이나 몸을 괴롭히는 108가지의 망령된 생각[妄念]을 일컫는 말로서 대개 고통의 근원인 탐욕貪慾·진에瞋恚·우치愚癡의 3독심三毒心에서 비롯된다고 한다.

108이라는 계산법에는 다소 이설異說이 있으나 일반적으로 6근六根이라는 눈·귀·코·혀·몸·의식이 제 나름대로 받아들이는 3가지의 느낌인 좋다[好], 싫다[惡], 그저 그렇다[平]이라는 것이 있고, 다시 이에 따른 3가지 감각[三受]인 괴로움[苦受], 즐거움[樂受], 괴로움도 즐거움도 아닌 불고불락不苦不樂[捨受]이 일어나므로, 이를 계산하면

$$(6근 \times 3종) + (6근 \times 3수) = 36$$

이 되고, 여기에다 과거·현재·미래의 3세三世를 곱하여 108업결業結(악업에 따른 번뇌)을 일으키게 되는 것이다. 이는 중생들의 온갖 괴로움의 원인이 되므로 반드시 타파해야 할 과제가 된다.

그래서 사찰에서 아침저녁으로 치는 108번의 타종(대개 줄여서 18번을 침)은 번뇌·망상의 어리석음에서 깨어나라는 의미를 가지고 있다.

또한 '108염주念珠' '108염송念誦' '108참회懺悔' '108배拜' 등은 108

번뇌의 숫자와 관련하여 모든 고통에서 벗어나고자 하는 염원이 깃들어 있는 것들이다.

번뇌煩惱란 중생의 몸과 마음을 번거롭게 괴롭히고 미혹하게 하여 성품을 누추하게 만드는 정신작용의 총칭이다.

중생은 번뇌에 의해서 업業을 일으키고 업에 따라서 괴로운 보報를 받아 나고 죽는 윤회의 세계에 매여 있게 되는데, 이것을 혹惑·업業·고苦의 중생 3도三道라 한다. 이로 인하여 해탈 열반의 성도聖道를 이루지 못하는 원인이 되므로 번뇌장煩惱障 또는 소지장所知障이라 한다.

번뇌장은 '나'라는 실체가 있다고 믿는 아집에 연관된 장애이며, 소지장은 사물에 실체가 있다고 생각하는 법집法執을 말한다. 번뇌장은 열반을 방해하며, 소지장은 보리菩提에 장애를 준다고 한다.

중생에게 번뇌를 일으키는 두 가지 요인이 있다. 하나는 무지無知에 따른 무명無明으로 이성적 번뇌이고, 다른 하나는 애욕에 따른 탐욕으로 감정적 번뇌이다. 이와 같은 무명과 탐욕에 이끌려서 성냄, 어리석음, 시기, 질투, 아첨, 원망, 기만, 멸시, 오만 등 헤아릴 수 없이 많은 번뇌를 일으키며, 때로는 극단으로 흘러 남을 해치고 스스로 자멸하기도 한다.

마음이란 잠시도 머물지 않고 여기저기 기웃거린다. 마음에 드는 물건을 보면 우선 욕심이 일어나고, 어쩌다 지난 일이 연상되어 그리움도 일고 또는 분노도 일으킨다. 이때 마음에 들었다는 것은 분별이며, 욕심 난다는 것은 선택이다. 바로 이러한 분별과 선택이 이미 번뇌에 빠진 것이 된다.

사람이나 사물을 대하는 순간 분별하고 선택하는 마음이 저절로 일어난다. 알아차리지 못하더라도 대개는 이미 선택하고 선택되어 버린다. 수행자는 이 점을 명심하여 마음의 나들이를 잘 단속하여야 한다.

선택은 곧 분별심이다. '아름답다, 사랑한다, 갖고 싶다'는 마음은 이미 탐욕심에 빠진 것이며, '못생겼다, 나쁘다, 싫다'는 마음은 이미 차별 망상에 침잠된 것이다.

부처님께서 말씀하신다.

삼가 네 생각을 믿지 마라[愼勿信汝意].
네 생각은 가히 믿을 것이 못 된다[汝意不可信].
삼가 색을 멀리하라[愼勿與色會].
색을 가까이하면 화가 닥친다[色會卽禍生].
아라한이 된 뒤라면[得阿羅漢已]
그때는 네 생각을 믿어도 좋다[乃可信汝意].

38
| 백호광명 | 白毫光明 |

　　부처님의 상호(32상 80종호) 중 눈썹 사이에 희고 빛나는 가는 터럭 (미간백모眉間白毛)이 나 있는데 깨끗하고 부드러우며 길이가 한 길 다섯 자가 되고, 평소에는 오른쪽으로 말려져 있으면서 끝없이 빛을 발한 다고 한다. 부처님이 과거세에 보살도를 수행할 때 한 상을 이룸에 백 가지의 선한 의업意業을 일으켜서 백 가지 복덕을 지은 과보로써 한 상 호를 얻는다고 한다. 그래서 이것을 백복장엄百福莊嚴이라 이름한 것이 며, 『묘법연화경』「서품」에 다음과 같은 게송이 있다.

眉間光明 照于東方	눈썹 사이 백호광명 동쪽으로 멀리 비춰
萬八千土 皆如金色	일만 팔천 국토마다 금빛으로 찬란하네
從阿鼻獄 上至有頂	아래로는 아비지옥 위로는 유정천에 이르기까지
諸世界中 六道衆生	모든 세계 가운데에 여섯 갈래 중생들이
生死所趣 善惡業緣	나고 죽는 오고감과 선악의 업장 인연
受報好醜 於此悉見	곱게 밉게 받는 과보 여기에서 모두 보네

부처님께서는 발바닥에서부터 머리끝까지 32가지의 원만상을 보이고 계시는데, 맨 마지막 서른두 번째의 백호白毫 상을 가장 중요하게 여긴다. 왜냐하면 사바세계의 중생들이 어둠 속에서 갈 길을 못 찾고 헤매는 중에 영원히 꺼지지 않는 광명을 비추고 있기 때문이다.

'광光'이란 빛 자체를 말하는 것이며 '명明'이란 밝음을 뜻한다. 광光은 '스스로 빛을 발하는 본체'이고, 명明은 광光의 쓰임 자체인 용用으로써 '어둠을 헤치고 진리를 나타내 주는 작용'인 것이다.

이에 불보살의 몸에서 나오는 빛을 신광身光, 색광色光, 외광外光이라 하고, 지혜가 사물의 참모습을 여실히 아는 작용을 하므로 심광心光, 지혜광智慧光, 내광內光이라고 한다.

백호광명처럼 부처님 몸에서 언제나 그침 없이 발하고 있는 빛을 상광常光이라 하며, 교화의 대상이나 기회에 따라 내는 빛을 현기광現起光이라 하는데, 이와 같은 심광과 색광 또는 상광과 현기광을 일러서 2종 광명이라 한다.

부처님의 광명은 모든 것에 가로막힘이 없기에 무애광명無碍光明이라고도 하며, 『무량수경』에서는 아미타 광명인 무량광無量光을 비롯하여 12광명을 거론하고, 『대보적경大寶積經』에서는 석가모니불의 결정광명決定光明 등 41광명을 알기 쉽게 설명하고 있다.

•부처의 32상

1. 족하안평입상足下安平立相 : 발바닥이 땅에 안주하여 편평하다.
2. 족하이륜상足下二輪相 : 발바닥에 천복윤보天福輪寶의 육문肉紋이 있다.
3. 장지상長指相 : 손가락이 길다.
4. 족근광평상足跟廣平相 : 발뒤꿈치가 넓고 편평하다.

5. 수족지만망상手指縵網相 : 손가락·발가락 사이에 물갈퀴가 있다.

6. 수유연상手柔軟相 : 손이 부드럽다.

7. 족부고만상足趺高滿相 : 발등이 높고 원만하다.

8. 이니연전상伊泥延膊相 : 넓적다리가 사슴과 같이 섬세하다.

9. 정립수마슬상正立手摩膝相 : 일어서면 양손이 무릎보다 길다.

10. 음장상陰藏相 : 음부는 말과 같이 감추어져 있다.

11. 신광장등상身廣長等相 : 몸의 균형이 잘 잡혀 있다.

12. 모상향상毛上向相 : 몸의 털이 모두 위를 향해 나 있다.

13. 일일공일모생상一孔一毛生相 : 털이 한 구멍에서 반드시 하나가 나고 오른
    쪽으로 돌고 있다.

14. 금색상金色相 : 피부가 매끄러우면서 황금과 같다.

15. 장광상丈光相 : 신광身光이 사면을 비춘다.

16. 세박피상細薄皮相 : 피부가 얇고 곱다.

17. 칠처융만상七處隆滿相 : 양손·양발·양어깨·목덜미 일곱 군데의 살이 높
    이 솟아 있다.

18. 양액하융만상兩腋下隆滿相 : 양 겨드랑이 밑의 살이 불룩하고 부드럽다.

19. 상신여사자상上身如獅子相 : 상반신이 사자와 같이 위풍당당하다.

20. 대직신상大直身相 : 몸이 단정하다.

21. 견원만상肩圓滿相 : 어깨 끝이 둥글고 풍만하다.

22. 사십치상四十齒相 : 치아가 40개 있다.

23. 치제상齒齊相 : 치아가 가지런하다.

24. 아백상牙白相 : 어금니가 희고 깨끗하다.

25. 사자협상獅子頰相 : 두 뺨이 사자와 같이 두둑하다.

26. 미중득상미상味中得上味相 : 맛 중에서 가장 좋은 맛을 느낀다.

27. 대설상大舌相 : 혀가 넓고 길어 내밀면 이마부분까지 닿는다.

28. 범성상梵聲相 : 음성이 낭랑하다.

29. 진청안상眞靑眼相 : 눈동자가 감청색이다.

30. 우안첩상牛眼睫相 : 속눈썹이 소의 눈썹처럼 길게 정돈되어 있다.

31. 정계상頂髻相 : 정수리의 살이 상투 모양으로 불룩하다.

32. 백모상白毛相 : 미간에 오른쪽으로 감긴 흰 털이 있고, 그곳에서 빛을 발한다.

이와 같은 32상에는 일체중생 모두가 좋아하는 미묘하고 은밀한 여든 가지의 기능이 있으므로 80종호種好라 이른다.

32상과 80종호를 합하여 상호相好라 하는데, 전륜성왕도 32상은 갖추고 있으나 80종호는 불·보살만이 갖추고 있다고 한다.

39
| 벽사진경 | 辟邪進慶 |

'벽사진경辟邪進慶'이란 요귀妖鬼 내지 사귀邪鬼의 재앙을 물리치고 경사스러운 일을 맞이함을 뜻하는 사자성어로서, 『삼국유사』「처용랑處容郎과 망해사望海寺」조에 다음과 같은 기록이 있다.

신라 제49대 헌강왕 5년(879)에 왕이 개운포開雲浦(지금의 울산) 물가에서 놀다가 돌아가려 하는데 갑자기 구름과 안개가 자욱하여 길을 잃었다. 왕이 이상히 여겨 신하들에게 묻자 일관日官이 대답했다.

"동해 용의 조화입니다. 마땅히 좋은 일을 행하여 풀어야 합니다."

이에 왕이 동해 용을 위하여 근처에 절을 지으라고 명령하자 구름과 안개가 걷혔다. 그래서 이곳을 개운포라 이름하였다. 동해 용이 일곱 아들을 거느리고 왕 앞에 나타나 덕을 찬양하며 춤추고 음악을 연주하였다. 그중에 한 아들이 왕을 따라 서라벌(경주)로 들어가서 왕의 정사를 돕게 되니, 그의 이름을 처용處容이라 했다.

왕이 그에게 아름다운 여인을 아내로 삼게 하여 머물러 있도록 하고 급간級干(신라 17관등 가운데 아홉째 등급. 육두품 이상이 오를 수 있음)에 봉했다. 그 아내가 대단히 아름다워 병을 퍼뜨리는 역신疫

神이 흠모한 나머지 사람으로 변모하여 밤에 몰래 처용의 집에 들어가 동침하였다.

이때 밖에서 돌아온 처용은 두 사람이 누워 있는 것을 보고 노래를 지어 부르고 춤을 추었다. 이에 역신은 본래의 모습을 나타내어 처용 앞에 무릎을 꿇고 앉아 말했다.

"내가 당신의 아내를 사모하여 잘못을 저질렀으나 공은 노여워하지 않으니 감동하여 아름답게 여기는 바입니다. 맹세코 이제부터는 공의 모습을 그린 그림만 보아도 그 문 안으로는 들어가지 않겠습니다."

이 일로 인하여 사람들은 처용의 형상을 문에 그려 붙여서 사악한 귀신을 물리치고 경사스러운 일을 맞아들이게 되었다.

본래 신라 향악의 한 악곡이었던 처용가는 이제현李齊賢의 한시로 번역되어 『고려사』「악지樂誌」에 전하고 있다.

동 경 명 기 월 량 東京明期月良	싀볼 볼긔 도래	동경 밝은 달에
야 입 이 유 행 여 가 夜入伊遊行如可	밤드리 노니다가	밤 깊도록 노닐다가
입 량 사 침 의 견 곤 入良沙寢矣見昆	드러사 자리 보곤	들어와 잠자리를 보니
각 오 이 사 시 량 나 脚烏伊四是良羅	가르리 네히어라	가랑이가 넷일러라
이 힐 은 오 하 어 질 고 二肹隱吾下於叱古	둘흔 내해엇고	둘은 내 것이고
이 힐 은 수 지 하 언 고 二肹隱誰支下焉古	둘흔 뉘해언고	둘은 뉘 것인고
본 의 오 하 시 여 마 어 은 本矣吾下是如馬於隱	본디 내해다마른	본디 내 것이지만
탈 질 량 을 하 여 위 리 고 奪叱良乙何如爲理古	아사늘 엇디ᄒ릿고	빼앗겼으니 어찌할꼬

『악학궤범樂學軌範』에 섣달그믐날 나례儺禮(악귀를 몰아내는 의식) 때 처용무處容舞를 두 번씩 추던 양식이 전한다.

첫 번째는 먼저 위의 본가를 창한 뒤 주악과 함께 오방五方의 처용이 소정 양식대로 춤을 추고, 두 번째는 영산회상을 연주하면서 오방 처용이 춤추고, 이어 두 학인鶴人이 춤추며 연꽃을 부리로 쪼면 두 동녀童女가 연꽃 속에서 나와 정재呈才(대궐의 잔치 때 벌이던 춤과 노래)하고 처용가를 주악하면서 처용이 춤추고, 이어서 미타찬彌陀贊(조선 초 승려 기화己和가 지은 미타불의 법신을 예찬한 노래)·본사찬本師贊(조선 세종 때 석가모니를 찬탄한 노래)·관음찬觀音贊(고려 때 지어진 관음보살을 찬탄한 노래)의 차례로 주악 창가하는 의식인데 고려에서 조선 초까지 이어졌다고 한다.

전통적으로 벽사의 상징물에는 12지支 신상神像을 비롯하여 해태(해치獬豸)·호랑이·장승(천하대장군·지하여장군)·은장도·주사朱砂·인두·다리미·숯·벽조목霹棗木(벼락 맞은 대추나무)·복숭아나무 동쪽 가지·솔잎가지·고추·마늘·호두·소금·팥·석천수石泉水·액막이똥떡·부적符籍·달마도達磨圖 등속이 있다. 대한제국의 고종황제 때 국가의 행사에 의장기儀仗旗로써 각단기角端旗, 백치기白雉旗, 서우기犀牛旗, 벽사기辟邪旗가 사용되었는데, 각단기·백치기·서우기는 진경進慶의 뜻을 상징한 것이며, 요귀를 쫓는 벽사기는 한 바탕의 기폭에 용이 그려져 있었다.

진경물로는 북어와 흰 실·복조리·복주머니·청실홍실·청등홍등·쌍베개·수수팥떡·국수 등이 이용되어 왔다.

40
복덕·공덕 │ 福德·功德 │

일반적으로 '복(happiness)'은 삶에서 누리는 쾌적한 상태, 좋은 현상 등의 행복한 느낌을 뜻하고, '덕(virtue)'은 공정하고 인후한 품성이거나 이에서 비롯된 은혜로운 혜택을 말한다. 대개 복덕福德이란 일체의 선행으로 얻어지는 세간적인 행복과 이득을 일컫는 말이다.

불교에서의 '복덕'이란 '공덕功德'과 대비되는 말로서, 모든 선행으로 얻어지는 결과를 '복덕'이라 하고, 일체 수행으로 얻어지는 결과를 '공덕'이라 한다.

그러므로 '복덕'은 괴로움을 여의고 즐거움을 얻는 이고득락離苦得樂의 원천源泉인 것이며, '공덕'은 삶의 속박에서 벗어나 깨달음의 고요한 경지인 해탈열반解脫涅槃에 이르는 첩경인 것이다. 즉 선행의 결과는 안락을 얻을 수 있는 복덕인 것이며, 수행의 결과는 지혜를 얻을 수 있는 공덕인 것이다.

따라서 세속적인 순수한 선행은 유루有漏의 복인 '복덕'이라 할 수 있고, 종교적인 일체의 계행은 무루無漏의 복인 '공덕'이라 할 수 있다.

중국 양나라 때 담란曇鸞(476-542)스님의 『왕생론주』 권상上에 의하면, 유루복덕을 부실공덕不實功德이라 하였고, 무루복덕을 진실공덕眞實功德이라 말하고 있다.

중생들이 세상을 살면서 각자가 누리는 복이라는 것을 얼마만큼 어떻게 받는가 하는 문제를 생각해 보면, 복 받기 이전에 반드시 받을 만큼의 은혜로운 일(덕=보시)인 베풂의 원인이 있어야 가능한 것이 된다. '옛말에 덕을 베풀어야 복을 받는다.' 하지 않았던가. 바로 불변의 진리인 인과응보因果應報인 것이다.

복덕을 쌓으려면 우선 세 가지 복밭[三福田]을 잘 가꾸어야 한다.

① 경전敬田 : 부처님과 덕 높은 스님을 공경하는 일
② 은전恩田 : 부모님과 스승의 은혜에 보답하는 일
③ 비전悲田 : 가난하거나 병자 등 불쌍한 사람들을 구제하는 일

이와 같은 복전을 잘 가꾸면 그에 상응하는 결과가 있으니 이것을 '복덕'이라 한다.

『벽암록碧巖錄』 제1측 「평창評唱」에 보면 불심천자佛心天子라고 칭송하는 양梁나라 무제武帝가 달마스님을 처음 만났을 때 물었다.

"짐이 사찰을 일으키고 스님들에게 도첩을 내려 주었는데, 어떠한 공덕이 있겠습니까?"[朕起寺度僧有何功德]

달마는 이렇게 대답했다.

"공덕이 없나이다."[無功德]

아마도 양무제는 복덕과 공덕을 구별하지 못하고 있었던 것 같다. 가령 양무제가 '어떤 공덕이 있습니까[有何功德]?'라고 묻지 않고 '어떤 복덕이 있습니까[有何福德]?'라고 물었다면 달마는 아마 '아주 많다[甚多]'고 응답했을지도 모를 일이다. 전생에 선업善業(덕)이 있어야 금생에 좋

은 시절, 좋은 나라, 좋은 부모형제, 좋은 처자와 이웃, 좋은 스승과
제자의 인연을 만나서 5복을 누릴 수 있다.

如云 福德

忤逆作惡須自害	거스르고 어기어 악업을 지으면
	모름지기 스스로 해롭게 되고
放恣破戒終奈落	방자하여 계율 어기면
	마침내 나락에 떨어지리
修行功德成正覺	수행으로 닦은 공덕 정각을 이루고
積善福德生極樂	선행으로 쌓은 복덕 극락에 태어나리

41
| 본래성불 | 本來成佛 |

'본래성불本來成佛'이란 부처거나 중생이거나 마음의 본바탕에 근본적으로 다 진여真如의 성품을 가지고 있으므로 '자성 그대로가 부처[自性佛]'요, '본래 성품 그대로가 부처[本性佛]'이니 '이 마음이 부처[是心是佛]요' '부처가 곧 이 마음[佛即是心]'이라는 것이다.

다만 어리석은 착각과 망상에 싸여 이 사실을 모르고 지옥·아귀·축생·수라·인간·천상의 6도 윤회생사의 고통을 겪으며 살아가는 것이다. 더욱이 지옥·아귀·축생의 3악도에 떨어지면 고통이 진정 고통인 줄도 모르며 끝없는 윤회전생을 계속할 수도 있으니, 이것이 참으로 무서운 일이다.

지금 너와 나 6도 중에 이미 사람이 되었으니 이번 생 이대로 여행 한번 잘하고 가면 행여 다음 생은 천상도 뛰어넘어 나지도 아니하고 죽지도 아니하며 참으로 오고 가는 진여진래真如真來 여래법신 될 수도 있으리라.

옛날 옛적 처음 세상에 나왔을 때 나는 웅녀熊女, 네발 가진 곰이었다. 해도 없고 별도 없는 굴속에 들어가 쑥과 마늘, 물만 마시며 석 달 열흘 고행 끝에 네발로 기지 않고 두 발로 걸었더라. 어제의 곰, 오늘의 인간, 내일의 부처. 분별인 듯하지만 우리는 본래 부처였다네.

어찌하여 부처가 중생이 되었는가?

구름이 해를 가리면 세상이 어두워지듯 욕심이 구름 되어 본연의 성품을 가리었을 뿐 나는 본래 부처인 것을….

나[熊]는 본디 나[如來]였으며 나[佛]일 뿐이다.

I am what I was, and I'll be!

이 몸 이대로 부처가 되겠다[卽身成佛]는 욕심쟁이도 있다.

너무 서두르지 마라. 의욕이 앞서면 욕심이 과해져 자칫 탐진치 삼독에 빠질라.

까마귀 목욕했다고 백로 되는 것 보았는가?

당나귀 여행 좀 했다고 당장 말이 되어 돌아오던가? 우수한 나귀로 금생을 잘 살아가면 내생에는 행여 말이 되고 어쩌면 사람도 될 수 있겠지.

부처는 깨달은 중생이며, 중생은 못 깨달은 부처이다. [衆生卽如來]

어찌 이 법이 나에게만 해당하랴.

'일체중생一切衆生 실유불성悉有佛性'인 것을.

용왕의 딸 용녀가 여덟 살에 지혜가 뛰어나서 비밀한 법 수지하고 선경에 깊이 들어 세존 전에 찾아가서 찰나에 환골탈태 남자로 변신하고 무구청정 보련화寶蓮華에 곱게 앉아 32상 80종호 두루두루 갖추고서 마침내 부처님이 되었더라. [龍女成佛]

진여법계의 찰나와 중생 세간의 순간이 다 같은 줄 아는가?

인간의 500생이 천상의 하루라네.

벽돌을 갈아 거울을 만들겠다는 비유로 회양懷讓선사에게 가르침을 받아 중국 禪의 나무가 된 마조馬祖 도일道一의 제자, 禪의 꽃이라 칭송받으며 120년을 실컷 놀다가 심심해서 떠나 버린 조주趙州의 스승 남전南泉선사가 세상을 떠날 때 맏상좌가 '어느 곳을 향해 가십니까?' 하고 묻자 대답하였다.

이 몸이 죽어 가서 무엇이 될꼬 하니
아랫마을 농가에 암소가 되려 하네

평생 공부도 할 만큼 하였으니 부처나 될 일이지 어찌하여 암소가 되려 하는가? 모르는 말씀 :

암소는 풀만 먹고 살생을 모른다.

암소는 굶어 죽어도 도적질을 모른다.

암소는 남의 짝을 넘보지 않는다.

암소는 좋아도 음매, 슬퍼도 음매~

암소는 새끼에 대한 자비심만 온전하다.

무학無學대사가 젖먹이 떼어 놓은 암소를 함흥까지 끌고 가 고집불통 이성계를 꺾어 놓지 않았던가.

나무 마하반야바라밀

'진여'란 사물의 있는 그대로의 모습, 본연本然을 말하며, '자성自性'이란 다른 것과 혼동하지 않은 불변불개不變不改의 존재성을 말한다. 그러므로 '번뇌즉보리煩惱即菩提요 중생즉여래衆生即如來'라 하는데 본래 부

처인 내 삶이 어찌 이다지도 고달픈 것인가? 이 뭐꼬?[是甚麼]

　당나라 도정시인道情詩人 왕범지王梵志는 본래자리로 돌아가야 함을 해속駭俗(세상 사람이 놀랄 만큼 어그러진 풍속)한 표현으로 다음과 같이 읊조리고 있다.

> 我昔未生時 내가 옛적 아직 태어나지 않았을 때
> 冥冥無所知 아득아득하여 알 수가 없다마는
> 天公强生我 하느님이 억지로 날 태어나게 해 놓고
> 生我復何爲 내가 태어나면 날 무엇에 쓰려 하였는가
> 無衣使我寒 입을 게 없어 날 추위에 떨게 하고
> 無食使我飢 먹을 게 없어 날 굶주리게 하네
> 還爾天公我 하느님 제발 날 제자리로 돌려놔 주오
> 還我未生時 태어나기 이전으로 날 돌려보내 주오

　왕범지의 이 넋두리를 뉘라서 해결해 줄 수 있겠는가?
　활활 타오르는 불꽃을 꽁꽁 얼려 두었다가 필요할 때 꺼내 쓰고, 휘몰아치는 거센 바람을 꽁꽁 묶어 두는 재주가 있다 해도 가능치 않으리라.
　그러나 해결방법이 아예 없는 것은 아니다. 중생이 너무 어리석어 가까이 있음을 모를 뿐이다. 왕범지 스스로가 그 한 마음 바꾸면 그만인 것을……

『화엄경』「여래출현품」에 다음과 같이 이른다.

眞如自性起念六根
_{진여자성기념육근}

　　진여 자성의 눈·귀·코·혀·몸·의식의 6근이 생각을 일으켜서

雖有見聞覺知
_{수유견문각지}

　　보고 듣고 깨달아 아는 것이 비록 있다 해도

不染萬境而眞性常自在
_{불염만경이진성상자재}

　　온갖 경계에 끄달리지 아니하면 참된 성품은 항상 자재하도다

如來智慧亦復如是
_{여래지혜역부여시}

　　여래의 지혜 또한 이와 같아서

具足在於衆生身中
_{구족재어중생신중}

　　중생이 몸속에 모두 갖추었으나

但諸凡愚不知不覺
_{단제범우부지불각}

　　다만 모든 범부중생이 어리석어 알지 못하고 깨닫지 못할 뿐이다

　　이와 관련하여 보조普照 지눌知訥(1158-1210)스님이『수심결修心訣』제
1장에서 타이르신다.

三界熱惱 猶如火宅
_{삼계열뇌 유여화택}

　　삼계의 뜨거운 번뇌고통은 마치 불타는 집과 같나니

其忍淹留 其受長苦
_{기인엄류 기수장고}

　　그대로 참고 견디면서 기나긴 고통을 감수하겠는가?

^{욕 면 윤 회 막 약 구 불}
欲免輪廻 莫若求佛

　윤회를 벗어나고자 한다면 부처를 찾는 일만 한 것이 없으며

^{불 즉 시 심 심 하 원 멱}
佛卽是心 心何遠覓

　부처는 바로 이 마음일 뿐이다. 마음을 어찌 멀리서 찾을 것인가?

^{불 리 신 중}
不離身中

　이 몸뚱이를 떠나 있지 아니하거늘……

견성성불見性成佛!

　부처는 어딘가 특별한 곳에 모셔져 있는 게 아니다. 세상 어디에고 내 눈길 닿는 곳에는 언제나 항존恒存하므로 찾고자 한다면 오직 내 마음에서 찾는 것이 첩경 아니겠는가?

　마음이란 현상적으로 내 몸뚱이 안에서 오락가락하는 것이니, 그냥 이대로 이 한마음 다잡아 버리면 그대로 득작불得作佛인 것이다. 그래서 어떤 이는 이렇게 말한다.

　"부처 되기가 세수하다 코 만지기보다 쉽다."

42
| 불가사의 | 不可思議 |

　'불가사의'란 범어 a-cintya의 번역으로 불사의不思議·난사의難思議
라고도 한다. '마음으로 생각할 수도 없고, 말(논의)로도 표현되지 않는
다.'는 뜻으로, 국어사전에는 '사람의 생각으로는 미루어 헤아릴 수
없이 이상하고 야릇함'이라고 되어 있다.

　이는 본래 불교용어로서 말로 표현하거나 마음으로 생각이 미칠 수
없는 오묘한 이치, 또는 그러한 가르침을 뜻하며, 언어로 표현할 수
없는 상태를 일컫는 말이다. 중생들의 사량思量으로는 가히 헤아릴 수
없는 불가사의한 묘력妙力이 있다는 말이다.

　『화엄경華嚴經』「불가사의품」에 '부처의 지혜는 허공처럼 끝이 없고,
그 법 자체인 몸(法身)은 불가사의하다.'면서 부처의 열 가지 덕목을 제
시하고 있다.

　① 찰토刹土

　　'찰刹'은 범어 kṣetra의 줄임말이며, '토土'는 그 번역으로 범어와
　　한자를 아울러 쓴 것(華梵双唱)으로서, 불찰佛刹·불토佛土를 뜻한다.
　　부처님이 중생을 교화하는 곳이므로 범성동거凡聖同居의 불국토를
　　이르는 말이다.

② 정원淨願

부처님이 중생을 구제하려는 청정한 원력이 있다는 것이다.

③ 종성種性

부처가 될 수 있는 본디 타고난 성품(소성素性)을 이르는 말로 선천적으로 가지고 있는 경우와 후천적 수행에 의해서 얻는 두 가지 종성이 있다고 한다.

④ 출세出世

부처가 세상에 출현하여 중생을 교화하는 것, 또는 세속 인연을 벗어나서 불도 수행에 전념하는 수행자가 되는 것을 말한다.

⑤ 법신法身

진리 그 자체. 영원한 이법理法의 불타로서 절대 진리의 인격화人格化를 이르는 말이다.

⑥ 음성音聲 … 8음音

부처는 여덟 가지 특색 있는 음성을 가지고 있다.

- 극호음極好音 : 맑고 아름다워 듣는 이가 싫증을 내지 않고, 모두 올바른 도道에 들어가게 하는 음성

- 유연음柔軟音 : 듣는 이를 기쁘게 하여 모두 억센 마음을 버리고 자연히 수행에 들어가게 하는 음성

- 화적음和適音 : 듣는 이를 모두 화합하게 하는 조화로운 음성

- 존혜음尊慧音 : 덕망이 높아 듣는 자의 지혜를 밝게 하는 음성

- 불여음不如音 : 천마天魔나 외도外道를 굴복하게 하며, 듣는 이로 하여금 두려운 마음으로 공경하는 마음을 가지게 하는 음성

- 불오음不誤音 : 말로 논의함에 그릇됨이 없고 듣는 이로 하여금 바른 견해를 갖게 하는 음성

- 심원음深遠音 : 배 속에서 울려 나와 시방에 들리며, 듣는 이에게 깊은 이치를 깨닫게 하고 깨끗한 행을 더욱 높이는 음성
- 불갈음不竭音 : 말소리가 힘차게 거침없이 나와 그치지 않으며, 듣는 이로 하여금 상주常住하여 다함이 없는 과果를 이루게 하는 음성

⑦ 지혜智慧

지智는 사물에 대한 이해가 완전히 끝난 해료解了, 혜慧는 일체 사물의 실상과 도리를 꿰뚫어보고 제법諸法에 통달하여 득실得失과 사정邪正을 분별하는 슬기(조현照見)이다.

⑧ 신력자재神力自在

마음먹은 대로 안 되는 것이 없는 능력을 말한다.

⑨ 무애주無碍住

막힘과 분별과 대립이 없으며 일체의 거리낌이 없이 두루 통하는 원융무애圓融無碍한 도리를 증득하여 무엇에도 걸림이 없음을 뜻한다. 『화엄경』권46에 모든 부처님은 열 가지 무장애주無障碍住가 있음을 설하고 있다.

⑩ 해탈解脫

탐애貪愛에서 벗어남을 이르는 말로 성문·연각·보살 등은 심해탈心解脫·혜해탈慧解脫·구해탈俱解脫 등을 말하고, 여래해탈은 진해탈眞解脫이라고 한다. 해탈의 경지는 평등하고 차별이 없으므로 '일미一味'라고 한다.

불가사의에 대한 의미를 좀 더 쉽게 이해하기 위하여 예를 들어 보이면, 수학에서 십진법으로 얻어진 모든 단위를 끝까지 헤아리면 마

지막 단위가 무엇인가?

'일一'에서 시작하여 십 백 천 만 십만⋯ 억億⋯ 조兆⋯ 경京⋯ 해垓⋯ 자秭⋯ 양穰⋯ 구溝⋯ 간澗⋯ 정正⋯ 재載⋯ 극極⋯ 항하사恒河沙⋯ 아승기阿僧祇⋯ 무량수無量數⋯ 불가사의不可思議

마지막 단위는 불가사의이다.

43
| 불반마지 | 佛飯摩旨 |

부처님께 공양供養 올리는 밥(불반佛飯)을 '마지'라고 한다. 공양은 범어 pūjanā의 뜻 번역으로 불법승佛法僧의 삼보三寶나 부모, 스승, 망자亡者에게 의복이나 음식물 등을 공급하는 일체의 행위를 말하며, 마지는 범어 maghī(마지摩舐 - 약초의 일종으로 신단神丹의 영약)에서 온 말이다.

중생들이 '밥'을 분별지어 이름 붙이기를—

양반이 드시면 '진지'요, 상놈이 먹으면 '입시'라 하고, 임금이 냄새만 맡아도 '수라'요, 제사 때 신위神位에 올리면 '메'가 되고, 부처님께 올리면 '마지'라 한다.

밥을 분별하면 이렇게 이름이 다르지만 그 밥의 본래 성품[自性]이야 일반一般이니 어찌 차별이 있으리오.

인간이 먹는 것에 크게 두 가지가 있으니 그 하나는 '밥'이요 다른 하나는 '법法'이다. 사람은 누구나 육신을 키워 주는 '밥'을 먹으면서 더불어 정신을 키워 주는 '법'을 먹고 산다.

그러므로 밥[飯]이란 몸[肉身]을 양생시키는 법이요, 법이란 마음[心識]을 양생시키는 밥인 것이다.

몸이 있으니 마음이 있는 것이며, 마음이 있으니 몸이 움직이듯이 몸과 마음이 따로 노는 것이 아니라 하나―如인 것이며, 밥과 법도 이와 같이 일여일 뿐이다. 이에 입으로 밥을 먹으며 느끼는 '맛'이나 마음으로 법을 받아들여 느끼는 '멋'도 역시 별개의 것이 아니다.

눈에 보이는 법이 밥이요, 눈에 안 보이는 밥이 법이다. 밥을 밥답게 먹는 것이 '맛'이요, 법을 법답게 행하는 것이 '멋'이다.

餘韻^{여 운} **食法不二**^{식 법 불 이}

食卽法兮法卽食^{식 즉 법 혜 법 즉 식} 밥이 곧 법이며 법이 곧 밥이다.

心卽身兮身卽心^{심 즉 신 혜 신 즉 심} 맘이 곧 몸이며 몸이 곧 맘이다.

食法不二彼此同^{식 법 불 이 피 차 동} 밥과 법이 둘이 아니며 피차 한가지이니

身心無別眞如心^{신 심 무 별 진 여 심} 몸과 맘 분별이 없으면 참다운 마음이어라.

44
불법승 삼보 | 佛法僧 三寶 |

'佛(buddha)'은 '사람은 분명 사람인데 보통사람이 아닌 사람'이라는 뜻으로, 우주 삼라만상의 진리와 인생의 참다운 모습을 깨닫고, 이에 의해서 다른 사람을 바른길로 인도하는 각자覺者로서 불교의 교주敎主이다.

'法(dharma)'이란 모든 사물이 그 자체의 독자적인 성품(자성自性)을 간직하여 개변改變하지 않고 궤범軌範이 되어서 사람이 그 사물에 대하여 일정한 이해를 낳게 하는 근거가 되는 것을 지칭하는 말이다.

사물마다 독자적인 자성을 지닐 경우에는 임지자성任持自性이라 하고, 그에 따른 인식의 표준이 되는 진리·도리·교리·방편 등으로써 존재의 이해를 나타낼 때에는 궤생물해軌生物解라고 한다.

무릇 진리라는 것은 불변하는 보편의 도리이므로 법이라 이르는 것이며, 크게 유위법有爲法과 무위법無爲法으로 분류하기도 한다. 인연에 의하여 생멸하는 만유일체의 법을 유위법이라 하며, 인연을 따라 이루어진 것이 아니며 생멸의 변화를 떠나 상주 불변하는 참된 법을 무위법이라 한다. 유위와 무위를 통틀어 말할 때는 제법諸法이라 한다.

사회적 통념으로 법을 말할 경우 흔히 물의 흐름에 비유하기도 하는데, 물은 반드시 높은 곳에서 낮은 곳으로 흐른다. 물이 움직이지 않을 때는 고요히 수평水平을 이루었을 때이다. 따라서 '법'이란 물이 흐르는 원리와 같이 평등을 지향하는 것이며, 그러므로 법 앞에 만인은 평등한 것이라 한다.

그러나 불교에서는 석가모니부처님이 스스로의 깨달음에 근거하여 중생을 가르치기 위한 방법을 설한 것으로 불법佛法·교법敎法·정법正法·연기법緣起法 등으로 부르며, 외도外道의 가르침을 사법邪法이라 한다.

'僧(sāmgha)'이란 '사람 인人'과 '일찍 증曾'이 합쳐진 글자로, '일찍이 전생에서도 6도중생 중에 이미 사람이었다.'는 뜻글자이다. 오직 불교용어로만 쓰이며, '먼저 태어난 중생'이라는 선생先生의 의미를 나타낸다.

그러므로 세상살이 인생 경험이 풍부한 사부師傅가 될 수 있는 것이며, 사부의 순 우리말인 '스승님'이라 하고, 스승님의 줄임말로 '스님'이 된 것이다. 이에 따라 불교의 일반적 의미로는 화합중和合衆, 즉 '화합의 무리'라는 뜻으로 불법을 믿고 불도를 행하는 사람들의 집단을 말한다.

삼보三寶는 범어 triratna 또는 ratna-traya의 번역어로서 불교도가 존경하고 공양해야 할 불보와 법보와 승보 셋을 말한다.

이 셋은 최상의 위덕威德이 있어 거룩하고 변하지 않으므로 삼보三寶라 하여 불보·법보·승보의 셋으로 구별하지만, 그 본질은 일체一體이므로 일체삼보一體三寶·동체삼보同體三寶·동상삼보同相三寶라고도 한다.

『육조단경六祖壇經』에 다음과 같은 구절이 있다.

佛者覺也　佛이란 깨달음이요

法者正也　法이란 올바름이요

僧者淨也　僧이란 청정함이다

　이 말을 역으로 살펴보면 청정한 사람이어야 바를 수 있고, 올바른 사람이어야 깨달을 수 있다는 것이다. 즉, 불교의 본래 목적인 깨달음을 얻고자 하면 먼저 청정해야 하며, 청정한 자라야 올바를 수 있고, 올바른 사람만이 깨닫는다는 뜻이 된다.

45
불지삼신 | 佛之三身 |

불지삼신佛之三身이란 부처의 몸[佛身, 범어 buddha-kāya]에다 세 가지 의미를 부연한 법신法身·보신報身·화신化身을 말하는 것으로, 불멸 후 대승불교가 새롭게 발생됨에 따라 그 이전 소승의 부파불교에서 주장하던 색신色身과 법신 2신설二身說이 확대된 불신론佛身論에서 비롯된 것이다. 이는 기독교 신앙의 요체인 성부·성자·성신의 삼위일체설과 이름만 달리할 뿐 그 형식에 있어서 유사한 것이라 할 수 있다.

① 법신(dhama-kāya)

영원불변한 만유의 본체에 대하여 인격적 의의意義를 붙인 진리불로서 '청정법신 비로자나불'이라 한다.

② 보신(vipaka-kāya)

가르침에 따라 수행 정진한 결과[報]로 얻는 교리불로서 '원만보신 노사나불'이라 한다.

③ 응신(nirmāna-kāya)

보신불을 친견하지 못한 온갖 중생들을 제도하기 위해 방편적으로 나타나는 현상불로서 '천백억화신 석가모니불'이라 한다.

이러한 3신불에 대하여 모든 이의 이해를 돕기 위해 「염불삼매보왕론念佛三昧寶王論」에 다음과 같이 비유적으로 설해지고 있다.

불 지 삼 신 법 보 화 야
佛之三身法報化也　부처님은 3신이니 법신·보신·화신이다.

법 신 자 여 월 지 체
法身者如月之體　법신이란 달의 본체와 같은 것이요,

보 신 자 여 월 지 광
報身者如月之光　보신이란 달의 빛과 같은 것이며,

화 불 자 여 월 지 영
化佛者如月之影　화신불이란 달의 그림자와 같은 것이다.

만 수 지 내 개 유 월 언
萬水之內皆有月焉　온갖 물속에 달이 다 비쳐 있음이로다.

석가세존에 대하여 애초에 소승의 부파불교에서는 부모소생신父母所生身, 즉 물질적 존재로서 형체를 가진 몸(색신色身-생신生身-응화신應化身)이면서 우주 본연의 진리, 절대적 존재로서의 법신불法身佛(법성불法性身-자성불自性身)이라 하여 2신설二身說을 주장했었다.

이와 같이 불신佛身에는 생신生身과 법신法身의 2종이 있으므로 사리舍利에도 생신사리인 불골佛骨과 법신사리인 불설佛說로 대별되며, 이에 따라 부처님이 말씀하신 모든 경전은 법신사리가 되는 것이다.

이 법신사리를 사리탑 안에 봉안할 경우 모든 경전을 다 넣을 수 없기에 법신사리를 대신하여 다음과 같은 제법연기諸法緣起의 게송인 불신게佛身偈를 써서 봉안하도록 하고 있다.

제 법 종 연 기
諸法從緣起　모든 법은 연기에 따른 것이다

여 래 설 시 인
如來說是因　여래는 이 인연법을 설하신 것이며

^{피 법 인 연 진}
彼法因緣盡 그 법의 인연이란 멸진되는 것이니

^{시 대 사 문 설}
是大沙門說 이것이 바로 대사문의 말씀이니라

여기의 대사문大沙門(범어 śamaṇā)에 대하여 여러 가지 의미로 해석되고 있으나 '불도를 조금도 틀리지 않게 설한다'는 시도사문示道沙門이라는 의미와 12연기법을 궁구하여 홀로 깨달은 성자라는 독각獨覺의 의미가 있으니, 이는 바로 석가모니불을 지칭한 것으로 보여진다.

석가모니는 스승이나 도반 내지 누구의 도움도 없이 오직 홀로 성불한 제1호의 독각불이며, 모든 경전은 석가모니불의 가르침이기 때문이다.

이렇게 몸을 나타내는 생신生身(색신)과 진리를 나타내는 진신眞身(법신)의 2신설에서 불멸 후 500년경(BC100) 무렵부터 새로운 대승불교 운동이 일어난다. 재래불교를 자리적自利的인 소승이라 비평하고 스스로를 이타적利他的인 대승이라 칭하는 한편, 그때까지 석존에게만 한정하였던 보살이라는 개념을 확대시켜 일체 중생에게서 성불의 가능성을 인정함으로써 일체 중생을 모두 보살로 보고 자기만의 구제보다는 이타를 지향하는 보살의 역할을 그 이상理想으로 삼아 광범위한 종교 활동을 펴 나갔다.

이에 따라 대승불교 경전이 계속 이루어져 나오는데, 먼저 공사상空思想을 강조하는 반야경은 종래의 고정관념을 깨고 일체의 집착으로부터 해탈을 중심사상으로 삼았다. 또한 일체를 포함하여 일불승一佛乘을 설하고 구원의 본불本佛(법신)을 세우는 『법화경』을 비롯하여 『유마경維摩經』의 유마거사는 재가자在家者(천백억 화신)임에도 불구하고 출가 수행자에게 오히려 법을 설하는 등 종래의 불교를 일신하는 불교운동이 자리를 잡으며 자연스레 법신·보신·화신이라는 3신三身 사상이 자리를 잡게 된다.

하여간 소승의 2신설에서 대승의 3신설로 확대되었다 하여 부처님의 근본사상에 무슨 변화가 생겼다거나 새로운 사상이 새롭게 생겨난 것은 아니다. 중생즉여래衆生卽如來라는 부처님의 현묘한 교설에 대하여 다만 중생들의 근기에 따른 접근 내지 이해의 폭을 원만히 하기 위한 방편의 일환일 뿐이다.

위와 같은 여래의 신상身相에 대하여 『금강경오가해金剛經五家解』에서 혜능慧能대사 말씀이 있었다.

색신은 모양 모습이요[色身是相]
법신은 성품 성질이다[法身是性]
일체의 모든 선과 악이[一切善惡]
모두 다 법신에 말미암음이요[盡由法身]
색신으로 말미암지 않는다[不由色身]
법신이 만약 악을 지으면[法身若作惡]
색신은 좋은 곳에 태어나지 못하고[色身不生善處]

법신이 선을 지으면[法身作善]

색신은 나쁜 곳에 태어나지 않는다[色身不墮惡處]

이에 함허涵虛 득통得通스님도 한 말씀 거드신다.

보신 화신은 진신이 아니요 분명히 망녕된 인연이라[報化非眞了妄緣]

법신은 청정하고 광활하며 가없어라[法身淸淨廣無邊]

천강의 흐르는 물 천강에 달빛이요[千江流水千江月]

만리에 구름 없으니 만리에 밝은 하늘이로다[萬里無雲萬里天]

어찌 부처님에게만 3신이 있으랴. 중생인 나에게도 3신이 있으니
등신等身·자신自身·병신病身이라 하겠노라.

餘韻[여운] 本有佛性何處去[본유불성하처거] 본디 있다는 부처 성품 어디로 갔는가

未完等身胡以乎[미완등신호이호] 미완의 등신이라니 웬말인가

各己自身第一貴[각기자신제일귀] 저마다 제 자신이 제일 귀하건만

如今病身必是愚[여금병신필시우] 지금처럼 병신은 필시 어리석음 때문이리라

185

46
| 빈자일등 부자만등 | 貧者一燈 富者萬燈 |

‘빈자의 한 개 등과 부자의 만 개 등’이라는 뜻으로, 가난한 사람이 지극한 정성으로 공양하는 한 개 등불이 부자의 화려한 일만 개 등불보다 더 훌륭한 공덕功德이 된다는 말이다. 물질의 많고 적음이나 크고 작음에 따라 공덕의 경중이 있는 것이 아니라 지극한 정성과 청정한 마음의 가치가 더 높다는 의미이다.

‘빈녀일등貧女一燈’이라고도 하며 『현우경賢愚經』 「빈녀난타貧女難陀」품과 『아사세왕수결경阿闍世王授決經』 등에서 볼 수 있다.

부처님이 사위국 기원정사에 계실 때 그 나라의 왕이나 대신, 그리고 돈 많은 백성들이 밤에는 왕궁에서 기원정사까지 수많은 기름등을 밝혀 놓고 공양을 드렸다. 그때 가난하고 고독한 난타難陀라는 여인이 걸식하며 살았는데, 이 여인은 항상 부처님께 공양을 올리고 싶은 마음은 간절하였으나 가난하여 그럴 수가 없었다. 하루는 이 여인이 어렵사리 모은 돈으로 기름을 사려고 하자 기름집 주인이 물었다.

“그렇게 어려운 처지에 음식이나 사서 먹지 기름은 무엇에 쓰려고 사는가?”

난타 여인이 대답했다.

"부처님 세상은 백겁에도 만나기 어려운데, 지금 다행히 부처님 세상에서 살면서 등 하나 공양드리지 못하는 것이 한이우. 비록 가난하여 굶주리지만 작은 등 하나라도 밝히려 하우."

기름집 주인이 감동하여 돈 값어치로 따지면 2홉을 주어야 하는데 3홉을 더 보태서 주었다.

"이 기름으로는 반야半夜도 못 가겠구나."

난타는 등불을 밝히고 절을 올린 뒤 간절한 마음으로 발원했다.

"나같이 배고프고 천한 사람이 이 세상에 다시는 없기를!"

그러고는 '만약 내 발원이 이루어진다면 이 등불은 밤새도록 꺼지지 않을 것이다.' 하면서 물러갔다.

새벽이 되어 왕과 부자들이 밝혀 놓은 호화로운 등불은 거의 꺼져 갔으나 난타가 밝힌 등은 기름도 줄지 않았으며, 마치 방금 새로 켜 놓은 것처럼 유독 밝음이 더하였다. 날이 밝아 부처님 제자 중에 목련존자가 소등消燈을 하는데 난타의 등불은 도무지 꺼지지 않았다.

목련존자가 누구인가? 부처님 제자 중에 신통제일 아라한이 아닌가? 목련존자는 신통력을 써서 등불을 끄려 하였으나 그 등불은 오히려 밝아지기만 하고 그 불빛이 하늘까지 비치는 것이었다.

부처님께서 목련존자에게 이르셨다.

"그만두어라. 너의 위신력으로는 끌 수 없으리라. 그것은 당래불當來佛의 광명공덕光明功德이니라. 이 등을 밝힌 여인은 30겁 후에 부처가 되어 수미등광여래須彌燈光如來라고 하리라."

이렇게 수기受記하셨다.

수기는 범어 vyākaraṇa의 역어로서 부처님으로부터 내세來世에 반드시 부처가 되리라는 기별記別을 받는 것을 말하며, 주는 입장에서의 기별은 '授記'라 하고 받는 입장에서는 '受記'라 하여 혼용되고 있다. 『금강경金剛經』을 예로 들면, 고려대장경본에는 '受記'로, 현행 유통본(명나라 본) 등에는 '授記'로 씌어 있다.

부처님 당시 인도는 엄격한 4성四姓계급 사회였다. 최상위는 브라만 Brahman이라 하여 사제계급의 승려·학자 등이며, 다음이 크샤트리아 Ksatriya로서 왕족과 무사계급, 그다음이 바이샤Vaiśya로서 농·공·상에 종사하는 평민계급, 마지막으로 수드라Sudra로서 불가촉천민(접촉할 수 없는 천민)이었다. 수드라인 난타 여인의 등 공양 발원으로 석존께서 4성계급을 철폐한 원동력이 된 셈이다.

수드라는 인도문화를 창시한 아리안Aryan에 정복당해 노예계급으로 전락된 인도 원주민이다. 다른 계급에 봉사하는 것이 그들의 임무이며, 인도 정통종교인 바라문교에 예속되어 있으면서 신분 보장을 받지 못하였고, 종교의 자유도 없었다. 사람으로서 최소한의 대접도 허락되지 않는 수드라 거지여인의 발원은 너무나 절실하였고 간절한 것이며, 이는 석존의 서원誓願에 부합되는 것이었다.

석존께서 '천상천하天上天下 유아독존唯我獨尊'이라는 탄생게 다음으로 '삼계개고三界皆苦 오당안지吾當安之', 즉 '온갖 세상 일체 중생의 모든 고통을 내가 마땅히 안온케 하리라.' 서원하셨으니 부처님의 서원이나 거지여인의 발원이 일치하는 것이다. 어찌 이루어지지 않겠는가.

당시 석존께서는 사성평등四姓平等 입장을 취하셨고 마침내 관철시키셨으니, 부처님의 제자에는 신분·계급의 귀천도 없고 빈부의 격차도 보이지 않았으며 인종의 구별도 두지 않았다. 더욱이 당시까지 인도 종교계에 허용되지 않았던 비구니가 자유로이 출가 수행할 수 있도록 평등세상을 여신 것이다.

연등의 기원은 원래 부처님 당시 인도에서 행해지던 의례였는데, 불교의 전래와 더불어 우리 민족의 세시풍속으로 정착되었다.

『시등공덕경施燈功德經』에 다음과 같이 이르고 있다.

"불·법·승을 믿어서 작은 등명燈明을 갖추어도 얻는바 공덕이 한량없다."

"불멸佛滅 후 탑사塔寺에 등명을 올리면 이 세상에서 세 가지 지혜(문혜聞慧·사혜思慧·수혜修慧)를 얻고 사후에 33천天에 태어난다."

"몸매가 원만하고 큰 힘을 갖추어 다른 이와 싸우지 않고 어디를 다녀도 괴롭히는 이가 없는 것은 등불을 불탑 앞에 밝혔기 때문이네."

47
| 사고팔고 | 四苦八苦

괴로움[苦]이란 범어 duḥkha의 번역어로서 싫어하고 미워하는 마음[嫌惡 : du]과 부질없고 헛되다는 마음[空虛 : kham] 상태이다.

이 괴로움은 심리적인 것[內苦]과 밖으로부터 받는 현상적 내지 생리적인 것[外苦]으로 크게 나뉘며, 이는 다시 4고[四苦]와 8고[八苦]로 나뉘는데, 그중 4고이면서 외고[外苦]인 생·로·병·사는 1차적인 근본 괴로움으로서 중생세계 누구에게나 원천적으로 주어지는 괴로움이다.

① 태어남은 괴로움이다 … 생고生苦
② 늙어 감은 괴로움이다 … 노고老苦
③ 병들어 앓음은 괴로움이다 … 병고病苦
④ 죽는 것은 괴로움이다 … 사고死苦

외고의 요인으로 말미암아 다시 네 가지 고통이 확대되어 일어나는데, 이는 마음먹기에 따른 심리적인 괴로움이므로 내고內苦라 한다.

⑤ 사랑하는 사람이나 인연 있는 모든 것과 이별하는 괴로움 … 애별리고愛別離苦

⑥ 싫은 대상이나 원수와 만나게 되는 괴로움 … 원증회고怨憎會苦

⑦ 원하는 것이 얻어지지 않는 괴로움 … 구부득고求不得苦

⑧ 다섯 가지 요소(5온의 안이비설신眼耳鼻舌身)에 만족되지 않는 괴로움
   … 오음성고五陰盛苦

이것을 일목요연하게 정리하면 다음과 같다.

```
           ┌ 신身4고 : 생로병사      = 외고 ┐
    2고苦 ─┤                                │
           └ 심心4고 : 애별리고 ┐           │
                                │           ├ 8고苦
              원증회고          │           │ (一切苦)
                                ├ = 내고 ─┤
              구부득고          │           │
                                │           │
              오음성고 ─────────┘          ┘
```

위와 같이 이루어진 일체의 괴로움에 대해서 또 다른 관점으로 보아 다음과 같이 3고苦 또는 5고苦로 분류하기도 한다.

• 3고=苦

- 고고苦苦 : 현재 이 몸이 고苦의 인연으로부터 생겨나와 온갖 고통을 받는 것. 즉 고苦의 연속성을 말한다.

- 회고壞苦 : 애착을 느끼던 대상이 마침내 괴멸되어 사라지는 고통

- 행고行苦 : 일체의 행위마다 장애가 발생되고 모든 현상의 변화가 종국에는 고통이 되는 것

이어서 8고苦 중 처음의 생·로·병·사 4고를 하나의 명제로 묶어 5

고苦로 취급하기도 하며, 노·병·사를 3종의 신고身苦로 보고 탐·진·치를 3종의 심고心苦라고 하여 심신의 고苦를 대표하여 분류하기도 한다.

4고는 사성제四聖諦로 해결하고, 8고는 팔정도八正道와 6바라밀六波羅密 행으로 소멸시키며, 삼법인을 깊이깊이 참구하여 마침내 정등정각正等正覺 무여열반無餘涅槃하여지이다.

餘韻 苦集滅道

生老病死根本苦

　　태어나 늙고 병들어 죽음은 근본의 괴로움이요

愛憎親疏隨緣集

　　사랑하고 미워하고 친하고 버성김은 인연 따라 고임이다.

惑業煩惱永盡滅

　　미혹의 죄업 번뇌 길이 다 멸하고 나면

戒定慧覺成正道

　　계정혜로 깨달아서 정도를 이루리라.

48
| 사불가득 | 四不可得 |

불가득不可得이란 '아무리 얻고자 해도 도저히 얻을 수 없는 것'을 뜻한다. 범부凡夫가 간절히 구하지만 얻지 못하는 것에 네 가지가 있는데, 서진西晉의 월지국 승려 축법호竺法護가 번역한 『사불가득경四不可得經』 교설에 의하면 다음과 같다.

첫째, 常少不可得　　　　언제나 소년일 수 없다.

둘째, 無病不可得　　　　일생을 병 없이 살 수 없다.

셋째, 長壽不可得　　　　오래 산다고 보장할 수 없다.

넷째, 不死不可得　　　　누구나 죽지 않을 수 없다.

이는 사바세계의 중생들이 피할 수 없이 겪어야 하는 생로병사의 고苦이면서, 얻고자 하여도 얻지 못하는 구부득고求不得苦인 것이다. 그러나 이렇게 한평생 괴롭기만 한 삶을 살아간다는 것은 너무나 측은한 일이 아닐 수 없다. 해결방법이 전혀 없지 않은 것이다.

탐내고[貪] 성내며[瞋] 어리석어지는[痴] 삼독三毒의 마음을 버리고, 네 가지 한량없는 간절한 마음, 자慈·비悲·희喜·사捨의 사무량심四無量心을 일으키는 것이다.

① 누구에게나 즐거움을 주는 마음 – 자무량심慈無量心
② 남의 고통을 없애 주려는 마음 – 비무량심悲無量心
③ 남의 즐거움을 나도 같이 기뻐해 주는 마음 – 희무량심喜無量心
④ 누구에게나 애증친원愛憎親怨 없이 평등한 마음 – 사무량심捨無量心

이러한 네 가지 마음가짐을 '4평등심'이라고도 하며, 이러한 평등심으로 살면 다음 생은 대범천大梵天에 태어난다고 하였다.

다음 생에 극락 가는 것도 중요한 일이지만, 살아생전에 이러한 마음가짐으로 인하여 스스로 생활 자체가 즐겁다면 좋지 않겠는가? 이대로 그냥 낙원인 것을……
항간에 떠도는 속된 말(이언俚言)로 ① 술이 샘솟는 주전자 ② 먹지 않고 일만 하는 종 ③ 투기하지 않는 아내 ④ 길쌈 잘하는 첩을 얻기 어렵다 하여 4불가득이라고도 한다.
그러나 이보다 더 얻기 어려운 것은 좋은 나라, 좋은 시절에 태어나는 것, 좋은 부모와 좋은 스승, 좋은 이웃과 좋은 도반을 만나는 것이다. 이 가운데서도 가장 중요한 것은 '좋은 스승'과 '좋은 도반'을 만나는 것이다. 이번 생에 '좋은 스승' '좋은 도반'을 만나야 다음 생에 성불할 수 있기 때문이다.

또한 『법화경』 「방편품」에는 부처님을 만나 정법正法 듣기가 어려움을 네 가지로 나누어 말한다.

① 치불난値佛難 : 세존 재세시 만나기 어렵다.

② 설법난說法難 : 근기와 인연이 무르익지 않으면 설법하기 어렵다.

③ 개법난開法難 : 부처님의 교법을 능히 듣기 어렵다.

④ 신수난信受難 : 교법을 믿고 받아들이기 어렵다.

이에 더하여 일체중생의 4난득四難得이란 것도 있다.

① 인생난득人生難得 : 사람으로 태어나기 어렵다.

② 장부난득丈夫難得 : 사나이로 태어나기 어렵다.

③ 출가난득出家難得 : 부모형제 버리고 출가하기 어렵다.

④ 득도난득得道難得 : 출가는 하였어도 道 얻기는 어렵다.

49
| 사사오욕 | 四蛇五欲 |

4사四蛇, '네 마리의 뱀'이란 우리 육신이 지地·수水·화火·풍風의 4대
四大로 이루어져 있음을 비유한 말이며, 5욕五欲이란 식욕·재물욕·색
욕·명예욕·수면욕을 뜻한다.

또한 불교에서는 눈·귀·코·혀·몸[眼耳鼻舌身]에 따른 색·성·향·미·촉
[色聲香味觸]의 다섯 가지 경계에 끌려서 일어나는 욕심을 뜻하기도 한다.

『불설비유경佛說比喩經』에 다음과 같은 설화가 있다.

어떤 사람이 넓은 광야에 나갔다가 미쳐서 날뛰는 코끼리 한 마리를
만났다. 그는 크게 놀라 도망치다가 들판 가운데의 옛 우물터에서 우물
속으로 뻗어 내려간 등나무 덩굴을 붙잡고 내려가 간신히 위기를 모면
할 수 있었다.

그런데 우물의 네 구석에는 네 마리의 독사四蛇가 있었고, 우물 속
에는 독룡이 독기를 내뿜고 있었다. 위에는 미친 코끼리, 밑에는 뱀과
독룡이 혀를 날름거리고 있으니 오도 가도 못하게 된 그는 유일한 생명
줄인 등나무 덩굴에 몸을 의지하고 있는데, 이때 어디선가 흰 쥐와 검
은 쥐가 나타나서 서로 번갈아 가며 등나무 줄기를 갉아먹기 시작하는
것이었다.

그가 멍하니 하늘만 쳐다보고 있는데 머리 위의 커다란 나뭇가지에

는 벌들이 집을 지으면서 가끔씩 네댓 방울의 꿀을 떨어뜨려 그의 입술에 닿았다. 그는 그 단맛에 취해서 모든 위험을 잊고 도취되었다. 그러는 동안 대지에는 난데없는 불이 일어나 온갖 것을 다 태우고 있었다.

이 이야기에서 넓은 광야는 고통을 참고 살아가야 하는 사바세계를 뜻하고, 위난을 맞은 사람은 우리 중생, 미친 코끼리는 무상無常, 흰 쥐와 검은 쥐는 낮과 밤의 세월, 등나무는 생명줄, 네 마리의 독사는 지수화풍의 4대, 한 마리 독룡은 생사生死, 꿀은 재물·색色·명예·식욕·수면욕 등의 5욕을 비유한 것이다.

중생들의 삶이 이러한 것임에도 참모습을 보지 못하고 그릇된 망상인 4대5욕에 빠져 허덕이고 있는 것이다.

이에 연관하여 『최승왕경最勝王經』의 게송에 이르기를 :

地水火風共成身   지수화풍이 함께 몸뚱이를 이루었으니

集彼因緣招異果   그 인연들이 모여서 다른 과보를 부른다.

同在一處相違害   한곳에 함께 있어 서로 엇갈려 해롭게 함이

如四毒蛇居一篋   4마리 독사가 한 상자 속에 사는 것과 같다.

於此四種毒蛇中   이 네 마리 독사 가운데에

地水二蛇多沈下   흙과 물 두 마리 뱀은 흔히 아래로 가라앉고

風火二蛇性輕擧   바람과 불 두 마리 뱀은 가벼워 솟구치니

由此背違衆病生   이렇게 서로 등지고 어기므로
                              뭇 병폐가 생기느니라.

四大從緣此身成
사대가 인연 따라 이 몸을 이루었으나

五陰由滅是心平
오음이 사라지고 나면 이 마음 평화롭네

以道修身萬事正
도로써 몸을 닦으니 모든 일 바로 되고

如理淨心一切明
이치대로 마음을 맑히니 일체가 밝아지네

50
사상오견 | 四相五見 |

'4상四相'이란 육안으로 볼 수 있고 마음으로 알 수 있는 네 가지 모습·모양을 말하며, '오견五見'은 다섯 가지의 생각과 견해를 이른다.

부파불교 시대 상좌부上座部인 설일체유부說一切有部에서는 생겨나서[生], 일정기간 동안 머물러 있으며[住], 끊임없이 변화하여서[異], 마침내 소멸되는[滅] 것을 4상(사유위상四有爲相)이라 일렀다.

반면 대중부大衆部인 반야부般若部에서는 아상我相 인상人相 중생상衆生相 수자상壽子相을 말하고 있다.

① 아상
'나'라는 생각
② 인상
나는 사람이므로 지옥·아귀·축생·수라보다 우월하다는 생각
③ 중생상
오온五蘊이 집합되어 생겨난 '우리'라는 생각
④ 수자상
오래 살고 싶어 하는 생각 내지 영원하리라는 생각

또는 '나'라는 견해(아견我見), '인간'이라는 견해(인견人見), '우리'라는 견해(중생견衆生見), '영원하리라'는 견해(수자견壽子見)를 말하기도 한다. 그리고 이에 따라서 다섯 가지 그릇된 견해가 있다 하였다.

① 유신견有身見

내가 실로 있다고 믿는 아견과 나에게 소속되었다고 생각하는 아소견我所見

② 변집견邊執見

집착할 바가 없는 것인데도 편벽되게 극단에 집착하고 나는 사후에도 상주한다고 믿는 상견常見과 사후에는 단절된다고 생각하는 단견斷見이 있다.

③ 사견邪見

인과응보의 연기법을 부정하는 모든 견해. 온갖 망견妄見으로 10악惡의 하나이다.

④ 견취견見取見

잘못된 견해에 빠져서 참된 견해라 고집하는 것[妄見]. 이로 인하여 오온이 일시적으로 화합한 신체를 영원히 존재하는 주체인 '나'로 생각하고, '나'에 따른 모든 것을 자신의 소유라고 생각하는 그릇된 견해인 신견身見, 상견과 단견의 어느 한 극단에 사로잡혀 중심을 얻지 못하는 그릇된 견해인 변견邊見, 인과의 도리를 무시하는 그릇된 견해인 사견邪見을 덩달아 일으킨다.

⑤ 계금취견戒禁取見

바르지 않은 계율이나 그릇된 금제禁制 등을 가지고 깨달음(열반)에 도달하는 바른 계행戒行이라 고집하는 것으로써 도道가 아닌 것을 도라 하고, 인因이 아닌 것을 인이라 여긴다. 예를 들면 개나 마소 등이 죽은 뒤에 천상에 태어난다고 믿고 개처럼 똥을 먹거나 마소처럼 풀을 뜯어 먹는 것을 올바른 수행 내지 정도正道라고 믿는 것 등이다.

눈 뜨고 차마 볼 수 없는 목불인견目不忍見, 짐승만도 못한 놈도 살아갈 수 있는 곳이 사바세계이다.

이 사바세계에서 인간은 자기가 믿는 바에 의해서 별의별 짓거리를 다 할 수 있는 존재이다. 일체유심조一切唯心造, 마음먹기 따라서 얼마든지 지옥도 만들고 천당도 이룩할 수 있음이다.

51
| 사성육범 | 四聖六凡…十界 |

　'사성四聖'이란 성자聖者의 네 가지 경계인 성문·연각·보살·부처의 출세간出世間을 이르고, '육범六凡'이란 범부凡夫의 경계에 여섯이 있으니 천중天衆·인간·수라·축생·아귀·지옥의 세간世間을 말한다.

　출세간의 세世는 천류遷流·세류世流, 간間은 간격이라는 뜻으로 일체 생사의 법을 세간, 열반의 법을 출세간이라고 한다. 4성제 중에 고苦·집集의 2제는 세간이고 멸滅·도道의 2제는 출세간이다.

　이러한 6도道 중생의 미혹한 자나 출세간의 깨달은 이까지 모든 경지를 포함해서 열 가지로 분류해 놓은 것인데, 이 10종의 계界는 각기 스스로 지어 놓은 자업자득의 과보이기 때문에 각기 받아야 되는 고苦와 낙樂의 정도가 역시 행업行業에 상응하여 여러 가지로 나타날 수밖에 없다. 그러한 경지를 자초한 원인 또한 같지 않으므로 '10법계'라고도 하며 다음과 같다.

① 지옥계 : 고통만이 존재하는 극고極苦의 세계

② 아귀계 : 항상 굶주림의 고통을 받는 기갈飢渴의 세계

③ 축생계 : 식욕·음욕만 강하고 윤리가 없는 무지無智의 세계

④ 수라계 : 투쟁만 일삼는 비천非天의 세계

⑤ 인간계 : 완전한 즐거움이 없는 반고반락半苦半樂의 세계

⑥ 천상계 : 항상 즐거움을 누리는 극락의 세계

⑦ 성문계 : 부처 말씀을 듣고 깨달음을 얻는 소승의 성자(출가 성자)

⑧ 연각계 : 12인연법을 관觀하여 홀로 깨달음을 얻는 성자(독각獨覺)

⑨ 보살계 : 바라밀행을 닦아 미래에 성불하는 성자(각유정覺有情)

⑩ 부처계 : 자기도 깨닫고 남도 깨닫게 하는 성자(등정각자等正覺者)

불교와는 달리 천주교와 기독교에서는 '사말교리四末敎理'라 하여 인간이 피할 수 없는 마지막 네 가지 문제로 '죽음·심판(煉獄)·천국·지옥'을 말하고 있다. 이는 곧 인간계의 사람으로 태어나서 일생을 살다 죽음을 맞이하게 되면 반드시 하나님(有一神)의 심판을 받게 되고, 심판의 결과는 단 두 가지뿐이다. 살아생전에 하나님 뜻대로 살아온 자는 천국에 영생永生하여 복락을 영원히 누리게 되고, 생전에 하나님 뜻에 거역하여 살아온 자는 지옥의 나락에 떨어져 지옥의 고통을 영원히 받게 된다. 단 생전에 죗값을 다 치르지 못하고 죽은 사람은 불로 죄를 정화淨化하고 단련받는 천국과 지옥 사이의 연옥에 머물다 천국으로 간다고 한다.

그러나 불교는 윤회전생輪廻轉生하여 지옥에 떨어졌을지라도 그 지은 죄만큼 죗값을 다 치르고 나면 다시 인간으로 태어날 수도 있고, 설령 극락 천국에 갔을지라도 거기에서 더욱 정진하여 깨달음을 얻지 못하고 지은바 복덕을 다 누리고 나면 다시 인간으로 환생할 수도 있는 것이다. 그러기에 어차피 천당에 갈 거면 영생永生하는 예수를 믿어야 유리하고, 혹여 지옥에 갈 것 같으면 윤회전생하는 부처를 믿는 게 유리하다는 우스갯소리가 있다.

52
| 사신오행 | 四信五行 |

'네 가지를 믿고, 다섯 가지를 행하라'는 『대승기신론大乘起信論』의 가르침이다. 이 책은 인도의 마명馬鳴이 지었다는 대승불교의 논서로, 수많은 주석서 가운데 신라 원효스님이 저술한 『기신논소起信論疏(일명 海東疏)』가 가장 유명하다.

그 내용을 요약하여 '일심一心·이문二門·삼대三大·사신四信·오행五行'이라 하고, 전체적인 내용은 중관사상中觀思想과 유식사상唯識思想이 조화를 이루면서 여래장사상如來藏思想까지 포괄하는 매우 심오한 논서이다. 예로부터 이 책을 일러,

"일심에 의지하여 두 문을 연다依一心開二門."

고 하였다. 일심一心을 진여문眞如門과 생멸문生滅門으로 설명하면서 일심이 가진 특성을 '체體·상相·용用' 3대 이론에 대입시켜 궁극적으로 대승의 길로 나아가게 하여 마침내 실천적 행(四信五行)을 닦도록 이끄는 것이다.

이에 연관된 용어들을 간단히 정리하면 다음과 같다.

• 일심一心

크게 3가지 의미를 가지고 있다.

① 우주의 근본원리로서 만유의 실체인 절대 무이無二의 심성을 뜻
하며 진여眞如, 여래장심如來藏心이라고도 한다.
② 유일의 근본식根本識을 뜻하며 온갖 것을 변현變現시키는 마음으
로서 아뢰야식을 말한다.
③ 오로지 하나의 대상에 마음을 집중하여 생각을 오롯이 하는 일
심정념을 뜻한다.

• 이문二門

두 가지 교문教門으로서 교설에 따라 성도문聖道門, 정토문, 행포문行
布門, 원융문圓融門, 성기문性起門, 연기문緣起門 등 대개 14가지로 거론되
고 있으나 여기에서는 기신론과 연관하여 진여문과 생멸문에 대해서
요약한다.
  - 진여문이란 여래장의 일심을 말하는 것으로 그 체성은 평등일미
    여서 차별상을 여읜 진실여상眞實如常이며, 무명無明의 연緣에 합하
    지 않는 진여를 말한다.
  - 생멸문이란 여래장의 일심이지만 연을 따라 생멸하고 차별상을
    일으키는 것이다. 그러므로 진여문은 여래장심의 체體이고 생멸
    문은 여래장심의 상相이 된다.

• 삼대三大

중생들 마음의 체體(본연)와 상相(모습)과 용用(작용)은 다 같이 광대무
한하기 때문에 각각에다 '대大'를 붙여 체대體大·상대相大·용대用大라고
한다고 기신론에서 말하고 있다.

• 사신四信

진여(사물의 영원불변의 모습)와 불법승佛法僧 3보寶를 믿는 것

- 신근본信根本 : 우주와 삼라만상 내지 인생의 본체인 진여를 믿는 것

- 신불信佛 : 진여를 성취한 부처를 믿는 것

- 신법信法 : 불타의 교법을 믿는 것

- 신승信僧 : 자리이타를 실천하는 승僧을 믿는 것

• 오행五行

보살이 수행하는 다섯 가지 행법行法으로 보시행, 지계행, 인욕행, 정진행, 지관행을 이름한 것이다.

53
사음성독 │蛇飮成毒│

'뱀이 물을 마시면 독을 만든다'는 뜻.
『화엄경』에 이른다.

　"소가 물을 마시면 젖을 만들고, 뱀이 물을 마시면 독을 만든
　다. 지혜로운 자가 배우면 보리菩提를 이루고, 어리석은 자가 배우
　면 생사生死를 이룬다."

　다 같은 물을 마셨는데 어찌하여 뱀이 마신 물은 독이 되고 소가 마
신 물은 우유가 되는 것일까?
　분명한 것은 물이 온갖 생명을 해치는 독이 되기도 하고 만물을 생
장시키는 양분이나 약이 되기도 하지만, 그 원인은 물에 있는 것이 아
니라 물을 섭취한 당체의 성품, 즉 체성體性에 따라 변화가 일어난다는
것이다.
　그렇다면 뱀과 소의 체성은 무엇이 어떻게 다른 것인가?
　뱀은 자신이 살기 위해 저보다 연약한 개구리나 쥐 또는 동종同種의
어린 뱀까지 마구 잡아먹으며 남의 소중한 생명을 희생시켜서 자신을
보존하는 동물이다. 이러한 동물들은 그의 체성에 업식성業識性이 없다

고 조주趙州스님은 말한다.

한편 소는 어떠한가? 소는 오직 풀만 먹고 산다. 농사짓는 농번기에 소가 너무 바빠서 되새김질할 여유도 없이 심한 작업을 하다 과로하여 고창증鼓脹症에 걸리면 농민들이 민간요법으로 산낙지를 토막쳐서 억지로 먹이면 닭똥 같은 눈물을 철철 흘리며 겨우 먹는다. 지금은 그런 일이 없겠지만, 풀만 먹고 사는 소가 약으로 고기를 먹어야 하니 얼마나 괴로울 것인가.

우愚
언言

서양 여러 나라에서 순전히 인간의 욕심으로 육우肉牛를 속성 육성시키고자 소에게 동물성 사료를 먹였다. 그 결과 뇌에 이상이 생겨 일차적으로 방향감각을 잃고 마침내 미쳐 버리게 된 것이 광우병 아닌가. 광우병은 치료약이 없는데 인간에게 옮겨질까 무섭다고 한다.

썩을 놈들! 치료약이 왜 필요하랴. 엄마 젖 떼고 나서 풀만 먹어 봐라. 본래부터 광우병은 존재하지 않았었다.

나는 죽어서 다음 생에 광우병 없는 나라에서 젖 먹여 송아지를 키우는 암소로 태어나고 싶다. 나무아미타불…….

고려의 보조국사普照國師 지눌知訥스님도 「계초심학인문誡初心學人文」에 이렇게 말씀하셨다.

사음수성독
蛇飮水成毒   뱀이 물을 마시면 독을 이루고

牛飮水成乳 　　　소가 물을 마시면 젖을 이룬다네.

智學成菩提 　　　지혜로운 배움은 보리를 이루고

愚學成生死 　　　어리석은 배움은 생사를 이룬다네.

　보리菩提(bodhi)는 대개 도道·지智·각覺이라 번역되며 성문·연각·보살 등이 각각 그 과果에 따라 얻는 깨달음의 지혜이다.

　이 중에 무상보리無上菩提는 불타의 보리로서 아뇩다라삼먁삼보리阿耨多羅三藐三菩提, 즉 무상정등정각無上正等正覺이라 이른다.

54
사자신중충 │ 獅子身中蟲 │

  '사자 몸속의 벌레'라는 뜻으로 『인왕경仁王經』 권하券下에 나오는 비유적 어구이다.

  사자는 힘이 세고 용맹스러워 온갖 짐승들이 무서워 달아나고 그 앞에 엎드리므로 '백수습복百獸慴伏'한다 하고, '백수의 왕'이라고도 한다. 쇠가 아무리 강해도 제 몸에 생겨난 녹(동록銅綠) 때문에 스러지듯, 사자가 죽음에 이르는 것은 다른 짐승에 의해서가 아니라 제 몸속의 벌레[身中蟲]가 원인이 된다는 가르침이다.

  '사자 몸속의 벌레'를 사람에게 배대配對시키면 아무리 잘나고 용맹한 사람이라도 탐내고[貪], 성내고[瞋], 어리석은[癡] 3독으로 제 몸을 망치게 된다는 가르침이다. 또한 사람으로서 은혜를 원수로 갚는 일, 동지를 해치는 배신자, 불교도이면서 불법佛法을 해치는 일 등을 나타내는 뜻으로 쓰이기도 한다.

  세존께서는 대중이 교설教說의 의미와 내용을 쉽고 정확하게 이해할 수 있도록 실례實例나 우화, 가설假說, 때로는 작은 것으로 큰 것에, 거친 것으로 세밀한 것에 빗대어 말씀하셨다. 경전마다 여러 가지 비유가 헤아릴 수 없이 많이 나타나는데, 여기에서는 『법화경法華經』에 나와 있는 7가지 비유를 간략히 정리해 본다.

『법화경』은 세존께서 세상에 나온 본뜻을 중생의 근기에 맞춰 여러 가지로 설하시는데, 누구나 깨달음에 이르게 하려는 한 가지 목적에서이다. 아울러 법신法身은 불멸이며 두루 편만遍滿해 있다는 것을 일곱 가지 비유로써 나타내고 있는데 이것을 '법화7유法華七喩'라 한다.

① 화택유火宅喩 - 「비유품」

장자의 집에 불이 나서 불길이 치솟고 있는데도 아이들은 놀이와 장난에 빠져 위험을 모른다. 그것이 안타까워 장자는 밖에 아이들이 갖고 싶어 하던 양이 끄는 수레[羊車-聲聞乘], 사슴이 끄는 수레[鹿車-緣覺乘], 소가 끄는 수레[牛車-菩薩乘]가 있다고 아이들을 달래 불난 집에서 나오게 한다. 아이들이 집 밖으로 나왔을 때 큰 흰 소가 끄는 수레[大白牛車-一佛乘]가 있었다. 탐욕과 미혹이 들끓는 세계를 '불타고 있는 집'에, 중생을 그 집에 노는 '아이들'에, 그들을 구제해 주는 부처님을 '장자'에 비유했다.

② 궁자유窮子喩 - 「신해품」

어려서 부모와 헤어져 유랑 걸식하며 살던 아들이 우연히 부자인 아버지의 집에 찾아와 구걸을 하다가 아버지의 눈에 띄게 된다. 아들을 잃어버리고 근심으로 살아오던 아버지가 아들을 알아보았으나 아들은 거지 습성에 길들여져 아버지에게 두려움을 느끼고 도망간다. 이에 아버지는 사람을 보내 아들을 다시 불러들여서 축사 청소를 시켜며 점차 아들의 습성을 조금씩 바꾸어 가업을 물려준다. 성문聲聞이라 생각하고 있는 이들에게 여러 가지 방편을 써서 스스로 보살로서의 자각을 갖게 하는 것에 비유했다.

③ 약초유藥草喩 - 「약초유품」

구름에서 비가 내릴 때, 비는 어느 땅이나 똑같이 적셔 주지만 초목은 뿌리로 빗물을 빨아들여 크게 자라는 것은 크게 자라고 작게 자라는 것은 작게 자란다는 이야기이다. 부처님의 법은 일미평등—味平等하지만 중생들은 근기에 따라 받아들이는 것이 다르다. 그러나 중생의 소질, 능력 등에 차별이 있어도 여래의 교화를 받으면 한결같이 깨달음에 이르러 널리 모든 중생을 구할 수 있다는 비유이다.

④ 화성유化城喩 - 「화성유품」

지혜로운 한 도사導師가 대중을 이끌고 500유순由旬이나 먼 곳에 떨어져 있는 보물이 있는 곳(보처寶處-깨달음의 세계)에 가게 되었는데, 300유순 지점에 이르렀을 때 대중이 지쳐서 가던 길을 포기하려 하자 도사가 신통을 부려 성을 하나 만든다(화성化城-방편적 깨달음의 세계). 그리고 그들을 쉬게 한 다음 다시 보처로 이끌고 가는 이야기이다. 여기서 보물은 일승—乘에 의한 성불成佛을, 도사는 부처를, 신통력으로 만든 성[化城]은 방편을 비유한 것이다.

⑤ 의주유衣珠喩 - 「오백 제자 수기품」

부자 친구를 찾아간 가난한 친구에게 부자는 음식을 대접하고 술에 취한 친구가 잠든 사이에 그의 옷자락 속에 보배구슬을 달아 주고 외출했다. 가난한 친구는 그것을 알지 못하고 부자 친구 집을 떠나 온갖 간난 속에 살다가 뒷날 부자 친구를 만나 마침내 그 사실을 알게 된다는 이야기이다. 중생이 본래 가지고 있는 불성佛性에 무한한 지혜가 있음에도 그것을 모르고 무명 번뇌에 시달리며 살고 있음을 비유한 것이다. '옷 속의 보주', '내의의 명주明珠'라고도 한다.

⑥ 계주유髻珠喩 – 「안락행품」

왕은 전쟁에 나아가 공을 세운 장수에게 땅이나 보물 등을 상으로 하사할 수 있으나 왕을 상징하는 상투 속의 구슬은 줄 수 없다는 이야기이다. 이는 『법화경』의 가치를 왕의 상투 속 구슬에 비유한 것이다. 부처님께서 권교權敎(방편적 교설)로써 중생들을 교화 제도하여 열반에 이르게 하였지만 여래의 으뜸가는 법인 『법화경』을 설하지 않다가 이제야 비로소 설하게 된 것이 전륜성왕이 상투 속에 감추어 두었던 보배구슬을 공신功臣에게 내어준 것과 같다는 것을 비유한 것이다.

⑦ 의사유醫師喩 – 「여래수량품」

의사인 아버지가 집에 없을 때 아들들이 독약을 잘못 마셔 괴로워한다. 아버지가 집에 돌아와 해독제를 주었으나 아들들은 본심을 잃어 약을 먹으려고 하지 않는다. 아버지는 아들들을 정신 차리게 하려고 다시 집을 나가서 '아버지가 죽었다'고 일러 주게 하자 충격을 받은 아들들이 본심을 찾아 해독제를 먹고 병이 낫게 되었다는 이야기이다. 3승乘(성문승·독각승·보살승)의 권교가 방편인 것을 알지 못하고 있는 것에 대하여 여래가 다시 방편을 강구하여 일승一乘에 돌아가게 하는 것을 비유한 것이다.

55
| 사종법계 | 四種法界 |

사종법계四種法界란 화엄사상의 우주관으로서 4법계라고도 한다. 이는 의식意識의 대상이 되는 일체 모든 것을 법계(dharma-dhātu)로 보아, 이 우주 법계는 일심一心에 통괄統括할 수는 있으나 이것을 현상과 본체의 두 측면으로 보면 네 가지 뜻이 있다는 것으로, 달리 '화엄법계華嚴法界'라고도 한다.

4종법계는 다음과 같다.

① 사법계事法界

우주의 온갖 사물은 모두가 낱낱의 인연이 화합되어 나타난 것이므로 사사물물事事物物이 제각기의 차별적인 한계를 가지고 현상적으로 구별 지어지는 것을 말한다.

② 이법계理法界

우주의 온갖 사물은 그 본체에 있어 모두 진여眞如(tathāta)이므로 일체평등一切平等의 세계를 말하는 것이며, 이理란 곧 진여법계를 이르는 말이다.

③ 이사무애법계理事無礙法界

본체계本體界인 이理와 현상계現象界인 사事가 진여법계의 차원에서 보면 서로 떨어져 있는 것이 아니라 걸림 없는 일체불이一切不二(상호관계) 속에 있음을 말한다. 즉 일체의 현상계[事]는 각각 인연 따라 나타난 것이므로 자성自性이 없지만, 현 법계의 차원에 있어서는 일체 현상에도 걸림이 없다는 것이다.

④ 사사무애법계事事無礙法界

모든 사물에는 개체가 있고 그에 따르는 작용이 있으며 제각기 연기하여 자성을 지키고 있으면서, 사事와 사事는 다연多緣이 서로 상응하여 일연一緣을 이루고, 또 일연은 두루 다연을 도와서 서로 그 작용이 교섭하므로 사사무애라고 말하며 이를 중중무진법계重重無盡法界라고도 한다.

중중무진重重無盡이란 화엄학의 용어로서 십십무진十十無盡이라고도 한다. 이는 하나 가운데 열이 있고[一十十], 열 가운데 다시 열[十十十]이 있는 것처럼 우주 만유의 모든 사물이 상호 무한의 연관 속에 일체화되어 상즉상입相卽相入하고 있음을 이르는 말이다.

이를 법화사상에서는 실상實相이라 하고, 화엄사상에서는 법계라고 한다. 법계란 그 근본 체體에 연유하여 이름한 것이며, 실상實相이란 體가 근본적으로 지니고 있는 그 뜻(모양에 따른 상相과 그 쓰임새인 용用)에 따라서 이름 붙인 것이므로 실상이라 하든 법계라 하든 이름만 다를 뿐 결국 일여一如이다.

또한 상즉상입이란 모든 현상의 體에 있어서 한쪽이 유有이면 다른 쪽은 공空이 되므로 동시에 함께 공空이 되거나 유有가 될 수 없는 까닭에 양자는 항상 융합하여 일체화되어서 아무런 장애가 없는 것을 말한다.

예를 들어 이 세상에 오직 나만 있고 나와 상대되는 것이 아무것도 없다면 나의 존재 자체가 성립되지 않는 것과 같은 것이다. 그러므로 나 하나의 일一이 없으면 모든 것의 다多가 성립될 수 없는 것이기에 하나가 있어야 모든 것도 있는 것이며 모든 것은 하나 속에 즉입卽入되어 있다는 것이다.

결과적으로 '하나 속에 전체요[一卽多] 전체는 하나[多卽一]인 것이다. 이에 의상義湘스님이 『법성계法性偈』에서 이르신다.

一中一切多中一　하나 속에 모든 것 들어 있고 모든 것에 하나 있으니

一卽一切多卽一　하나가 곧 일체요, 일체가 곧 하나이니라

一微塵中含十方　하나의 티끌 속에 시방세계 머금었고

一切塵中亦如是　모든 티끌 낱낱이 또한 이와 같노라

56
| 사향사과 | 四向四果 |

   '사향사과四向四果'는 소승불교에서 사문沙門이 수행 수도하여 깨달음을 얻어 들어가는 4단계의 품계로서 수행목표인 '향向'과 도달 경지인 '과果'를 나타내는 용어이다.

   『구사론俱舍論』「현성賢聖」품에 자세히 설명하고 있는데, 『금강경』 제9와 『42장경』 제1에도 거론되어 있다.

■ 사향사과 분류

계 위	산스크리트어	음 역	구 역	신 역	에드워드 콘즈* 역
제1위	Srota-āpanna	수다원(果)	入 流	預 流	Stream Winner
제2위	Sakṛdāgāmin	사다함(果)	一往來	一 來	Once Returner
제3위	Anāgāmip	아나함(果)	不 來	不 還	Never Returner
제4위	Arhat	아라한(道)	應 供	아라한	Arhat Ship

*콘즈(1928-1979)는 독일 태생으로 반야계 경전을 연구했던 영국의 대표적 불교학자

   제1위 수다원과須陀洹果는 입류入流, 예류預流, 지류至流, 역류逆流 등으로 번역된다. 입류·예류·지류는 성인聖人의 지위에 비로소 들었다는

뜻이고, 역류란 보통의 중생들과는 달리 생사의 흐름(윤회)을 끊어 냈다는 의미이다.

이 계위는 견혹見惑은 끊었지만 아직 수혹修惑은 끊지 못한 상태이므로 일곱 번 죽고 일곱 번 다시 태어나[七生七死] 수행을 완전히 마쳐야 아라한이 될 수 있다 하였다. 그러므로 다시 태어날 때 인간 이하의 악도惡道에는 태어나지 않는다는 의미도 포함되어 있다.

혹惑이란 번뇌의 다른 이름으로서, 견혹은 불도를 수행하는 가운데 온갖 지식으로 욕계와 색계, 무색계의 사제四諦의 이치를 깨달음으로써 없어지는 번뇌와 미혹을 말한다. 견문각지見聞覺知로써 처음으로 지혜를 얻어 번뇌와 미혹을 벗어나 진리를 보는 단계이다.

수혹이란 사혹思惑이라고도 하는데, 태어날 때부터 지니고 있는 탐욕, 성냄, 어리석음 따위의 번뇌를 수행 정진으로써만 소멸시키는 미혹이다. 또한 고집멸도 4성제의 진리를 알지 못하면 견혹이라 하고, 사물의 현상적인 것에 집착함을 수혹이라 한다. 그러므로 견혹은 4제의 진리를 여실히 깨달으면 끊어지는 것으로 견도소단見道所斷의 미혹이라 이르고, 수혹은 사념적인 탐진치 3독과 교만이 사라져야 끊어지므로 수도소단修道所斷의 미혹이라 한다.

제2위의 사다함과斯多含果는 일래一來·일왕래一往來라 한다.

『42장경』에 한 번 천상에 태어났다가 다시 인간계로 와서 아라한과를 얻는다고 하였다. [斯多含者 一上一還 即得阿羅漢]

이 계위는 수도修道에 속하므로 탐진치 3독이 사라져서 일생일사만 거치면 두 번 다시 생사의 윤회에 얽매이지 않으며 바로 해탈의 경지인 아라한과阿羅漢果에 든다는 것이다.

제3위 아나함과阿那含果는 욕계의 모든 번뇌 미혹을 끊고 다시는 이 세상에 오지 않기 때문에 불래不來, 또는 불환不還이라 한다. 『42장경』에 '아나함은 인간계에서 수명이 다하고 혼령이 19천(색계의 無想天)에 오르고 거기서 아라한과를 증득한다.'고 하였다. [阿那含者 壽種魂靈 上十九天 證阿羅漢] ('무상천'에 대해서는 249페이지 '3계 33천' 참조)

제4위 아라한과는 더 이상 배울 것이 아무것도 없는 분이라 하여 무학無學이라 하고, 다시는 나고 죽는 삼계에 태어나지 않는다 하여 무생無生이라고도 하며, 온갖 번뇌를 모두 멸하였으므로 살적殺賊이라고 도 하고, 일체중생의 공양을 마땅히 받을 만한 분이라 하여 응공應供이 라고도 한다. 또한 아라한을 줄여 '나한'이라고도 한다.

아라한과에 대하여 『금강경』에서는 '아라한도阿羅漢道'라 하였는데, 이는 경전 번역자 구마라집이 제1위에서 제3위까지는 '과(phalam)'로 번역하고 제4위는 道(marga)로 번역해 놓은 것이다. 이는 분명 깨달음 의 경지에 果와 道의 차이가 있음을 보여 주는 것이라 할 수 있다.

果란 어느 한 종자[因]가 어떠한 조건[緣] 속에서만 어떠한 열매[果]를 맺는 것이니 선인善因은 선과善果를 맺고 악인惡因은 악과惡果를 맺는 것 이다. 이러한 果는 새로운 因이 되어 과거·현재·미래의 삼세양중인과 三世兩重因果의 연장선상에 놓인 결과를 지칭하는 말로, 수다원과·사다 함과·아나함과는 아직 이러한 인과응보의 인연법 범주에 속한 과위果 位인 것이지만 아라한도는 과위의 경계를 완전히 벗어나 해탈열반의 경지인 것이다.

『잡아함경』 권 18에는 '세간 세계의 경계와 법을 초월한 경지로서 탐욕이 영진永盡하고, 진에瞋恚가 영진하고, 치암痴闇이 영진하여 일체

219

번뇌가 영원히 사라진 열반의 경지'라 하였다.

또한 『42장경』 제2에는 다음과 같이 이르고 있다.

"안으로 얻을 바가 없고 밖으로 구할 바가 없어 마음은 도에 얽
매이지 않고 또한 업도 맺지 않으며, 생각도 없고 지음도 없으며,
닦는 것도 아니며 깨달아 얻는 것도 아니며, 모든 계위를 밟지 않
고도 스스로 가장 높으니 이를 이름하여 道라고 한다."

이와 같은 아라한의 道는 출세간出世間의 道이며 지정각세간智正覺世間
의 道이다. 무상성도無上聖道의 열반을 이룬 최존자最尊者로서 응당 어떤
공양을 받아도 業이 되지 않는 응공여래應供如來 세존이 되는 것이다.

餘韻 여운 **四向四果** 사향사과

不入六境須陀洹 불입육경수다원 색성향미촉법에 몰입하지 않으면 수다원이요

無念往來斯陀含 무념왕래사다함 오는 생각 가는 생각 없어지면 사다함이라

不生無學阿羅漢 불생무학아라한 나지도 않고 더 배울 것도 없으니 아라한이요

無想有情阿那含 무상유정아나함 생각은 없으나 정은 남아 있으니 아나함이라

七生七死須陀洹 칠생칠사수다원 일곱 번 나고 죽는 이는 수다원이요

一上一還斯陀含 일상일환사다함 천상에 올랐다 한 번 돌아오는 이는 사다함이라

應供如來阿羅漢 응공여래아라한 응당 공양받는 여래가 아라한이요

終壽靈神阿那含 종수영신아나함 마침내 목숨을 마치고
신령한 천신이 되는 이가 아나함이라

57
│ 산시산 수시수 │ 山是山 水是水 │

"산은 산이요 물은 물이다!"

1981년 1월, 성철性徹(1912-1993)스님이 대한불교조계종 제6대 종정에 취임하면서 한 법어에 의해 널리 알려진 선어禪語이다.

불교에는 모든 존재를 보고 듣고 받아들이는 세 가지 차원의 관점이 있다.

첫째, 모든 현상에 대하여 눈에 비치고 귀에 들리는 것을 그대로 받아들이는 견해를 상견相見 또는 유견有見이라 하고, 이를 상종相宗의 견해라고 한다. [山是山 水是水]

둘째, 모든 현상은 무상無常하여 허무한 것이라 보는 공견空見 또는 무견無見으로 공관空觀에서 비롯된 공종空宗의 견해라 한다. [見山不見山]

셋째, 있음과 없음을 같이 보고 상相과 공空, 有와 無를 통시洞視하여 어디에도 치우치지 않는 중도관中道觀을 성종性宗의 견해라고 한다. [見山祇是山]

이러한 세 가지의 견해와 연관하여 '山是山 水是水'라는 선어가 『대장경』 「제종부諸宗部」와 「사전부師傳部」에 무려 42회나 나타나 있다고 한다.

시대적으로 제일 먼저 수록된 것은 당대의 황벽黃檗 희운希運(?-850) 선사의 『완릉록宛陵錄』이라 하고, 송대에는 야부冶父 도천道川(1127-1230) 스님의 『금강경오가해金剛經五家解』의 송頌에 나타나 있다.

여기에서는 『속전등록續傳燈錄』 제22권에 수록되어 있는 것을 소개 한다.

노승이 30년 전 아직 참선을 하기 전에는 산을 보니 산이고 물 을 보니 물이었다. [老僧 三十年前 未參禪時 見山是山 見水是水]

그러다 나중에 선지식을 친견하고 깨침의 경계에 들어서 보니 산은 산이 아니고 물은 물이 아니었다. [乃至 後來親見知識有入處 見山不 是山 見水不是水]

그리고 지금 푹 쉬고 난 자리에서 얻은 것은 예전처럼 산은 다 만 산이요 물은 다만 물로 보인다. [而今得箇體歇處 依前見山祗是山 見水祗 是水]

대중들이여! 이 세 가지 견해가 같은 것인가, 다른 것인가? [大衆 這三般見解 是同是別]

이에 대한 정답은 한마디로 '같은 것이며 또한 다른 것'이다.

같음이란 본연의 체體로서 온갖 사물을 대하는 마음(佛性)인 것이며, 다름이란 시절 인연에 따른 마음의 쓰임새(用)로써 의식의 작용이 한 결같지 않음을 말하는 것이다.

산은 산이요 물은 물이지만, 이는 성成·주住·괴壞·공空의 부질없는 존재일 뿐이다. 이러한 존재에 대하여 삼제원융三諦圓融의 가르침을 대 입시키면 모든 존재가 '같은 것이며 다른 것'이라는 결론을 얻을 수 있다.

3제란 세 가지의 진리로서 공空·가假·중中에 대한 이치를 체득하는 것이다. 즉, 삼라만상은 공무空無한 것으로 한 물건도 실재實在함이 없는 것을 공제空諦라 하고, 한 물건도 실재한 것이 아니지만 모든 현상은 분명하게 나타나 있으므로 가제假諦라 한다. 이 같은 모든 법은 空도 아니고 有도 아니며, 空이면서 有, 有이면서 空인 것을 중제中諦라 한다.

이러한 삼제의 진리를 관하는 것을 삼관三觀이라 하며, 공·가·중 3제를 동시에 관하여 즉공卽空·즉가卽假·즉중卽中이 되면 3제원융이라 하고, 하나를 생각하는 일념一念이 그대로 공·가·중 3관에 이르면 일심삼관一心三觀 또는 삼제원융관三諦圓融觀이라 한다.

이와같이 한 생각에 삼제원융의 경지에 이르면 空·假를 넘어선 언설사려言說思慮의 대상이 아닌 절대지絶對知의 경계에 이른 것이다.

범부의 눈에 비치는 '산은 산 물은 물'이라면 가관假觀을 이룬 것이며, 범부가 공부 좀 해서 한 소식 얻은 후 '산은 산이 아니고 물은 물이 아니'라면 공관空觀을 얻은 것이고, 한 소식에 더하여 道를 얻은 후 '산은 그대로 산이요, 물은 다만 물'이라면 이는 바로 중관中觀의 道를 요득了得한 것이다. 여기에서 같은 것은 '산과 물' 그리고 범부의 '본연심(佛性)'이며, 다른 것은 범부의 육안肉眼에서 심안心眼이 열려 마침내 불안佛眼에 가까워졌음의 차이가 있을 뿐이다.

'눈 어두우면 중생이요 그 중생이 눈 맑아지면 여래'라 하였으니, 중생즉여래衆生卽如來, 곧 중생과 여래는 '같으면서 다르고 다르면서 같은 존재' 바로 너와 나, 나와 너 아니런가!

• 蛇足 •

山是山 水是水   산은 산이고 물은 물이다.

壽如山 富如海   수명은 산과 같고 부는 바다 같기를…

僧是僧 俗是俗   스님은 스님 속인은 속인

我爲我 爾爲爾   나는 나고 너는 너다.

58
|살불살조| 殺佛殺祖 |

　살불살조殺佛殺祖란 '부처를 만나면 부처를 죽이고, 조사를 만나면 조사를 죽여라.'라는 뜻이다.

　인류의 모든 종교 중에서 특히 불교는 산목숨 죽이는 살생을 가장 큰 죄악으로 본다. 그럼에도 불구하고 부처를 만나면 부처를 죽이고, 조사를 만나면 조사를 죽이라 하니 이게 웬 말인가?

　이 말은 임제臨濟 의현義玄스님의 법어인데, 혜연慧然스님이 엮은 『임제록』에 나온다. 이는 극단적인 비유로써 '어떠한 대상에도 의존하지 않고 오로지 마음을 청정히 비워서 궁극의 진리를 온전히 깨달아야 한다.'는 것을 제시한 말이다.

　여기에서 죽이라는 말은 살생하라는 것이 아니라 환상과 같은 현상의 집착에서 벗어나라는 가르침이다.

　예를 들어 여래의 32상相 80종호種好일지라도 만약 그것에 끄달리게 되면 그것은 여래의 표상이 아니요 마구니의 우상일 뿐이니, 언제나 마음을 고요히 하여 선정에 몰입되는 상태인 적연부동寂然不動으로써 우주적 이성인 자성自性으로 돌아가라는 것이다.

　이어서 의현스님은 '살부살모殺父殺母'를 외치면서 다음과 같이 다섯 가지로 설명하고 있다.

"첫째, 아비를 죽이라는 것은 무명無明에서 벗어나라는 뜻. 둘째, 어미를 죽이라는 것은 애착愛着에서 벗어나라는 뜻. 셋째, 부처를 죽이라는 것은 청정법계에 자유자재하라는 뜻. 넷째, 화합을 깨치라는 것은 허공과 같이 꾸밈없는 곳에 도달하라는 뜻. 다섯째, 경전·불상을 태우라는 것은 일체형상을 떠나라는 뜻이다."

이에 앞서 석가세존께서는 『금강경』에서 다음과 같이 말씀하셨다.

약 견 제 상 비 상 즉 견 여 래
若見諸相非相卽見如來

만약 모든 상을 상이 아닌 줄로 보면 곧바로 여래를 보리라.

이는 곧 우리의 눈에 비치는 일체만상은 시절인연 따라 잠시 생겨났다가 사라져 버리는 생生, 주住, 이異, 멸滅의 허망한 존재일 뿐이라는 것이다.

대개 중생의 눈은 육안肉眼(Fleshly Eye)의 한계를 초월하여 볼 수 있는 시력을 갖추기가 매우 어렵다. 눈앞에 놓인 어떤 사물이 너무 커도 전체를 다 보지 못하고, 너무 작아도 보이지 않는다. 눈에서 제일 가까운 자기 속눈썹이 안 보이듯이 너무 가까워도 너무 멀어도 보이지 않는다.

또한 곡선으로는 보지 못하고 직선으로만 볼 수 있으므로 눈앞에 어떤 장애물이 가로놓여 있으면 그 장애물만 보인다. 육안이란 언젠가는 썩어서 문드러질 고깃덩어리에 불과한 것이므로 그저 사라져 없어질 생주이멸하는 존재들만 보이는 속성(an attribute)을 지니고 있기 때문이다.

만약 육안에 나타나는 모든 상(모양·모습)을 상이 아닌 것으로 볼 수 있으려면 반드시 육안에 따른 마음의 눈인 심안心眼(천안天眼·혜안慧眼·법안法眼·불안佛眼)이 활짝 열려야 마침내 여래를 볼 수 있는 것이다(「생사일여生死一如」 중 '여래오안如來五眼' 참조).

59
| 살생유택 | 殺生有擇 |

나라에 전쟁이 일어나거나 심각한 위난이 발생하였을 때 불교에서는 백성을 보호하고 지키기 위하여 『법화경法華經』·『금광명경金光明經』·『인왕경仁王經』의 '호국삼부경護國三部經'을 독경했다.

『인왕경』의 정확한 이름은 『인왕호국반야바라밀경仁王護國般若波羅蜜經』으로서 대반야경 600권의 결경結經이라 이른다.

이 경의 내용은 국가를 정당하게 수호하여 영구히 번영케 하는 근본 의의를 반야바라밀다般若波羅蜜多, 즉 불지佛智의 증오證悟에 있다고 설하고 있는데, 신라 원광圓光법사가 제창한 화랑도의 세속오계世俗五戒의 사상적 근거가 바로 『인왕경』의 가르침이다.

인왕이란 금강저를 손에 들고 불법을 수호하는 신으로서 금강역사라고도 하며, 흔히 불탑을 인탑仁塔이라고도 한다. 그러므로 유교에서 말하는 살신성인殺身成仁이란 호국불교의 근본이념이기도 한 것이다.

또한 신라에서 시작하여 고려 때에 빈번히 열렸던 인왕백고좌법회仁王百高座法會는 국가에 재난이 있을 때 이 경을 강독하면 풍년이 들고 국태민안國泰民安하였다 한다.

화랑도의 세속오계란 신라 26대 진평왕 때 승려 원광이 수나라에서 유학을 마치고 돌아오자, 귀산貴山과 추항箒項이라는 두 화랑이 스님을 찾아가 평생의 계명誡命을 청하였다.

이에 원광법사가 '불교의 계율은 현실에 적합하지 않다.'라며 불가佛家의 5계에 유가儒家의 덕목을 비추어서 만든 '화랑5계'를 말해 준다.

당시 화랑도의 정신과 더불어 모든 청년의 지도이념으로 자리 잡으면서 실생활에 많은 영향을 끼쳤음은 물론 신라가 삼국 통일을 이루는 정신적 토대가 되었으니, 다음과 같다.

① 사군이충事君以忠 : 충성으로써 임금을 섬긴다.
② 사친이효事親以孝 : 효성으로써 부모를 섬긴다.
③ 교우이신交友以信 : 믿음으로써 친구를 사귄다.
④ 임전무퇴臨戰無退 : 전쟁에 임하여 물러나지 않는다.
⑤ 살생유택殺生有擇 : 살생은 가려서 해야 한다.

한편 살신성인이라는 말은 '자신을 죽여서라도 인仁을 이뤄야 한다.'는 공자의 말씀이다. '仁'이란 공자께서 주장한 도덕의 이념으로 ① 하늘의 뜻인 천도天道(사람이 하늘답고 땅다워야 사람다운 것)의 발현發現인 것이며, ② 자연의 순리에 기초한 박애博愛·착함·어짊을 뜻하는 것으로, 자기를 이기고 예禮를 회복시킨다는 극기복례克己復禮를 말한다.

『논어』「위령공」편에 다음과 같은 구절이 있다.

志士仁人 (지사 인 인)	높은 뜻을 지닌 선비와 어진 사람은
無求生以害仁 (무 구 생 이 해 인)	삶을 구하고자 하여 仁을 해침이 없으며,
有殺身以成仁 (유 살 신 이 성 인)	자신을 죽여서라도 仁을 이룬다.

60
| 삼계유심 | 三界唯心 |

3계三界란 중생들이 생사에 유전流轉하는 미혹의 세계를 말한다.

① 욕계欲界 : 지옥·아귀·축생·수라·인간·6욕천

② 색계色界 : 청정하고 현묘한 물질로 이루어진 세계로 깨끗한 사람
이 사후에 태어나는 천계天界

③ 무색계無色界 : 물질을 초월한 세계로 4무색정四無色定을 닦은 이가
사후에 태어나는 천계

'유심唯心'이란 우주의 삼라만상이 오직 마음으로 인하여 피조被造된
것임을 표현한 말로, 일체유심조一切唯心造와 같은 말이다.

이러한 마음의 작용에 대하여 유식론唯識論 등에서는 아뢰야연기阿賴
耶緣起를 말하고, 기신론起信論 등에서는 진여연기眞如緣起를 들어 설명하
고 있다.

『송고승전宋高僧傳』「고분야숙古墳夜宿」조 신라 원효스님의 기록을 보면,

心生故種種法生 마음이 생겨나므로 여러 가지 법이 생겨나고
(심 생 고 종 종 법 생)

심 멸 고 감 분 불 이
心滅故龕墳不二　　마음이 사라지므로 감실과 무덤이 둘이 아니다

삼 계 유 심
三界唯心　　욕계·색계·무색계가 오직 마음에 있고,

심 외 무 법
心外無法　　마음 밖에 법이 없나니,

호 용 별 구
胡用別求　　어찌 별달리 구하여 쓰리오.

이는 곧 삼라만상이 마음 따라 일어난다는 뜻이다. 매사에 마음을 두고 있지 않을 경우 어떤 현상의 변화가 관심 밖의 일이 되어 있다는 것이어서 존재가치가 성립되지 않는다는 의미이다.

한편 『대학大學』 장구 제7에는 공자께서 다음과 같이 이르고 있다.

심 불 재 언
心不在焉　　마음에 두고 있지 아니하면

시 이 불 견
視而不見　　보아도 보이지 않고

청 이 불 문
聽而不聞　　들어도 들리지 아니하며

식 이 부 지 기 미
食而不知其味　　먹어도 그 맛을 알지 못한다.

차 위 수 신
此謂修身　　이것을 일러 몸을 닦음이

재 정 기 심
在正其心　　그 마음을 바름에 두고 있다고 하는 것이다.

또한 『서경』 「당고唐誥」에 이르기를,

"사람의 마음 중에 소망하는 바가 매우 간절하고 정성스러우면 비록 도리에 딱 들어맞지 않을 수는 있어도 본연의 이치에서 아주 멀어지지는 않는다. 예를 들어 자식 키우는 것을 다 배운 다음에 시집가는

여인네는 없다.[必誠求之 雖不中 不遠矣 未有學養子而後嫁者也]"
고 하였다.

　이는 『무량수경無量壽經』 말씀대로 관세음보살이 중생을 보살피는 마음이 애민중생여적자哀愍衆生如赤子이듯, 젖먹이를 키우는 어머니의 마음은 관세음의 자비심과 같으므로 세상 이치를 크게 어기지 않는다는 것이다.

61
| 삼법인 | 三法印 |

삼법인三法印이란 불교의 근본 교의敎義를 세 가지로 구분하여 나타낸 것이다.

법인은 범어 dharma mudra의 번역으로, 법은 불교·불법을 뜻하고, 인印은 부동불변의 사실을 증명하는 것으로 옥새[王印]와 같이 어디에서나 통용됨을 의미한다.

그러므로 불교의 네 가지 성스러운 진리(사성제四聖諦)인 고苦·집集·멸滅·도道의 가르침에 이어서, 중생들이 생멸 변화하는 일체의 존재와 현상에 대하여 항시 존재한다고 믿는 착각과 참다운 자아의 실체가 있다고 믿는 망집妄執을 여의고 나면, 나고 죽는 생사윤회의 고통을 벗어나 마침내 해탈하여 열반락涅槃樂을 누리게 된다는 가르침으로 『잡아함경』 권10에 다음과 같이 설하고 있다.

① 제행무상인諸行無常印

일체의 현상은 물질이든 마음이든 생멸변화하는 것이지만, 중생들은 항존恒存하는 존재로 착각하기 때문에 이 그릇된 견해를 바로잡아주기 위하여 모든 행위는 항상됨(영속성)이 없다는 제행무상을 교설하고 있다. 이는 바로 4성제 중에 첫 번째 고苦의 원인이 되는 것이다.

② 제법무아인諸法無我印

만유의 제법실상諸法實相은 반드시 인연법에 의해 생겨났다가 사라져 버리는 생멸의 존재로서 저마다 지은 업業에 따라 천상계, 인간계, 수라계 내지 축생계, 아귀계, 지옥계를 다람쥐 쳇바퀴 돌듯 끝없는 육도윤회六道輪廻의 고통을 당하고 있는 줄도 모르고 중생들이 '나[我]'에 집착하는 망상에 사로잡혀 있음을 깨우쳐 주기 위하여 어디에고 자아의 실체가 없음[諸行無常]을 교설하고 있다. 이것 역시 사성제 중 고苦의 원인이 되는 것이다.

③ 열반적정인涅槃寂靜印

육도윤회 중에 인간으로 태어난 것이 삼선도三善道인 천상계·인간계·수라계의 하나이긴 하지만, 생로병사 자체가 역시 고통의 연장선상이 아니런가.

내가 지금 사람으로 태어나서 5복을 누리며 선업善業을 많이 쌓아서 다음 생에 천상의 극락정토에 태어난다 해도 극락세계에 당연히 주어진 황홀한 쾌락에 빠져 정작 깨달음에 이르려는 수행을 게을리 하여 해탈열반의 경계에 이르지 못하고 그동안 은행 적금처럼 쌓아 놓은 복덕을 부질없이 다 누리고 나면 다시 인간으로 태어날 수도 있고, 어쩌면 나락으로 떨어져 3악도三惡道인 축생·아귀·지옥으로 갈 수도 있는 것이 업연業緣 중생들의 삶(윤회)인 것이다.

이러한 까닭에 영원함이 없는 제행무상은 괴로움의 근원일 뿐이며, 모든 경계(삼계-욕계·색계·무색계)에 참나[眞我]가 없다는 것으로 제법무아諸法無我 또한 고통의 근원일 뿐이다.

이와 같이 무상無常·무아無我의 진리를 모르고 일체 현상에 망집하는 것은 결국 괴로움의 원인으로 일체개고一切皆苦가 되지만, 이를 여실히 깨달아서 영원히 놓아 버리면 마침내 번뇌 고통을 여의고 최상의 안락인 해탈의 열반적정에 이른다는 교설이다.

그러므로 삼법인이란 세 가지 틀림없는 진리의 인장印章으로서 첫째의 제행무상인이 苦의 근원이며, 다음의 제법무아인 역시 苦의 근본이 되므로 이를 합하여 『아함경』에서 '일체개고'라 한 것이다.

그러나 인간에게 어찌 괴로움만 있겠는가. 수행 정진으로 득도정각 이루면 苦에서 해탈하여 열반락을 누릴 수 있는 열반적정인을 교설하고 있음이다.

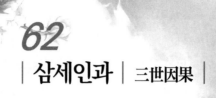

62
| 삼세인과 | 三世因果 |

'삼세인과三世因果'란 과거·현재·미래의 인과응보를 말한다.

'삼세'를 삼제三際라고도 하는데, 과거세(前世·前生)와 현재세(現世·現生)와 미래세(來世·來生)를 아울러 이르는 말이다. 또한 현재의 한 찰나를 현세로 취급하여 그 전과 후를 말하기도 한다.

흔히 사람들이 자기의 미래사를 알고 싶어 하는데, 세존께서 참으로 자상하게 일러 주신다.

　　欲知前生事 今生受者是

　　전생의 일을 알고자 하는가? 금생에 받는 것이 바로 그것이다.

　　欲知來生事 今生作者是

　　내생의 일을 알고자 하는가? 금생에 짓는 것이 바로 그것이다.
　　　　　　　　　　　　　　　　　　　　　　　　　—『잡아함경』 권15

因은 원인이나 인연 관계를 말하는 것이며, 果란 인연 관계 속에서 일어난 행업行業의 결과이고 그 결과를 달리 '응보應報'라 이른다.

인간의 의지적 작용인 행위의 결과를 업業(karma)이라고 하였을 때 그 업에 따른 필연적 반응을 보報(vípaka)라고 한다.

중생과 중생, 세계와 세계 그 사이에는 인과관계가 있고, 사물의 생멸 변화에는 인연화합의 조건이 있으며, 일체 존재와 존재 사이에는 상의상관성相依相關性이 있으니 이를 통틀어 '연기緣起의 법칙'이라 한다. 연기란 인연에서 생겨난다는 말이며, 인연이란 범어 hetuparatyaya 의 번역으로 일체 현상과 존재(事·物)는 무수한 원인(因 : hetu)과 그에 따른 무수한 조건(緣 : paratyaya)이 서로 연관되어 성립(果 : pala)되었다가 마침내 사라지는 것을 의미한다.

이 모든 현상과 존재들은 어떤 경우에도 저 혼자 독립적으로 스스로 존재하는 것은 없으며, 온갖 것의 상응관계 속에서 이루어진다는 것이다. 즉, 사물이 생겨났다가 사라지는 변화 속에는 因과 緣의 두 가지 조건이 성숙하여 나타나는 것인데, 이를 상의상관성이라 하며 이러한 관계로 결합된 인연의 만남을 흔히 인연화합이라 이른다.

이 인연화합으로 이루어진 결과는 또 다른 因과 緣의 연장선상에 놓이게 되는데, 어떤 현상과 존재(事·物)가 그것만의 결과로 끝나지 아니하며 다른 모든 존재가 다시 연관되어 직·간접적으로 서로 영향을 미치면서 거듭거듭 다함 없는 인연 관계를 맺는 것이다.

이러한 인연 관계에 의한 어떠한 결과(존재 事와 현상 物)에 있어 그 본질 내지 직접적 요소인 제1위(primary cause)를 '내인內因' 또는 '친인親因'이라 하고, 간접적이며 부차적 요소인 제2위(secondary cause)를 '외연外緣' 또는 '소연疏緣'이라고도 한다.

그러면서 因과 緣으로 나타난 그 결과는 또 다른 경계에서 因의 역할을 할 수도 있고 緣의 영향이 될 수도 있는 것이다. 간혹 因과 緣 중 어느 한쪽만을 지칭하더라도 이는 공히 因과 緣이 결합된 의미를 담고 있다. 왜냐하면 아무리 작은 因일지라도 그 안에 緣이 내재되어 있으며, 어떠한 緣일지라도 반드시 因의 관계가 내속內續되어 있기 때문이다.

이와 같이 일체 존재가 중중무진重重無盡의 인연화합으로 이루어지고 있음을 근본불교에서는 '12연기十二緣起'의 인연법으로 교설하고 있는데, 이를 도표화하면 다음과 같다.

▪ 12연기와 인연법

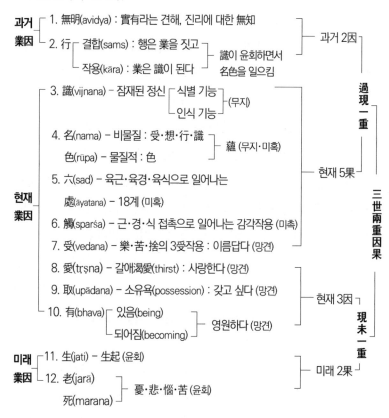

유정有情 중생의 생존요소이며 열두 가지 조건인 12지十二支가 서로 의존하는 관계 속에 성립되어 있다는 것이 인연법의 도리이며 12연기의 가르침이다.

이러한 12지에는 중생의 생사에 따른 두 가지 문이 있다.

그 하나는 유전문流轉門이라 하는데, 미혹한 중생이 생사를 단절하지 못하고 3계6도를 이리저리 헤매는 윤회의 문이다.

또 하나의 문은 사바세계의 중생으로 태어났지만 무상無常·무아無我의 일체 고苦를 여실히 깨달아 업인業因의 결박을 풀어내고 다시는 나고 죽는 생사윤회에 들지 않는 아라한의 해탈문으로 열반에 이르는 환멸문還滅門이라 한다.

『잡아함경』 권12에 다음과 같이 설하고 있다.

> "연기법은 부처가 세상에 나오거나 나오지 아니하거나를 불구하고 영원히 변하지 않는 진리로서 부처는 이것을 관하여 깨달음을 얻고, 또한 중생을 위하여 이 법을 개시開示한다."

이러한 12연기법은 앞의 표에서 보는 바와 같이 과거·현재·미래의 3생에 걸쳐서 과현일중過現一重과 현미일중現未一重이 합쳐져 이중의 인과를 세우므로 이것을 과·현·미 삼세양중인과三世兩重因果라고 한다.

미혹중생의 因 가운데는 혹惑·업業이 포함되어 있고, 그 결과는 고苦이기 때문에 12연기는 惑·業·苦의 3道를 함유하며 인과, 즉 번뇌와 고통이 무시무종無始無終으로 계속되는 것이다.

12연기가 길게는 과거생·현재생·미래생의 3세에 걸쳐 발생한다는 논리이지만, 한 찰나에도 과·현·미가 있으므로 중생들은 매 순간마다의 탐욕심에 따르는 성냄과 미움과 어리석은 생각으로 업을 일으키고 그 업의 인과 속에 번뇌의 연장선상에서 살아가는 것이다.

이러한 번뇌의 불길이 꺼진 것을 열반이라 하고, 욕망의 불이 꺼지고 나면 마음은 저절로 고요해지므로 적정 또는 적멸이라 하며, 열반적정涅槃寂靜의 경계는 최상의 즐거움인 열반락이 되는 것이다.

『능가경楞伽經』에 다음과 같이 이르고 있다.

> 적멸이란 일심一心이며 일심은 여래장如來藏이라 하니, 이로써 스스로 깨달은 지혜의 경계에 들어가 무생법인無生法忍(열반의 다른 이름)의 삼매를 얻는다.

여래장이란 중생들이 번뇌 속에서 수없는 생을 살아갈지라도 그것에 더러워짐 없이 본연의 성품을 절대 청정케 하여 영원히 변함없는 깨달음의 본성이 되므로 자성청정自性淸淨이라 하고 본성, 불성 또는 여래법신이라고도 한다. 이것이 바로 '일체중생一切衆生 실유불성悉有佛性'인 것이며 '중생즉여래衆生卽如來'인 것이다.

63
| 삼제원융 | 三諦圓融 |

천태종에서 세운 3종의 진리인 '삼제三諦(空·假·中)'와 '삼관三觀(일심삼
관一心三觀)'을 말하는 것으로, 모든 존재는 그대로 제법실상諸法實相임을
밝히는 것을 일컫는 말이다.

이것은 『보살영락본업경菩薩瓔珞本業經』 「현성학관품賢聖學觀品」이나 『인
왕반야경仁王般若經』 「이제품二諦品」 등의 교설을 바탕으로 천태 개조開祖
지의智顗(538-587)스님의 『법화현의法華玄義』 권1상·권2하, 『마하지관摩訶
止觀』 권1하·권3상·권5상 등에 설하여지고 있다.

① 공제空諦(진제眞諦·무제無諦) — 시상여是相如

삼라만상은 공무空無한 것으로 한 물건도 실재實在한 것이 없음.

② 가제假諦(속제俗諦·유제有諦) — 여시상如是相

한 물건도 실재하지는 않지만, 모든 현상은 인연에 따라 잠시 나
타나 있음.

③ 중제中諦(제일의제第一義諦·중도中道) — 상여시相如是

이와 같은 모든 법은 공空도 아니고 유有도 아니며, 또 공空이면서
유有이기도 하며, 유有이면서 공空인 것을 중도中道라 한다.

위 '삼제'의 진리를 관하는 것이 '삼관三觀'으로서 1제 중에 3제를 갖추어서 3자가 서로 융합해 있으므로 '즉공卽空', '즉가卽假', '즉중卽中'이라 하며, 이에 일념이 그대로 원융하면 삼제원융三諦圓融이라 한다.

위에 제시된 명제에 대해서 다소 부연하면, 삼제원융이란 공空·가假·중中의 세 가지 진리가 각기 편벽됨이 없어서 서로 장애가 없고 원만히 융화되어 완전한 일체를 이룰 수 있기에 만족스러움을 나타낸다는 말로서, 이는 다시 하나의 마음에 세 가지의 관점이 조화를 이루게 된다는 일심삼관一心三觀 사상을 이르는 것이다.

존재하는 모든 것을 공空이라 관觀하여 실제를 부정하고[空諦], 일단 부정되어 존재하는 것을 가假라고 관하여 긍정하는[假諦] 이 두 가지 입장인 긍정과 부정 가운데 중제中諦가 있다고 본다.

이것을 뒤집어 말하면 공제 가운데 가제와 중제를 포함하고 있는 이 세 가지 관점을 호구상즉互具相卽하여 혼연일체를 이룬 곳에 삼제원융의 경지가 전개된다는 것이다. 즉 가제는 공제의 허상虛想(양태樣態)이며, 공제는 가제로 말미암아 성립되는 것이다.

이 두 가지 양태는 서로가 함장된 관계로서 결과적으로 동일한 것이다. 그 동일한 양상(a mode)을 중제라고 하며, 이들은 서로를 떠나서 독자적으로 존재할 수 없으므로 상즉상입相卽相入하며 이를 즉공, 즉가, 즉중이라 이르는 것이다.

지의선사의 천태사상은 이론에 치중되어 있는 다른 종파와 달리 이론에 따른 실천수행을 매우 중요시하고 있다. 특히 선禪 수행에 있어 초기에는 선(dhyāna)이라고 지칭하다가 후기에 들어 지관止觀이라고 표방하였다.

定·慧를 닦는 2법으로 止는 모든 번뇌를 그침이요, 觀은 자기 스스로 천진심天眞心을 관찰하는 것이므로 산란한 온갖 망념을 그치고 고요하고 맑은 슬기로써 만법萬法을 비추어 보는 것을 지관이라 한다.

관법으로는 일심삼관一心三觀을 비롯하여 4종 삼매가 있고, 25방편과 10승관법 등이 있다. 여기에서는 4종 삼매관법만 요약 정리한다.

$$\text{禪(dhyāna)} \begin{cases} \text{止(śamatha)} = 定 - 寂 \\ \text{觀(vipaśyana)} = 慧 - 照 \end{cases} \Bigg\} \ 雙修(止觀不二)$$

- **4종 삼매관법**
① 상좌삼매常坐三昧 : 일정기간 동안 아미타를 칭념稱念하면서 진리를 관하는 수행
② 상행삼매常行三昧 : 일정기간 동안 아미타 혹은 관세음을 칭명稱名하는 수행
③ 반행반좌삼매半行半坐三昧 : 삼 7일 동안 불상佛像 주위를 도는 수행. 방등삼매方等三昧, 법화삼매法華三昧라고도 함.
④ 비행비좌삼매非行非坐三昧 : 위 세 가지 이외의 삼매 수행

삼매란 범어 samādhi의 음역으로 삼마지三摩地·삼마제三摩提/三摩帝라고도 한다. 등지等持, 정定, 정정正定, 조직정調直定, 정심행처正心行處라 번역하는데, 마음을 한곳에 오로지 둔다는 뜻이다.

일반적으로 수행에 의하여 마음이 흩어지고 어지러운 것을 멈추게 하므로 편안하고 고요한 상태에 이르는 것을 삼매라 하고, 삼매에 돌연 바른 지혜가 생기므로 진리를 깨닫게 된다는 것이다. 이러한 상태를 삼매발득三昧發得, 또는 발정發定이라고 한다.

64

| 삼처전심 | 三處傳心 |

'삼처전심'이란 선종禪宗에서 주장하는 것으로, 석존께서 가섭존자에게 이심전심以心傳心으로 마음을 전할 때 세 곳에서 이루어졌다 하여 이르는 말이다.

곧 선禪이란 불립문자不立文字요, 이심전심以心傳心이요, 교외별전教外別傳이요, 직지인심直指人心하여 견성성불見性成佛하는 미묘 법문을 이르는 것으로 석존께서 정법안장正法眼藏의 열반묘심涅槃妙心을 가섭존자에게 전한 이야기이다.

정법안장이란 이심전심으로 전하여지는 석가모니의 깨달음을 이르는 말로 '진리를 볼 수 있는 지혜의 눈으로 깨달은 비밀의 법'이라는 뜻이며, 열반묘심은 불생불멸의 진리를 주관적으로 표현한 것으로 절묘한 깨달음의 불심을 말한다.

① 제1처 다자탑전분반좌多子塔前分半座 -『잡아함경雜阿含經』

석존께서 사위국 기수급고독원 다자탑 앞에서 대중을 위하여 설법하고 있을 때 가섭존자가 뒤늦게 남루한 차림으로 밖에서 들어오니 석존께서,

"잘 왔다, 가섭이여."

하시면서 앉은자리 반을 내주시며 앉으라 하였다. 대중은,

"저 늙은 비구가 무슨 덕이 있기에 여래의 자리에 앉게 하는가?"

하고 이상히 여겼다. 석존께서 대중들의 마음을 살피시고 두루 가섭존자의 덕을 찬양하시었다.

• 蛇足 •

부처님 자리가 따로 있는가? 일체실유불一切悉有佛이요, 처처불處處佛인 것을~ 버스나 전철 타고 내 자리 몽땅 내준 것보다 쉽지 않은가? 겨우 반 자리 내준 것인데.

② 제2처 염화미소拈花微笑 - 『대열반경大涅槃經』

왕사성 영취산 영산회상에서, 석존께서 대범천왕이 금색 바라화婆羅花를 올린 것을 다시 손에 들어 대중에게 보이니, 일천 대중이 그 뜻을 몰라 모두 묵묵히 있는데 오직 가섭존자만이 그 의미를 알고 빙그레 미소 지었다. 이에 석존께서 이르셨다.

"나에게 정법안장과 열반묘심이 있으니, 실상은 상이 없는 미묘한 법문이라 이를 마하가섭에게 부촉하노라."

• 蛇足 •

진흙탕 속에서 자란 꽃을 들어 보임[拈華]은 깨끗하지 못한 사바세계를 살아가도 항상 청정함[處染常淨]을 뜻하는 것이며 이를 보고 빙그레 미소 지음은 이고득락離苦得樂의 열반묘심 아니런가? 우리네 중생들이 미묘 법문을 설할 능력이야 있고 없고 간에 그냥 좋은 마음 담아서 누구에게나 웃음으로 대해 준다면 그것만으로도 염화미소의 공덕을 반은 성취한 것이 아닐는지!

③ 제3처 곽시쌍부槨示雙趺 - 『대열반경』「다비품茶毘品」

구시나가라 사라쌍수에서 석존께서 열반에 드시고 입관이 끝난 뒤 가섭존자가 먼 곳으로부터 뒤늦게 이르러 관 앞에서 슬피 울면서,

"세존이시여, 어찌 벌써 열반에 드셨나이까?"

하자 석존께서 두 발을 관 밖으로 내놓으며 광명을 놓으셨다고 한다.

• 蛇足 •

의식주를 떠난 두타행을 내보이신 것으로 쌍부광명雙趺光明이라고도 하는데, 중생의 사바에서 화신化身인 석가모니부처님은 떠났지만 법신法身, 보신報身은 더욱 충만하여 온 누리에 불교는 더욱 흥륭하고 있으며, 아울러 지금 내가 이렇게 부처님을 경배하고 있지 않은가! 바보같이 울긴 왜 울어!

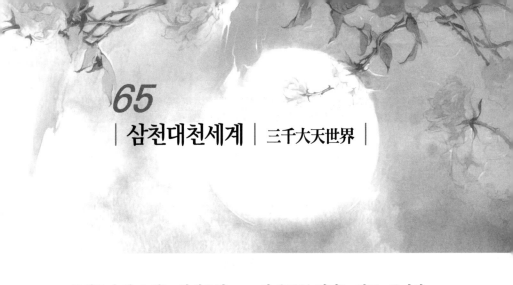

65
| 삼천대천세계 | 三千大天世界 |

    중생들이 살고 있는 삼계유위三界有爲의 우주를 일컫는 말로, 줄여서 '삼천세계' 또는 '세계'라고도 한다.

    세계란 범어 lokadhātu의 번역어로서 '언젠가는 부서져 사라질 것(물질과 장소)'이라는 뜻을 나타내는데, 공간적으로는 동서남북 방위의 한정이 있는 우宇와, 시간적으로는 생멸변화의 변이變異가 있는 주宙가 결합된 것이다.

    이는 고대 인도의 세계관으로서 『구사론俱舍論』에 의하면 수미산을 중심으로 4대주四大洲가 있고 그 둘레에 9산8해九山八海가 있으니 이것이 우리들이 사는 하나의 세계이며, 이 세계 가운데에는 해, 달, 수미산, 사왕천, 도리천, 야마천, 도솔천, 화락천, 타화자재천 등 33천이 있다고 한다.

    이러한 세계 1천 개를 모은 것을 소천小千세계라 하고, 소천세계 1천 개를 모은 것을 중천中千세계라 하며, 중천세계를 다시 1천 개 합한 것을 대천大千세계라 한다.

    이와 같이 소천세계에서 1천 개, 중천세계에서 1천 개, 대천세계에서 1천 개가 합해진 것이므로 삼천대천세계라 하는 것이다.

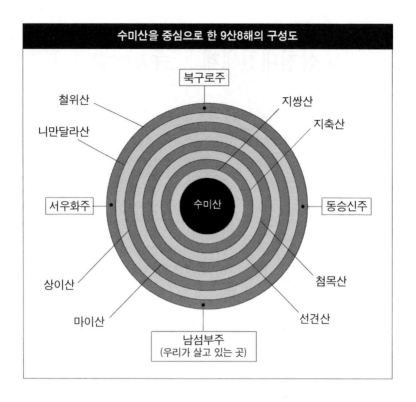

수미산을 중심으로 한 9산8해의 구성도

북구로주

철위산

니만달라산

지쌍산

지축산

서우화주

수미산

동승신주

상이산

첨목산

마이산

선견산

남섬부주
(우리가 살고 있는 곳)

대개 서양의 우주관은 일체 만물을 뜻하는 유니버스universe, 자연
의 조화와 질서를 의미하는 코스모스cosmos, 유니버스와 코스모스를
함장하고 있는 공간의 스페이스space를 말하고 있는데, 물리학에서는
모든 물질과 방사에너지까지 포함한 우주로 정의하고 있다.

그러나 동양의 우주에 대한 인식은 자연의 하위개념 정도로 생각하
고 있는데, 일단 '우주'라는 용어의 의미를 살펴보면 그 차이를 가늠
할 수 있다. 우리를 비롯하여 동양인들은 우주를 거대한 하나의 '집'
으로 인식하면서 '宇(집 우·공간 우 = 장소적인 집) + 宙(집 주·시간 주·때 주 =
시간적인 집)'라고 명명命名하고 있다.

- 구사론에 표현된 3계와 33천 -

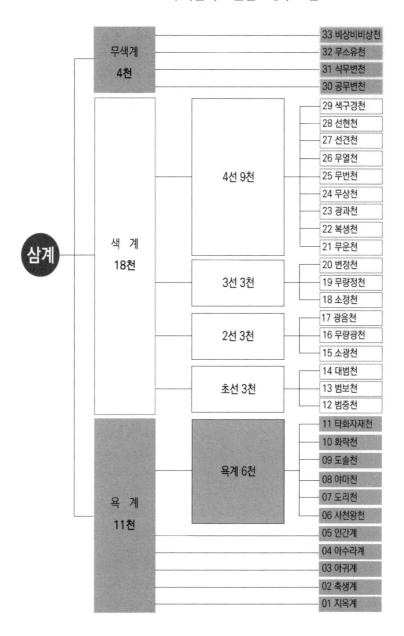

실로 일체 만유 중에 하나의 티끌조차 공간과 시간이 동일하지 않다면 성립될 수 없는데 하물며 삼계유위三界有爲의 우주세계가 어찌 존재하겠는가.

삼계란 다시 우주 속의 중생이 생사 유전하는 욕계欲界(욕망의 세계), 색계色界(미묘한 형상의 세계), 무색계無色界(순수한 정신의 세계)로 나뉜다.

餘韻 宇宙人

天地四方謂之宇　하늘 땅 사방을 宇(공간)라 하고

晝夜三世謂之宙　낮과 밤 과·현·미를 宙(시간)라 하네

宇宙內裏須臾人　우주의 시공간에 잠시 잠깐의 인간이라면

你我心中又何有　너와 나의 마음속에 그 무엇이 있는가

이에 중국 한漢나라를 세운 유방劉邦의 손자 유안劉安의 저서 『회남자淮南子』에서 극명하게 우주는 공간과 시간이라고 외치고 있다.

四方上下謂之宇　사방과 상하를 宇라 하고

往古來今謂之宙　지난 옛날 오는 지금을 宙라 한다

그러므로 '우宇'란 협소한 콧구멍부터 천지사방 온갖 허공을 뜻하며, '주宙'란 비롯 없는 지난 과거로부터 다가오는 지금 내지 끝없는 미래까지를 의미한다.

공간의 시작과 끝은 어디이며 시간의 시작과 끝은 언제인가? 불가사량不可思量이다. 생각으로 헤아릴 수 없는 우주, 이것이 바로 자연인 것이다.

너무도 영특한 늙은이 노자老子는 이렇게 말한다.

아무 짓도 함이 없는 자연[無爲自然]!

사람은 땅을 본받고[人法地],

땅은 하늘을 본받는다[地法지].

하늘은 도를 본받고[天法道 이치대로 움직이고],

도는 자연을 본받는다[道法自然].

절대 자연은 무위無爲다.

66
| 생사거래 | 生死去來 |

　'생사生死'의 나고[生] 죽음[死]이란 존망存亡의 의미를 가지며, '거래去來'의 지나간 것[去]은 과거요 오는 것[來]은 미래라는 뜻이 되므로, 거래란 시간적 의미를 내포하고 있다. 즉, 한량없는 시간 속에 생사유전生死流轉함을 이르는 말이다.

　사람에게 있어 삶[生]과 죽음[死]이란 어떤 의미인가?

　『석문의범』「영가천도문」에 다음과 같은 글이 나온다.

생 종 하 처 래 生從何處來	태어남은 어디에서 오는가?
사 향 하 처 거 死向何處去	죽음이란 어디로 가는가?
생 야 일 편 부 운 기 生也一片浮雲起	태어남은 한 조각 구름이 일어남이요,
사 야 일 편 부 운 멸 死也一片浮雲滅	죽음이란 한 조각 구름이 스러짐이라.
부 운 자 체 본 무 실 浮雲自體本無實	뜬구름 그 자체에 본디 실다움이 없나니
생 사 거 래 역 여 연 生死去來亦如然	나고 죽고 가고 옴도 역시 그와 같노라.
독 유 일 물 상 독 로 獨有一物常獨露	오로지 한 물건(불성)만이 항상 드러나 있으니
담 연 불 수 어 생 사 湛然不隨於生死	담연히 하여 나고 죽음에 끄달리지 말지어다.

'생사'란 범어 Samsāra의 번역어로서 흔히 생사윤회, 또는 윤회전생의 뜻을 갖는다. 중생들이 육도六道를 헤매며 나고 죽는 고뇌의 업인業因(Karman)에 대하여 그 밑바닥을 가늠해 볼 수 없는 깊고 너른 바다에 비유해서 '생사고해生死苦海'라고도 이른다.

이는 불교의 실천적 원리인 사성제四聲諦 중에 첫 번째 고제苦諦인 것이며, 범부중생의 생존이야말로 고苦라는 것이다.

『삼국유사』「사복불언蛇福不言」조에 다음의 일화가 소개된다.

원효스님이 사복의 어머니가 죽자 사복의 부탁을 받고 참회게懺悔偈인 포살수계布薩授戒로서 다음과 같이 일렀다.

막 생 혜 기 사 야 고
莫生兮其死也苦　　　나지 말지어다,

　　　　　　　　　　그 죽는 것이 괴로움이니라

막 사 혜 기 생 야 고
莫死兮其生也苦　　　죽지 말지어다,

　　　　　　　　　　그 태어남도 괴로움이니라

그러자 사복이 말했다.
"말씀이 너무 번거롭소." [詞煩]
원효스님이 다시 고쳐 법문하였다.
"나고 죽음이 괴롭도다." [生死苦兮]

사람으로 태어나 한평생을 살다 죽음에 이르기까지 숱한 사연이 많고 많은데, 단 한마디 '생사고혜'라고 법문을 마치고 나니 후대의 사람들이 '긴 사연 짧은 얘기'가 바로 이런 거였구나! 하였다.

67
| 생사일여 | 生死一如 |

세상에 태어나서 살아가는 것이나, 죽어서 사라져 버리는 것이 똑같다는 말이다.

'사는 것은 사는 것이고 죽는 것은 죽는 것이지, 젠장 무엇이 어떻게 똑같다는 거야?'

필자의 어릴 적 생각이었다. 하여간 둘 중 하나는 정답일 수 있고, 어쩌면 둘 다 틀릴 수도 있으며, 행여 둘 다 맞을 수도 있다는 생각을 해 본 적도 있다.

현상적으로 '생사가 일여'이려면 사람마다 태어난 생일이 있고 죽은 사망일도 있는데, 간혹이라도 사망 다음에 다시 태어났다는 출생일이 있어 줘야 믿든지 말든지 할 수 있지 않겠는가. 어쩌면 이러한 망상들이 실로 인간다운 생각일 수도 있으나 세상에는 별의별 일이 다 있다.

'살고자 하면 죽고, 죽고자 하면 산다(生卽死 死卽生).'는 이순신 장군의 절규도 있지만, 여러해살이 수선화과의 개난초꽃은 상사화(相思花)라 불린다. 이 꽃은 잎이 말라죽어 사라진 다음 느닷없이 흙을 뚫고 꽃대가 솟아나서 연붉은 여섯 잎 꽃송이가 아름답게 피어나는데, 과연 이 꽃이 자기의 전신(前身)인 파란 잎새를 기억하고 있겠는가? 파란 이

파리가 저 죽은 다음에 태어난 붉은 꽃망울을 모르듯이 꽃송이도 역시 잎새의 존재를 모르고 있을 것이다. 그러나 그 뿌리(근본)만은 잎새와 꽃송이가 본래 자신이었음을 억념憶念할 것이라고 인지하면서 서로 그리워하리라는 마음으로 '상사화'라는 애칭을 붙여 준 것이리라.

『금강경』 제18 「일체동관분 一體同觀分」에 의하면, 석존께서 여래의 눈을 육안肉眼 → 천안天眼 → 혜안慧眼 → 법안法眼 → 불안佛眼의 5가지로 분류하여 교설하고 계신다.

이러한 눈들은 따로따로 존재하는 것이 아니며, 하나의 눈이 어떤 사물을 접했을 때 그 인식의 정도에 따른 일련의 단계를 구분해 놓은 것이다. 한 몸에 달린 두 눈이 그 안력眼力의 근기에 따라서 육안이 육안으로 끝날 수도 있고, 심안心眼이 열려 천안이 될 수도 있으며, 혜안 → 법안을 거쳐 불안에 도달할 수도 있음이다.

이는 결국 스스로 깊은 수행정진을 쌓아 심안이 활짝 열려 매사에 걸림이 없는 최고의 경지에 이르면 마침내 불일무이不一無二한 여래의 눈에 이르는 것이다.

이러한 여래의 눈 불안은 중생의 눈 육안에서 비롯된 것이기에 5안眼을 통틀어 일체동관一切同觀하였다 이르는 것이다.

누구나 심안이 열리기 이전의 육안일 때는 시력의 한계가 매우 극심하다는 것을 알 수 있다. 어떤 사물이 너무 크면 전체를 보지 못하고, 너무 작으면 아예 안 보이고, 너무나 멀어도 너무 가까워도 안 보이는 것은 마찬가지다. 예를 들어 눈동자에서 제일 가까운 속눈썹이 몇 개인지 모르듯이, 육안의 시력은 병안病眼의 수준이다. 왜 그런가?

육안이란 마침내 썩어 없어질 한낱 고깃덩이에 불과하며, 그 자체가 생주이멸生住異滅하는 존재로서 제가 가진 성능만큼만 외경外境을 가늠할 수 있는 속성을 가지고 있기 때문이다. 또한 육안으로서는 곡선으로 보지 못하고 직선으로만 볼 수 있으므로 눈앞에 장애물이 놓여 있으면 그 장애물만 보인다.

천안은 어떠한가? 천안은 눈을 뜨고 있거나 감고 있거나 일체 사물의 대소원근에 구애받지 않는 마음의 눈(心眼)이다. 이러한 심안을 얻는 데는 두 가지가 있다. 우선 전생의 공덕으로 태어날 때부터 이를 가지고 있는 생득천안生得天眼이 있고, 금생에 태어나 수행에 정진하여 얻은 수득천안修得天眼이 있다. 만일 얻을 수만 있다면 생득이든 수득이든 매양 일여이니 따지지 말고 사양하지 말지어다.

혜안은 어떠한가? 우주 만상의 진리를 밝게 보는 중도中道 지혜의 눈으로 일체는 제행무상하고 제법무아임을 여실히 보아 마침내 열반 적정의 삼법인에 이르는 지혜의 눈을 의미한다.

餘韻 有相內裏 得見無相 則名慧眼

어떤 상이 있으매 그 속에 상이 없음을 볼 수 있으면
혜안이라 이르고

有爲其中 得見無我 則謂慧明

어떤 행이 있으매 그 가운데 나라는 것이 없으면
지혜가 밝다고 이른다.

법안은 어떠한가? 우주 만상 현상계의 4종 법계인 ① 사법계事法界

② 이법계理法界 ③ 이사무애법계理事無碍法界 ④ 사사무애법계事事無碍法界의 事와 理의 인연 관계를 분명히 볼 수 있는 눈으로 이러한 법안을 얻으면 다른 사람을 깨달음의 길로 인도할 수는 있으나 아직 완전한 방편도方便道를 얻지는 못한 경지라고 한다.

餘韻
見事得理是法眼   事를 보고 理를 얻으니 법안이요

知理作福爲善行   이치를 알고 복을 지으니 선행이로다

理事無碍得正覺   理事에 걸림이 없으니 정각을 얻음이요

事事無碍菩薩行   일마다 걸림이 없으니 보살의 행이어라.

불안佛眼은 어떠한가? 보는 것이 없지만 보지 않는 것도 없는 무견무불견無見無不見의 눈 아닌 눈— 절대의 눈이다.
『대지도론』 권3에 다음과 같이 논하고 있다.

- 육안은 장애가 놓여 있으면 보지 못하며
- 천안은 인과의 현상과 차별적인 것만을 볼 뿐 그 절대경(實相)을 보지 못하며,
- 혜안은 空의 원리는 보지만 중생을 유익게 하는 도리는 볼 줄 모르며
- 법안은 다른 사람을 깨달음에 이르게는 하지만 그 방편도를 알지 못하며
- 불안은 일체를 다 보고 모든 것을 다 안다.

영국 속담에 '종의 눈은 두 개이지만 주인의 눈은 열 개다.'라는 말이 있듯이 내가 종처럼 살면 두 개의 육안으로 세상을 살지만, 내가 주인으로 살아가면 수처작주隨處作主 입처개진立處皆眞하여 천수천안관세음이 될 수도 있고 오안통심五眼通心하여 여래가 될 수도 있음이다.

餘韻 산마루에 연기가 피어오름을 보는 눈이 육안(fleshy eye)이라면
그 산 너머 불꽃 타오름을 보는 눈이 천안(heavenly eye)이리라.
그 불길의 공력을 헤아려 보는 눈이 혜안(wisdom eye)이라면
그 불길의 생멸이 나라고 보는 눈이 법안(dharma eye)이요
보아도 안 보아도 이미 보고 있는 눈이 심안(minds eye)이라면
이 다섯을 이어 오안통심 이뤄 내니 불안(Budha eye)이어라.

다섯 가지 눈으로 보아 한 마음에 통달하는 오안통심이란 앞에서 언급한 일체동관이며, 크게 넓혀서 보면 생사일여의 경지이다.
셰익스피어가 결론 없이 던진 말이 있다.

To be or not to be, that is the question!
죽느냐 사느냐 그것이 문제로다!

나에게 주어진 윤회전생의 전체 과정 중에서 금생에 사람으로 태어나서 수명이 다하여 죽는 것이야말로 대단한 문제이며 일대사 인연이다. 윤회전생이란 마치 연극배우가 처음에 조연(금생)으로 출연하였다가 연기가 익어 다음 극의 주인공(내생)을 맡는 것과 같다. 그러므로 가장 중요한 것은 여기(공간=宇)에서 지금(시간=宙) 내가(인간=주인공) 어떠한 연기(삶)를 펼치느냐 그것이 최우선 과제인 것이다. 왜냐하면 지금

여기 주인공 나는 과거에 나였으며, 미래에도 나일 것이기 때문이다(I am what I was and I'll be!).

대개 사람이 죽으면 장례식을 치르는데 스님이 열반에 들면 다비(jhāpeti)식을 거행한다. 여기에서 '스님이 열반에 들었다'는 것은 죽었다는 뜻이 아니고 삶[生]이 바뀌었다는 의미이다. 이는 곧 인생의 육신을 벗어 놓고 지금 현재 몸체가 없는 화생化生으로서 다비 공양을 받고 있는 것이다.

사람은 밥을 먹고 살지만, 화생이 되면 法을 먹고 산다. 화생의 법식法食 중에 제일 맛있는 법밥이 밝은 빛 광명이다. 빛은 불[火]에서 연유되므로 다비식의 장작더미에 불을 붙이면서 '스님, 불 들어갑니다.'라고 고하는 것은 마치 며느리가 정성스레 밥을 지어 '아버님, 진지상 들어갑니다.'라고 아뢰는 것과 똑같은 인사치레일 뿐이다.

이러한 다비식에 연관하여 여련如蓮 김현주金玄珠 시인의 「목백일홍 다비식」을 소개한다.

불 들어가요
스님 불 들어가요

목백일홍 여름내 붉더니
그 꽃잎 떨어져요
수천수만 불의 가닥 일제히 하늘로 올라요
타오르고 있어요
붉게 하늘로 번지고 있어요
파문 일으키듯 퍼지고 있어요

파도처럼 출렁이고 있어요
그 파도의 너울처럼 일렁이고 있어요
경전 한 권 허공에 새겨지고 있어요

꽃이 타요

천지간 붉게 타오르고 있어요 검게
흩어지고 있어요 하이얗게
스러지고 있어요 화르르
재로 날아가고 있어요
저 너머로 가고 있어요
저 너머로 가고 없어요
있어도 없어요
없어도 있어요

꽃이 타요

만장 지나왔던 길마다
풍경소리 바닥에 흩어져요
불 들어가요
스님 불 들어가요

스님 불 들어가요!
—「목백일홍 다비식」 전문

이렇게 법식 공양을 받은 스님이 살아생전의 수행에서 수다원과를 증득한 스님이었다면 다시 환생하여 아라한이 될 수도 있고, 수행이 형편없었다면 인간 이하 축생으로도 윤회전생할 수 있는 것이다.

그렇다면 주인공 나는 다람쥐 쳇바퀴 돌듯 돌아가는 윤회전생을 어느 하세월에 끝낼 것인가?

대답은 아주 단순 명확하다. 내가 부처 되면 끝이다.

부처란 본래 자기 자신의 본연本然 자리를 찾아 들어간 존재 아닌 존재이다. 본연이란 자연의 이칭異稱으로서 자연의 본래자리는 저절로 그리될 뿐 생사가 존재하지 않는다. 이를 다시 자성自性이라 하고, 본성本性이라 하며, 불성佛性이라 이른다.

불성은 허공과 같아서 무시무종無始無終이요 부증불감不增不減, 불구부정不垢不淨, 불생불멸不生不滅이다. 이는 곧 생사일여(自然)인 것이다.

無我(A Men)!

68

| 선교양종 | 禪敎兩宗 |

　불교는 석가여래 이후 처음에는 부파불교에서 소승小乘·대승大乘으로 나뉘고, 해탈 열반에 이르는 깨달음의 수행 방법에 따라 불·보살의 위신력威神力에 의지하여 염불왕생念佛往生을 통해 성불成佛의 길로 나아가는 다소 타력적 신앙인 교종敎宗과 스스로의 수행력으로 직지인심直指人心하여 견성성불見性成佛한다는 자력적 신행信行의 선종禪宗으로 분화되면서 소승은 소승대로 대승은 대승대로 여러 종파가 파생되었다. 또한 선종의 경우 간화선看話禪·묵조선黙照禪·조사선祖師禪·여래선如來禪 등 여러 형태의 수행체계가 분화되었고, 교종 역시 수많은 종파가 성립되었다. 그러나 종단 서로 간에 갈등이 있다거나 불화를 일으키는 일이 발생하는 일은 없었다.

　이는 본래적으로 불교의 사상체계가 있음有과 없음無, 생겨남生과 사라짐滅, 이에 따른 긍정과 부정 두 가지 논리를 융합하여 보다 높은 궁극의 차원에서 참으로 비우면眞空 묘하게 실상이 드러남妙有이라는 새로운 가치를 성립시켜 놓은 결과이다.

　유무생멸有無生滅!

　있음有은 없음無이요, 생겨남生은 사라짐滅이다.

그러므로 참으로 비워 없는 것[空無]과 실답게 있는 것[實有], 이것이 바로 진공묘유眞空妙有로써 有=無라는 항등식 '='을 성립시키는데, 이는 연기법의 범주이다. 하여간 모순과 대립을 한 체계 속에 하나로 회통會通시킨 것이 원효元曉(617-686)스님의 화쟁和諍사상이며, 우리나라 불교의 핵심사상이다.

이러한 원융회통의 화쟁사상은 고려의 대각국사大覺國師 의천義天(1055-1101)과 보조국사普照國師 지눌知訥(1158-1210)에게로 이어져 불교 최대의 주제인 禪과 敎의 회통을 모색하였고, 더욱이 지눌스님은 깨침(悟=교종)과 닦음(禪=선종)이 분리될 수 없으며 선정禪定과 지혜도 함께 닦아야 한다고 정혜쌍수定慧雙修를 강조하였다. 이는 우리 민족의 고유 신앙 내지 외래의 여타 종교의 사상까지도 포용할 수 있는 넉넉함과 창의적인 전통으로 이어져 오고 있다.

餘韻 여운		
身口寂寂眞實坐 신구적적진실좌	몸과 입이 고요하면 참다운 앉음이요	
意念如如是爲定 의념여여시위정	뜻과 생각이 여여하면 그게 바로 좌정이라	
內不亂則可爲禪 내불란즉가위선	안으로 소란하지 않으면	
	가히 선이라 이르고	
外無作則是名定 외무작즉시명정	밖으로 지어냄이 없으면	
	이를 일러 선정이라 하노라	
禪敎兩宗則分別 선교양종즉분별	선과 교가 둘이 되면 분별이요	
敎禪一致卽會通 교선일치즉회통	교와 선이 하나인즉 회통이라	
分別會通如如佛 분별회통여여불	분별이나 회통이나 다 같은 불교일 뿐	

萬法歸一亦是同　　온갖 법은 하나로 돌아가니 역시 하나로다

지금 우리가 말하고 있는 선교양종이란 '선종'과 '교종'을 함께 이르는 말이다. 조선 세종 6년(1424)에 고려의 국교였던 불교를 배척하고 유교를 새롭게 숭상하려는 숭유억불정책의 일환으로 종래의 선종인 천태종·조계종·총남종과 교종인 화엄종·자은종·중신종·시흥종 등 7종을 선교양종으로 통합시키고 흥천사에 선종종무원, 흥덕사 교종종무원을 두어 불교의 모든 사무를 관장하게 하였다.

부처님의 교설敎說을 소의所依로 삼는 종파를 '교종'이라 하는 것에 대하여 참선을 통하여 스스로의 성품[自性]을 꿰뚫어보고[撤見] 스스로 깨달아 가는[自證] 종파를 '선종'이라 한 것인데, 이를 서산대사 휴정休靜의 『선가귀감』에서 다음과 같이 간단하게 정리하여 말하고 있다.

世尊三處傳心者爲禪旨

　세존께서 세 곳에서 마음을 전하신 것은 '선의 종지(禪旨)'가 되었고

一代所說者爲敎門

　일생 동안 말씀하신 것은 '진리를 가르치는 문[敎門]'이 되었다.

故曰禪是佛心敎是佛語

　그러므로 '禪은 부처님의 마음이요,

　敎는 부처님의 말씀이다'라고 이르는 것이다.

敎也者 自有言至於無言者也

　敎란 말이 있는 곳으로부터 말이 없는 곳에 이르는 것이요

禪也者 自無言至於無言者也

禪이란 말 없는 곳으로부터 말 없는 곳에 이르는 것이다.

自無言至於無言 ^{자 무 언 지 어 무 언} 말 없는 곳으로부터 말 없는 곳에 이르면

則人莫得而名言 ^{즉 인 막 득 이 명 언} 누구도 그것을 무엇이라 이름할 수 없어서

强名曰心 ^{강 명 왈 심} 억지로 이름하여 그냥 마음이라 한다.

고려말의 백운白雲(1299-1375)화상은 『직지심체요절直指心體要節』「파
릉호감선사巴陵顥鑒禪師」 장에서 다음과 같이 이른다.

입에 올리면 그를 일러 敎라 하고 마음에 전하면 그를 일러 禪
이라 한다. 그 근원을 통달한 사람은 禪도 없고 敎도 없지만, 그
갈래를 나누는 사람들은 선과 교에 각각 집착한다.

백운화상의 『직지심체요절』은 고려 때 청주목淸州牧에 있었던 흥덕
사興德寺에서 만들어진 불교 인쇄물로, 서양 최초의 금속활자본이라는
구텐베르크의 성경책보다 무려 73년이나 앞선, 세계에서 가장 오래
된 금속활자본이다. 우리 민족이 세계 최초로 금속활자를 창안하고
발전시킨 문화민족임을 실증하여 민족적 자긍심을 고취시킨 가치를
인정받아 2001년 9월 『승정원일기』와 함께 유네스코 세계기록유산
에 지정되었다.

『직지심체요절』의 정확한 이름은 『백운화상초록불조직지심체요절
白雲和尙抄錄佛祖直指心體要節』이다. '백운이라는 화상이 간추린(초록) 부처님
의 깨달음을 요약한 책(요절)'이라는 뜻으로, 세간에서는 '직지' 또는
'직지심체요절' '직지심경'이라고 부른다. 그러나 『직지심체요절』은
불경이 아닌 요절이므로 엄밀히 '직지심경'은 잘못된 표현이다.

69
| 선·악 | 善·惡 |

'선善'이란 사전적 의미로 대개 착하다, 올바르다, 좋다, 잘한다, 훌륭하다 등으로 쓰이며, 가장 중요한 것은 '도덕적 생활을 지향하는 최고의 덕목'을 뜻하는 말이다.

반면 '악惡'은 인간에게 해로운 사회현상으로서 부정, 부패, 병, 재난 내지 나쁜 제도와 풍속 등을 비롯하여 배신, 사기 및 모든 범죄행위와 전쟁 등 인의예지신仁義禮智信의 오상五常을 어기는 것을 뜻한다.

불교에서는 신구의身口意 세 가지 행업行業에 의한 십선十善과 십악十惡을 대두시키고 있다.

불교의 '善'이란 일반적으로 '착한 행위[善業]와 그 마음씨[善性]'를 일컫는 말이다. 불교의 연기법으로 보아서 편안하고 즐거운 낙보樂報를 받을 만한 것이며, 현재와 미래에 걸쳐 자기와 남을 순익純益케 하는 것을 말한다.

그러므로 석가모니불을 비롯한 과거의 모든 부처님께서 한결같이 다음처럼 부촉하셨다.

"나쁜 일은 하지 말고 착한 일만 행하라[諸惡莫作 諸善奉行]. 스스로 마음이 깨끗해지면 이게 바로 불교이니라[自淨其意 是諸佛敎]."

선과 악에 대하여 『법구경』에 다음과 같은 가르침이 있다.

惡自受罪　악은 스스로 죄를 받고

善自受福　선은 스스로 복을 받는다.

亦各須熟　또한 선과 악은 각기 성숙되어

彼不自代　저들이 자신을 대신하지 못하리라

習善得善　선을 익히면 선을 얻나니

亦如種甛　역시 달콤한 종자를 심는 것과 같노라.

부처님께서 말씀하셨다.

"중생은 열 가지 착한 일을 하고 또한 열 가지 악한 일을 한다[衆生以十事爲善 亦以十事爲惡]. 무엇이 열 가지인가[何等爲十]? 몸으로 짓는 세 가지와 입으로 짓는 네 가지와 마음으로 짓는 세 가지다[身三口四意三]. 몸으로 짓는 세 가지 악한 일은 살아 있는 것을 죽이는 것, 남의 물건을 훔치는 것, 남의 사람을 갖고자 하는 것이다[身三者 殺盜婬]. 입으로 짓는 네 가지는 이간질하는 말과 남을 욕하는 것, 진실하지 못한 거짓말 하는 것, 입에 발린 말을 하는 것이다[口四者 兩舌惡口妄語綺語]. 마음으로 짓는 세 가지란 탐욕이 많아 질투하는 마음, 성질이 사나워 성내는 마음, 이치에 어두워 어리석은 마음을 내는 것이다[意三者 嫉恚癡]. 이와 같은 열 가지 일은 성인의 도에 어긋나므로 10악행이라 이름한다[如是十事 不順聖道 名十惡行]. 이러한 악행을 만약 그칠 수 있다면 열 가지 선행이다[是惡若止 名十善行耳]."

— 『42장경』 제4장

공자孔子도 "선을 행하는 자에게는 하늘이 복으로써 갚아 주고[爲善者天報之以福], 악을 행하는 자에게는 하늘이 화로써 갚아 준다[爲不善者 天報之以禍]."고 하였다.

한편 『주역周易』「계사繫辭」편 하下에도 선악에 대한 글이 나온다.

"소인은 조금 착한 것으로는 유익함이 없다 하여 하지 아니하며[小人以小善 爲无益而弗爲也], 조금 악한 것으로써 상함이 없다 하여 버리지 아니한다[以小惡 爲无傷而弗去也]. 그러므로 악한 것이 쌓이면 가리지 못하며, 죄가 커져서 풀지 못한다[故 惡積而不可掩 罪大而不可解]."

또한 장자莊子는 "하루라도 善을 생각하지 않으면 모든 악한 것이 다 저절로 일어난다[一日不念善 諸惡皆自起]."고 하였다.

70
| 성주괴공 | 成住壞空 |

'성주괴공成住壞空'이란 만물이 유전 변화하는 모습을 불교의 시간관인 4겁四劫으로 설명하는 말로서, 생주이멸生住異滅과 같은 의미이다.

일체 만물은 인연 따라 이루어지고[成], 얼마 동안 머물러 있다가[住], 점차로 변화되어 부서지고[壞], 마침내 사라져 버린다[空]. 이 네 기간을 중생4겁衆生四劫이라고도 하는데 다음과 같다.

① 성겁成劫

모든 중생들이 살고 있는 산하, 대지 따위가 처음 형성되는 기간. 20겁이 소요된다.

② 주겁住劫

일체 만물이 생겨나서 존재하는 기간. 산하, 대지 따위는 별 변동이 없지만 유정有情의 과보果報에는 많은 변동이 있다. 인간들은 처음에는 빛을 내며 하늘을 날 수도 있으며 수명도 8만 세까지 장수한다. 그러나 탐진치에 의한 악업이 심해져 수명은 점차 10세로 짧아지고, 사고 질병 등의 삼재三災가 발생하고 많은 인간이 죽어 그 수가 1만 정도밖에 되지 않을 때까지의 시간을 1소겁小劫이라 한다. 인간이 죄업을 뉘우치고 다시 선업을 행하여 수명이 8만 세가 되면 또다시 욕심이 과

다해져 10세가 되는 등 20소겁을 반복한다.

③ 괴겁壞劫

세계가 점점 변화되어 파괴되는 기간. 이 시대 역시 20소겁이 소요된다. 먼저 유정세간이 파괴되는 데 19겁이 소요되고, 화·수·풍의 삼재가 발생하여 세계가 모조리 흩어져 버린다.

④ 공겁空劫

다 없어져 허공만 존재하는 기간으로 역시 20소겁이 소요된다. 공겁 다음에는 다시 중생들의 업력에 의해 성주괴공이 반복되어 이 세계는 끝없이 생성, 소멸하게 된다.

이 같은 기간을 각각 5겁씩 더하여 20중겁中劫이라 하고, 20중겁의 과정을 네 차례 겪은 80중겁의 기간을 1대겁大劫이라 말하기도 한다.

생주이멸은 중생4상衆生四相(生相·住相·異相·滅相)이라 하며, 생로병사生老病死는 중생4고衆生四苦(生苦·老苦·病苦·死苦)라고 한다.

유정·무정의 일체 만유를 생명과 정신작용 내지 감각성이 없는 비유非有의 돌·산·바다와 같은 무정물질은 인연 따라 모여서 이루어진 것이므로 성주괴공에 배대配對(배당하여 대치시킴)시켜 말하는 것이며, 반드시 부모 소생으로 태어나는 유정중생들은 생명·의식·감각·생각·정신·형상 등을 모두 갖춰 가지고 있으므로 제유諸有라 하여 생주이멸과 생로병사에 배대시켜 말한다.

겁劫이란 범어 kalpa(劫波)의 음역으로 장시長時라고 번역한다. 연월일이나 어떠한 시간의 단위로 계산할 수 없는 무한의 긴 시간을 말하는 것으로 광겁曠劫 또는 영겁永劫, 조재영겁兆載永劫이라고도 한다. 조兆

는 십진급수의 억億 다음 단위이며, 재載는 십진급수 극極의 아래 단위로서 정正의 만 곱절이 되는 수이다. (172페이지 「불가사의」참조)

겁에 대하여는 여러 경전에 다양하게 나타나 있으나, 가장 대표적인 것으로 『지도론智導論』 권5에 나타나 있는 개자겁芥子劫과 반석겁磐石劫 두 가지만 소개한다.

■ 개자겁

'사방 40리 성 안에 겨자씨를 가득 채우고 100년마다 한 알씩 집어내어 그 겨자가 다 없어져도 겁은 다하지 않는다.'고 하였는데, 이 비유에 대하여 다수의 이설이 있기는 하지만 표현상의 문제이지 내용은 대동소이하다.

■ 반석겁

'둘레가 사방 40리 되는 바위를 100년마다 한 번씩 비단 옷깃으로 스쳐서 마침내 그 바위가 닳아 없어지더라도 겁은 다하지 않는다.'고 하였는데, 역시 다수의 이설이 있다.

이 외에 인간의 나이가 10세에서부터 100년에 한 살씩 늘어나 8만 4천 세가 되었다가 다시 100년에 한 살씩 줄어서 10세에 이르는 기간이 1소겁에 해당된다는 승멸법增滅法과 삼천대천세계를 부수어 먼지로 만들어서 어찌어찌한다는 진점겁塵點劫 등의 비유가 있다.

71
| 소신공양 | 燒身供養 |

'공양供養'이란 범어 pūjana의 번역어로서 대개 음식물이나 의복, 향, 초 등의 물질을 불법승佛法僧 삼보三寶 내지 부모, 사장師長, 망자亡者에게 올리는 것을 말한다.

부처님께서 말씀하셨다. [佛言]

악인 백 명에게 공양하는 것은 한 사람의 착한 이에게 공양하는 것만 못하며 [飯惡人百 不如飯一善人]

착한 사람 천 명에게 공양하는 것은 5계를 수지한 한 사람에게 공양하는 것만 못하며 [飯善人千 不如飯 一持五戒者]

5계를 수지한 일만 명에게 공양하는 것은 한 수다원에게 공양하는 것만 못하며 [飯五戒者萬 不如飯一須陀洹]

백만의 수다원에게 공양하는 것은 한 사다함에게 공양하는 것만 못하며 [飯百萬須陀洹 不如飯一斯多含]

천만의 사다함에게 공양하는 것은 한 아나함에게 공양하는 것만 못하며 [飯千萬斯多含 不如飯一阿那含]

일억의 아나함에게 공양하는 것은 한 아라한에게 공양하는 것만 못하며 [飯一億阿那含 不如飯 一阿羅漢]

십억의 아라한에게 공양하는 것은 한 벽지불[獨覺佛]에게 공양하는 것만 못하며 [飯十億阿羅漢 不如飯一辟支佛]

백억의 벽지불에게 공양하는 것은 삼세의 모든 부처님께 한 차례 공양하는 것만 못하며 [飯百億辟支佛 不如飯一三世諸佛]

천억의 삼세 부처님께 공양하는 것은 생각도 없고 머묾도 없으며 닦을 것도 없고 증득할 바도 없는 이에게 한 차례 공양함만 못하다. [飯千億三世佛 不如一無念無住無修無證之者]

벽지불이란 홀로 깨달아 성불하였으나 마음을 이타利他로 돌리지 않고 그대로 열반에 든 부처를 말한다.

시방 삼세의 모든 부처님께 올리는 공양이 살아 숨 쉬는 한 사람의 무심도인無心道人에게 올리는 공양만 못하다는 결론이다. 무념無念·무주無住·무수無修·무증無證의 참뜻을 알아차림이 가장 중요하리라.

無念이란 모든 대상에 대하여 안으로 허망한 분별과 희론戱論*이 없는 것을 말한다.

無住란 모든 대상에 대하여 밖으로 머묾이 없는 것이니 머묾이란 집착을 의미한다.

無修란 모든 행이 청정한 범행梵行을 이루어 본마음을 찾았으니 더 이상 닦을 바가 없음을 말한다.

無證이란 무학無學을 뜻하는 것으로, 아뇩다라삼먁삼보리를 이루어서 더 이상 깨달을 것이 없음을 말한다.

---

* 용수龍樹스님의 『중론中論』에 나타나는 개념으로, 대상을 분별해서 거기에 언어와 의미를 부여하는 지적 작용을 말함.

'소신공양燒身供養'이란 자기 몸을 스스로 불살라 올리는 공양을 말한다. 『묘법연화경』 「약왕보살본사품」에 약왕보살이 몸에 향유를 바르고 일월정명덕불日月淨明德佛 앞에서 신통력으로 불을 일으켜 스스로 몸을 불살라 자분기신自焚其身한 데서 소신공양의 기원을 엿볼 수 있다.

경전은 이를 찬양하여, "이것은 참다운 법으로써 여래를 공양하는 길이다. 나라를 다 바치거나 처자를 보시하는 것보다도 이것이 제일의 보시가 된다."고 하였다. 죽음의 의식이기도 한 소신공양이 보시의 으뜸이 된다는 말씀이다.

불교 역사상 수많은 고승들이 입멸할 때 이 공양을 활용하기도 했는데, 『직지심체요절』에 일곱 분의 존자들께서 화화자분化火自焚한 일이 수록되어 있다.

부처님의 10대 제자 중에 禪의 종조라 일컫는 이심전심以心傳心의 가섭迦葉존자의 맥을 이어서 제5조에 오른 제가다提多迦 존자(진리를 통달한 사람)가 그 첫 번째로 기록되어 있다.

제5조 제다가존자는 그의 제자 미차가彌遮迦에게 이르기를, "옛날에 여래께서 대진리를 갈무리하시어 가섭존자에게 부촉하셨고, 그것이 전하고 전하여져 지금 나에게 이르렀다. 내가 이제 너에게 부촉하노니, 너는 마땅히 호념護念토록 하라." 하고 게송으로 말하였다.

通達本法心 본래의 법과 마음에 통달하면

法無無非法 법도 없으며 법 아닌 것도 없다.

悟了同未悟 완전히 깨닫고 나면 아직 깨닫기 전과 같나니

<ruby>無心<rt>무 심</rt></ruby> <ruby>亦<rt>역</rt></ruby> <ruby>無法<rt>무 법</rt></ruby> 마음도 없고 법도 없느니라.

게송을 설하여 마치고 몸을 허공으로 솟구쳐 열여덟 가지 변화를 일으키면서 불의 삼매에 들어 스스로 그 몸을 불사르시었다. [說偈已 踊身虛空 作十八變 化火三昧 自焚其身]

제다가존자의 자분기신에 이어서 제6조 미차가존자, 제10조 협脇존자, 제13조 가비마라迦毘摩羅존자, 제18조 가야사다伽耶舍多존자, 제25조 바사사다婆舍斯多존자, 제27조 반야다라般若多羅존자 등이 첫 번째의 제다가존자와 유사한 입멸入滅의 전법傳法 의식을 치르며 화화자분하였다.

위와 같은 소신공양은 편의상 죽음 의식이라는 말로 표현하지만, 기실 죽음 의식이 아니고 전법 의식의 일환으로 보아야 한다. 의식이란 어떤 일정한 일에 대하여 그에 따른 행사를 거행한다는 의미로서, 소신공양이 적절한 용어는 아니다. 왜냐하면 해탈 열반에 들어 안과 밖으로 고요하고 고요한 적정의 경지에는 이미 태어남도 없고 죽음도 없는 경계 없는 경계인데 무슨 의식 따위가 가당한 일이겠는가. 다만, 아직 깨닫기 전의 제자나 후학들에게 앞으로 깨달을 수 있도록 전법 의식을 위한 방편적 충격요법일 뿐 소신공양을 죽음의 의식으로 받아들이는 것은 옳지 않다.

이에 곁으로 소신공양과 유사한 국가와 민족을 취해서 특정한 체제나 사상을 견지하기 위해서 숭고한 마음으로 몸에다 석유를 뿌리고 분신자살하는 것은 헌신하여 영웅은 될 수 있을지언정 성불의 길과는 거리가 멀다는 것을 알아야 할 것이다.

『소부경小部經』에 나타난 「토끼의 소신공양 설화」를 시어詩語로 그려
낸 김광섭(1905-1978) 님의 「헌신獻身」을 보자.

    佛心이 선 것을 자랑하려고
    여우와 원숭이와 토끼가
    제석님을 찾아갔다
    어쩌나 보려고
    시장기가 돈다 하니

    여우는 잉어새끼를 물어 오고
    원숭이는 도토리알을 들고 왔는데
    토끼만 빈손으로 와서
    모닥불을 피우더니
    불 속에 폴짝 뛰어들며
    익거든 내 고기를 잡수시라 했다.

    제석님이 그 眞心을 가상히 여겨
    유해나마 길이 우러러보라고
    달 속에 옮겨 놓아
    지금도 토끼가 달 속에 살고 있는 것은
    헌신과 진심의 표상이기 때문이다.

72
소욕지족 | 少欲知足 |

'소욕少欲'이란 아직 얻지 못한 것에 대해 과분한 욕심이 생기지 않게 하는 것이며, '지족知足'이란 이미 가진 것은 적을지라도 그것에 만족할 줄 아는 평상심이다.

인간의 욕구·욕망과 소구·소망에 대하여 특히 진리를 참구하여 道를 이루어 내겠다는 수행자들의 마음가짐과 연관하여 『구사론俱舍論』권22의 「삼정인三淨因」에서는 '희족소욕喜足少欲' 또는 '지족소욕知足少欲'이라고 이른다.

여기서 '삼정인'이란 몸과 마음을 깨끗이 하여 모든 일에 훌륭한 결과를 가져오는 세 가지의 내적 요인을 말한다.

첫째, 몸으로 나쁜 것을 가까이하지 않고 마음으로 나쁜 생각을 일으키지 않는 것 [身心遠離]

둘째, 이미 얻은 바를 기쁘게 여기며 더 많은 것을 탐내어 구하지 않는 것 [喜足少欲 知足少欲]

셋째, 입는 것 먹는 것 잠자리 등에 희족하며 번뇌를 끊고 불도를 닦는 것만을 원하는 것 [4성종四聖種 - 4가지 성스러운 요인]

세존께서 말씀하셨다.

"무릇 道를 행하는 자는 마치 마른풀을 두른 사람이 불이 닥치
면 오로지 피해야 하듯이 도인도 욕심을 대하게 되면 반드시 그것
을 멀리해야 된다[夫爲道者 如被乾草 火來須避 道人見欲 必當遠之]."
— 『42장경』

욕망은 불꽃과 같아서 가까이하면 몸을 태우고, 애욕은 칼날과 같
아서 방심하면 몸을 베인다. 욕망과 애욕의 밭에는 불만과 원망, 음란
의 어리석은 잡초만 무성하여 그 밭[自性]을 황폐하게 만든다.

이와 관련하여 근래에 불교계의 스님들이 즐겨 쓰는 휘호에 '나는
오직 만족을 안다'는 뜻으로 '吾唯知足'이라는 사자성어의 글자마다
들어가 있는 '口'를 활용하여 합성시킨 선필禪筆이 크게 유행한 적이
있는데, 요즘도 종종 눈에 띄며 특히 일본에서 크게 인기가 있었다고
한다.

필자의 선필

『묵자墨子』 「수신修身」편에 다음과 같은 말도 있다.

非無安居也
편하게 살 곳이 없는 것이 아니다

我無安心也
내가 편안한 마음이 없는 것이다

非無足財也
만족할 만한 재물이 없는 것이 아니다

我無足心也
내가 만족할 줄 아는 마음이 없는 것이다

是故君子之道也
그러므로 군자의 도리는

貧則見廉
가난하면 청렴을 보여 주고

富則見義
부유하면 의로움을 보여 주며

生則見愛
살아서는 사랑을 보여 주고

死則見哀
죽어서는 슬픔을 보이는 것이다.

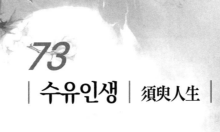

73
| 수유인생 | 須臾人生 |

'수유須臾'란 찰나의 잠시 잠깐을 나타내는 말이다. 한량없는 세월 속에 아침이슬과 같은 덧없이 짧은 인생을 이르는 말로, 『42장경』제 38장에 무상無常한 인생에 대하여 다음과 같은 부처님 말씀이 있다.

부처님께서 여러 사문에게 물으셨다. [佛問諸沙門]
"사람의 목숨이 얼마 사이에 있는가?" [人命在幾間]
"며칠 사이에 있습니다." [數日間]
"그대는 아직 도를 모른다." [予未知道]
다시 한 사문에게 물으셨다. [復問一沙門]
"사람의 목숨이 얼마 사이에 있는가?" [人命在幾間]
"밥 먹을 정도의 사이에 있습니다." [飯食間]
"그대는 아직 도를 모른다." [予未知道]
다시 한 사문에게 물으셨다. [復問一沙門]
"사람의 목숨이 얼마 사이에 있는가?" [人命在幾間]
"숨을 내쉬고 들이쉬는 사이에 있습니다." [呼吸間]
"옳도다. 그대가 도를 아는구나." [善哉 予知道矣]

인간의 수명은 한 번 내쉰 숨[呼]을 다시 들이마시지[吸] 못하면 끝이다. 이는 사람의 수명이 찰나적이어서 인생은 영원함이 없는 무상한 것으로 『구사론』에서는 찰나를 '일탄지간─彈指間(손가락 한 번 튕기는 시간)'이라 하였다.

또한 신라의 원측圓測(613~696)스님은 『인왕경소仁王經疏』에서 일념─念에는 90소所의 찰나가 있고, 1소의 찰나마다에 900번의 생멸이 있다고 하였다. 우리 마음이 한 생각을 내는 데 8만 1천 찰나의 생겨났다 사라지는 작용이 있다는 말이다. 마음은 이와 같이 무엇을 보고 듣고 알고 느낀다 하며 스스로 살아 있다 여긴다.

만약에 나에게 주어진 생로병사가 '나의 것'이라면 내 물건을 남에게 주듯이 쉽게 처리해 버리면 그만인데, 그것은 '나'도 '나의 것'도 아니기 때문에 어찌할 방도가 없다. 왜 그런가? 고정된 내가 없기에 무아無我인 것이며, 내가 없으니 나의 것我所도 없다. 이게 바로 제법무아의 괴로움苦인 것이며, 지금의 나는 중생으로서의 행업만이 오직 나의 것일 뿐이다.

전생 행업의 인연으로 금생에 이러한 모습으로 찰나의 인생을 살고 있지만, 다음 생은? 또 그다음 생은?

이러한 윤회전생이 제행무상의 苦인 것이다.

『유마경』 방편품에 인생에 대해 다음과 같이 이르고 있다.

是身 시신	이 몸은
如聚沫 不可撮摩 여 취 말 불 가 촬 마	물방울 같아 거머쥘 수 없고
如泡 不得久立 여 포 부 득 구 립	물거품 같아 오래 머물지 못하며
如炎 從渴愛生 여 염 종 갈 애 생	불꽃과 같아 갈애를 좇아 생겨났으며

^{여 파 초 중 무 유 견}
如芭蕉 中無有堅　　파초 같아 그 속이 견고하지 못하고

^{여 환 종 전 도 기}
如幻 從顚倒起　　허깨비 같아 전도되어 일어난 것이며

^{여 몽 위 허 망 견}
如夢 爲虛妄見　　꿈과 같아 허망하게 나타나 보인 것이며

^{여 영 종 업 연 현}
如影 從業緣現　　그림자 같아 행업의 인연 따라 나타난 것이며

^{여 향 속 제 인 연}
如響 屬諸因緣　　메아리 같아 여러 인연에 속한 것이며

^{여 부 운 수 유 변 멸}
如浮雲 須臾變滅　　뜬구름 같아 찰나에 변해 사라지는 것이며

^{여 전 념 념 부 주}
如電 念念不住　　번개와 같아 생각 생각 머무르지 못하네

74
| 수지독송 | 受持讀誦 |

받아서 지니는 '수지受持'에 대해 혜능惠能대사께서 말씀하셨다.

"스승으로부터 배우는 것을 '받음'이라 하고[宗師所學曰受], 그 뜻을 잘 이해하고 그대로 행을 닦는 것이 '지님'이다[解義修行曰持]."

이는 곧 외적外的인 남[他]으로부터 배우는 것을 '받음[受 : receive]'이라 하고, 내적內的인 내[自]가 그 배운 바를 잘 이해하고 내 것으로 삼아 실천할 때 '지님[持 : carry]'이 된다는 것이다.

읽고 외우는 '독송讀誦'에 대해 규봉종밀圭峰宗密(780-841)스님은 『금강경오가해』에서 다음과 같이 말씀하셨다.

"받고자 함으로 해서 읽는 것이요[爲欲受故讀], 지니고자 함으로 해서 외우는 것이다[爲欲持故誦]."

이와 같이 수지독송이란 받고자 하여 읽는 것이요(受=讀), 확실히 내 것으로 만들어 지니고자 하여 외우는 것(持=誦)이다. 누구나 책을 읽고 배울 때는 남의 것을 배우는 것이지만, 그 배운 바를 스스로 외우고 실천에 옮기면 바로 내 것이 됨이다. 내가 깨닫기 전에는 부처가 멀고 먼 남이었지만, 내가 깨닫고 나면 부처가 바로 나이듯이….

이 세상에 존재하는 모든 학문이나 지식은 배우고 익힐 때까지는 분명 남의 것이었지만, 배운 바를 완전히 터득하여서 나 스스로 자유자재하게 활용하여 그것을 필요한 이에게 베풀어 줄 수 있는 경지에 도달하면 내 것은 물론이려니와 훌륭한 복덕 내지 공덕을 쌓는 업인業 因이 되는 것이다. 그러므로 배움에 있어서는 양반이 상놈에게 배울 수도 있고, 어른이 아이에게, 혹은 스승이 제자에게 배울 수도 있는 것이다.

여기에 스승이 제자에게 진리를 배우고 감격하여 절을 올리는 일화를 소개한다.

중국 당나라 때 복주福州 고령사古靈寺에 신찬神贊선사라는 분이 있었다. 처음 출가하여 고향의 대중사大中寺에 은사이신 계현戒賢법사를 모시고 있었는데, 계현법사가 불경만 볼 뿐 참선은 하지 않으므로 생사 해탈 문제를 해결하기 위해 당대의 고승인 백장百丈선사 문하로 들어가 불철주야 정진한 끝에 견성오도見性悟道하고 다시 계현법사에게로 돌아왔다.

"내 곁을 떠난 뒤 무엇을 하다가 왔느냐?"

"달리 한 일은 없습니다."

"고얀 놈! 아무 일 없이 나를 떠나 네 마음대로 돌아다니다니. 산에 가서 나무나 해 오너라."

신찬스님이 나무를 해 오자 이번에는 목욕탕에 물을 데우라고 하였다. 물이 데워지자 계현법사는 목욕을 하면서 등을 밀라고 하였고, 신찬스님은 등을 밀면서 중얼거렸다.

"법당은 좋은데 부처님이 영험하지 못하구나." [好好佛堂 佛無靈驗]

계현법사가 그 소리를 듣고 뒤돌아보자 또 신찬선사는 나지막이 읊조렸다.

"부처가 영험은 없으나 방광은 하는구나."[佛雖無靈 且能放光]

그러나 계현법사는 이 말들을 그냥 지나쳐 버렸다. 그 얼마 후 계현법사가 창문 앞에서 불경을 보고 있는데, 벌 한 마리가 열린 쪽문을 놔두고 닫힌 창문으로 나가려고 바둥거리고 있는 것을 보고 있던 신찬스님이 게송을 읊었다.

空門不肯出　열린 문으로 나가려 하지 않고

投窓也大痴　봉창을 두드리니 참으로 어리석다.

百年鑽古紙　백 년 동안 옛 책을 뚫으려 한들

何日出頭時　어느 때에나 나갈 수 있겠는가

계현법사가 그 게송을 듣고 가만히 생각해 보니, 지난번 목욕탕에서 들은 말과 함께 왠지 예사롭지가 않아 신찬스님을 불렀다.

"바른대로 말하여라. 어느 스님을 찾아다니며 공부했느냐?"

"예! 실은 백장선사 법좌에서 불법의 요지를 깨닫고 왔습니다. 하지만 스승님께선 아직도 참 공부에는 뜻이 없고 여전히 문자에만 골몰하고 계심을 보고 민망하였으나, 권해서는 들으실 리 없는지라 버릇없는 말씀을 누차 드려 참다운 발심을 촉구했습니다."

계현법사는 그 말이 끝나자마자 밖으로 뛰어나가 큰 종을 울리며 외쳤다.

"내 상좌가 성불했으니 법문을 들으러 오시오!"

계현법사는 산중의 모든 대중을 모아 놓고 상좌인 신찬스님에게 절을 하고 법문을 청했다. 그러자 신찬스님은 서슴지 않고 단에 올라 설법하였다.

영광독로 회탈근진
靈光獨露 迴脫根塵

　신령한 광명이 홀로 드러나서 육근육진의 모든 분별을 벗어났네.

골로진상 불구문자
骨露眞常 不拘文字

　그 자체가 항상 참됨을 드러내어 언어문자에 걸리지 않는다.

진성무염 본자원성
眞性無染 本自圓成

　진성은 더럽혀지지 않고 본래부터 원만히 성취되어 있네

단리망연 즉여여불
但離妄緣 卽如如佛

　다만 허망한 인연만 떨쳐 버리면 그대가 곧 부처이니라.

　그러고서 주장자를 굴리자, 계현법사는 크게 발심하여 다시 절을 하고 눈물을 흘리며 말하였다.

　"내 이렇게 늙어서 상좌에게 극치 법문을 들을 줄 기대나 했겠는가? 모두 부처님의 은혜로구나!"

　스승은 달을 가리키는 손가락만 쳐다보다가 제자로 인하여 허공의 밝은 달을 바로 찾아본 셈이다.

75
| 신앙·신행 | 信仰·信行 |

인간이 행복을 얻고자 하여 초자연 내지 초인간적 존재인 절대자 또는 신불神佛 등에 의지하면서 우러러 숭배하는 일련의 행위를 종교라 한다면, 이러한 종교 생활을 통하여 안심입명安心立命(자신의 佛性을 깨닫고 삶과 죽음을 초월함으로써 마음의 편안함을 얻는 것)의 위안을 받으며 믿고 모시는 행위를 신앙이라 이른다.

신앙에는 반드시 종교 대상에 대한 신자로서의 경건한 의뢰심을 가지고 지켜야 할 권선징악의 계율이 따르고, 그것에 수반된 자비·사랑·봉사와 복종 등의 신행信行이 있어야 한다.

인류사회에 다양하게 분포되어 있는 각각의 종교마다 신앙의 대상이 다르므로 그들 나름의 교의敎義나 의식儀式 등의 차이에 따라 세계의 3대 종교라는 불교·기독교·이슬람교(마호멧교) 외에 여러 종교가 있는데, 대개는 자기들의 종교 대상에 대한 숭배의 신앙심을 가장 중요한 덕목으로 삼고 있다. 즉, 천지신명을 비롯한 나름대로 지어낸 창조의 신 내지 절대자에 대한 믿음과 받듦의 신봉信奉을 최우선시하여 보편적 선행보다는 자체적 집단경배의 신앙을 강조하고 있는 것이다.

그러나 불교에서는 무조건 부처를 신봉하여 숭배하는 신앙보다 살아 있는 모든 생명과 누구에게나 널리 공통적으로 적용될 수 있는 착한 행위의 선업善業을 쌓아서 스스로 깨끗하고 안락한 불국정토를 이루어 나가는 신행을 최고의 덕목으로 삼고 있다. 이는 곧 착한 인연을 베풀면 착한 결과를 얻는다는 인과응보의 사상으로서 선인선과善人善果요 악인악과惡因惡果의 자업자득이라는 것이다.

과거 세상에 석존을 비롯한 일곱 부처님이 중생들에게 한결같이 이르신 말씀을 '칠불통계게七佛通戒偈'라 하며, 다음과 같다.

온갖 나쁜 일은 저지르지 말고 모든 착한 일을 두루 행하라. 스스로 마음을 깨끗이 하는 것, 그것이 모든 부처님의 가르침이니라. [諸惡莫作 衆善奉行 自淨其意 是諸佛教]

여기에 나타난 바와 같이 부처님의 가르침은 바로 착함을 받들어 행하는 것, 곧 신행인 것이다.

이에 따라 불교에서는 진리에 대한 法을 믿고 받아들임의 신수信受의 단계를 줄여서 '신信'이라 하였고, 그 法의 진리에 대한 올바른 이해를 '해解'라 하였으며, 그 이해에 따른 실천을 '행行'이라고 하고, 그 행을 통해 얻어지는 진리의 증득을 '증證'이라 하여 신앙에서 신행으로 펼쳐지는 과정을 신·해·행·증이라는 네 글자에 함축하고 있다.

사실 종교의 목적은 당연히 신앙이겠지만, 그 목적에 의한 결과는 신행인 것이며 그러므로 신·해·행·증이란 불도佛道 수행의 기본적 과정을 요약해서 이르는 말이 되는 것이다.

대개 불교의 수행체계를 소승小乘과 대승大乘으로 대별大別하여 말하는데, 신앙이라 하면 소승적 체계에 가깝고, 신행이라 하면 대승적 체계에 부합된다고 할 수 있다. 이에 소승은 상구보리上求菩提를 추구하며, 대승은 하화중생下化衆生을 목표로 삼는다 하는데, 기실 우리나라 현행 불교에서는 이러한 구분은 논리적인 것일 뿐 실제 수행하는 모습들은 소승과 대승, 선종과 교종이 혼용되어 큰 차이는 없어 보인다.

이와 같이 처음부터 소승·대승으로 나누고 선종·교종으로 수행체계를 삼은 것은 온갖 중생들이 각각의 환경, 습관, 능력, 취향에 따라 누구나 진리의 법당에 들어갈 수 있도록 법의 문을 무수히 만들었기에 8만 4천 법문法門이 되었고, 그것을 문자화하여 '팔만대장경'이라 한다. 이러한 현상을 굳이 논리적 구분으로 개략하여 표를 만들면 다음과 같다.

	선·교	대상	사상	수행방법	형태	목표
소승	타력신앙 교종	불·보살의 위신력	(性善) 本來成佛	易行道 (淨土門)	수직적 (求福)	염불왕생 (成佛)
대승	자력신행 선종	자아의 수행력	(性善)	難行道 (聖道門)	수평적 (自證)	智爲能度 (成佛)

불교는 타력과 자력의 대립된 체계를 공부하는 종교이면서 다시 자력이든 타력이든 소승·대승, 외도 범부에 이르기까지 전체에 걸쳐서 교적教的인 종교이면서 선적禪的인 수행집단인 것이다. 이러한 특성이 서산대사 휴정休靜(1520-1604)의 『선가귀감禪家龜鑑』에 잘 드러나 있다.

세존께서 세 곳에서 마음을 전하신 것은 선의 요지가 되었고, 평생 말씀하신 것은 가르침의 법문이 되었다. 그러므로 "선은 부처님의 마음이요, 교는 부처님의 말씀이다."라고 하는 것이다.

[世尊三處傳心者 爲禪旨 一代所說者爲敎門 故曰 禪是佛心 敎是佛語]

이렇게 나눈다는 것도 불교에서 부질없는 짓인 것은 틀림없으나 구태여 뭉뚱그려 논하자면, 敎는 부처의 가르침대로 따르고 불·보살을 신봉하여 성불하는 길이며, 禪은 부처의 가르침을 따르되 스스로 증오證悟하여 성불하는 길이다. 敎는 불·보살을 의지하는 신앙[法燈明]이며, 禪은 자기에게 의지하는 신행[自燈明]인 것이다.

그러므로 敎는 불·보살이 살아 있는 것이 되지만, 禪은 불·보살을 버리고 참나를 찾아야만 성불成佛하게 된다.

실로 불교는 자체적으로 사상적 괴리를 내포하고 있음이다. 그러나 이것은 깨달음에 이르는 방편적 차원이 다를 뿐이지 근본교리(成佛)에 있어 다를 바가 없는 것이다.

불교는 수직적 신앙의 종교행위로 상구보리를 추구하여 타력의 요문要門(易行道)을 활짝 열어 보이면서 수평적 신행의 종교행위로 하화중생을 서원하며 자력의 지남指南(難行道)을 여실히 제시하고 있다.

이러한 종교활동에 있어 일차적으로 불·보살의 위신력(불가사의한 德)인 가피加被에 의지하여 성불의 길로 나아가는 방편이 있다.

불자가 흔히 일컫는 가피라는 말의 '加'는 가호加護를 뜻하는 말로서 불·보살이 자비의 마음으로 중생을 이롭게 제도하려는 근본원이고, '被'는 피은被恩을 뜻하는 말로서 불·보살의 근본원에 중생의 서원이 합일되어 이루어짐을 이르는 말이다.

예를 들어 여래의 십대원十大願을 처음 발한 이는 여래이지만, 그것을 받아들이는 모든 중생들에게는 여래의 십대원은 '加'가 되고, 이러한 '加'를 받들어 행하는 중생인 내가 정성스런 마음을 지극히 하여 그 여래 십대원인 '加'의 명목에 일치되어 마침내 구하는바 성취를 얻게 되면 '被'라고 하는 것이다.

그러므로 가피를 입는다는 것은 아직은 중생인 내가 여래의 본원(加)에 부합되도록 어느 대상에게 귀의하고 찬탄하며 참회하고 발원하는 수행을 정진하는 것이며, 그 수행 정진이 잘되어서 본원인 '加'에 근접되어질 때 그 부합된 만큼의 은혜를 받는 것을 '被'라고 한다. 이러한 일련의 수행은 신앙의 대상이 설정되므로 소승적(수직적) 종교활동이라고 말할 수 있다.

다음으로 수평적 신행이라는 것은 중생인 우리가 스스로의 성품으로 도度·단斷·학學·성成을 이루어 얻는 것이다.

> 스스로의 업으로 비롯된 중생이 가없으나
> 스스로의 성품으로 서원하여 제도하는 것이며
>
> 스스로의 업으로 말미암은 번뇌가 다함이 없으나
> 스스로의 성품으로 서원하여 단멸하는 것이며
>
> 부처님의 가르침에서 연유된 법문이 한량없지만
> 스스로의 성품으로 서원하여 다 배우는 것이며
>
> 부처님의 자리에 나아가는 불도가 위없으나
> 스스로의 성품으로 반드시 성취하려는 서원인 것이다.

이러한 네 가지의 커다란 서원은 누구의 서원인가?

우선은 불·보살의 근본원이요, 관세음의 서원이지만 중생인 내가 이 서원을 똑같이 여여하게 이어받으면 곧바로 나의 서원이 된다.

그런데 나의 서원은 누가 성취시키는가?

처음에는 불·보살의 위신력에 가피를 입는 것이지만 마침내 다 이루고 나면 그것은 자성自性의 상태로 돌아간다. 즉, 서원이 불·보살에 매여 있을 때에는 소승적 차원인 신앙의 주제이나, 내가 영접하여 오롯이 성취하였을 때는 대승적 차원인 신행의 주체가 되는 것이다.

'불교 신앙의 주제'는 삼귀의三歸依(소승)를 행하는 것이요, '신행'의 주제는 사홍서원四弘誓願(대승)을 행하는 것이다.

이것은 원효스님이 『발심수행장』에서 이르듯이 "수레의 두 바퀴요[如車二輪], 새의 양 날개와 같은 것[如鳥兩翼]이다."

76
| 심상다반 | 尋常茶飯 |

　'심상尋常'이란 별로 대수롭지 않고 그저 예사롭다는 '보통'이라는 말과 같은 뜻이다. 유사어에는 '범상凡常'이 있고, 반의어로 '비상非常'이라는 용어를 쓴다.

　'다반茶飯'은 차 마시고 밥 먹는 일처럼 항상 있는 일이라는 '항다반사恒茶飯事'의 줄임말로서 흔히 다반사茶飯事라고 한다. 예사로 늘 있어 온 일이므로 그다지 이상하거나 별 신통한 것이 못 된다는 의미를 매우 강조하는 말이다.

　따라서 심상다반은 '그저 보통 있는 일'이라는 뜻이다.

　설두雪竇(980-1052)스님의 『벽암록碧巖錄』 제1칙 「확연무성廓然無聖」조에 원오극근圜悟克勤(1063-1135)스님이 붙인 「수시垂示(의미를 들어 보임)」에 다음과 같은 말씀이 수록되어 있다.

　　격 산 견 연　조 지 시 화
　　隔山見煙 早知是火

　　　산 너머 연기를 보면 거기에 불이 난 것을 지레 알 수 있다

　　격 장 견 각　변 지 시 우
　　隔牆見角 便知是牛

　　　담 너머 뿔만 보아도 소가 지나가고 있음을 알 수 있다

^{거 일 명 삼} ^{목 기 수 량}
擧一明三 目機銖兩

　　하나를 들어 셋을 알아차리고

　　눈으로 척 보아 몇 근 나가는지 알아맞히는 것쯤이야

^{시 납 승 가} ^{심 상 다 반}
是衲僧家 尋常茶飯

　　절집의 납승들이 심상(보통) 밥 먹고 차 마시듯 하는 일이다.

　　요즘 우리가 흔히 쓰고 있는 다반사茶飯事라는 말은 바로 이 「수시」
에서 비롯된 것이다.

　　위 「수시」에서 '납승가衲僧家'의 납승은 누더기를 걸치고 걸식 수행
하는 스님을 말하며, 여기에서는 선승禪僧을 지칭한 말이다. '家'는 유
가儒家·불가佛家·도가道家 하듯이 각양각색의 여러 대중이 모인 집단을
한 가족처럼 친근미를 나타내기 위한 접미사로 쓰인 것이다.

　　하여간 '산 너머 연기' '담장 밖 소뿔'을 알아보는 것은 다반사라 치
고, 하나를 들어[擧一·一擧] 세 가지 뜻을 밝게 앎[明三·三明]은 바로 숙명명
宿命明·천안명天眼明·누진명漏盡明을 요달하여 6신통이 되었다는 것이다.
숙명명은 자기와 남의 전생을 아는 지혜, 천안명은 자기와 남의 내세
일을 아는 지혜, 누진명은 현재의 고통을 알아서 일체의 번뇌를 끊는
지혜를 이르는 말이다.

　　은연중 선승의 다반사는 눈으로 빛을 보고[見], 귀로 소리를 듣고[聞],
코·혀·몸으로 냄새·맛·촉감을 감각하고[覺], 뜻으로 법을 아는[知] 6식
六識 작용의 최고 경지에서 살아가고 있음을 표방하는 것 아니겠는가?

　　흔히 유가에서 말하는 '하나를 들으면 둘을 안다'는 '문일지이聞一知
二'와 '하나를 들으면 열을 안다'는 문일이지십聞一以知十'의 경지를 뛰어
넘는 지근智根이 되었다는 말이다. 즉, 무엇이든 하나만 마주하여도 단

박에 그 속내를 알아차리는 일쯤이야 식은 죽 먹듯 매우 쉬운 평상의 일이라는 것이다.

'거일명삼擧一明三'은 한 가지만 얘기해도 세 가지를 알아차리는 지혜가 총명한 사람의 슬기(지근智根)를 이르는 말이다.

그런데 중생이 살아가면서 어찌 한 가지를 들어 세 가지를 알아차리는 일만 있겠는가.

세 가지의 법도를 하나로 귀결시키는 '회삼귀일會三歸一'도 있다. 이는 셋을 이용하여 하나로 만드는 용삼위일用三爲一이며, 또는 셋을 부수어 하나를 세운다는 파삼립일破三立一의 뜻을 나타내는 사자성어이다.

『법화경法華經』「방편품」에 다음과 같이 이르고 있다.

> 唯有一乘法 오직 일승법만 있으니
> 無二亦無三 둘도 없고 또한 셋도 없다

2승二乘이나 3승三乘이라는 것은 1승一乘으로 인도하기 위한 수단에 지나지 않는다는 것이다.

또한 「보살명란품」에서 부처는 1승을 설하고 1승에 의해서 부처가 된다고 이르고 있다. 乘(yāna)이란 타는 것(수레)으로 깨달음에 이르는 수단을 의미하는 것인데, 성문聲聞·연각緣覺·보살의 3승이 궁극적으로 1승에 귀착된다는 가르침이다.

3승이란 부처의 깨달음에 이르는 하나의 길을 수행자의 근기와 인연에 따라 세 가지로 나눈 것이다.

① 성문승聲聞乘 : 4성제 8정도의 가르침을 듣고 해탈열반을 증득하
  는 길
② 연각승緣覺乘 : 12연기법을 관하여 일체법을 깨닫는 길
③ 보살승菩薩乘 : 6바라밀을 닦아 스스로 깨닫고 다른 이도 깨닫게
  하는 길

이러한 3승 가운데 일반적으로 성문·연각은 소승小乘에 해당시키
고, 보살은 대승大乘에 배대하지만, 부처님의 가르침은 오직 하나 일불
승一佛乘에 목적을 두고 시설한 것이기에 회삼귀일이라 이르는 것이다.
또한 3승은 1승을 나누어 말한 것이므로 '집일합삼執一合三'이라고도
하며, 『법화경』「방편품」에는 '1승 밖에 3승 없고, 3승 밖에 1승이 따
로 없다.'고 이르고 있다.

77
| 심시불성 | 心是佛性 |

'마음이 곧 불성佛性'이란 뜻이다.

불성이란 무엇인가? 범어 buddha-dhātu 또는 gotra의 번역어로 '여래 성품', '각성覺性'이라고도 한다. 미迷·오悟에 의하여 변하는 일이 없이 본래적으로 갖추어진 성품으로서 모든 중생은 空을 바탕으로 하여 空에서 생긴 것이므로 석존의 탄생게 '오직 나 홀로 존귀하다天上天下唯我獨尊'도 일체중생 모두가 불성을 갖추고 있다는 것을 표방한 말씀이다.

'마음이 바로 불성'이란 말은 부처의 성품이 따로 있는 것이 아니고 누구나 어떤 마음을 갖느냐에 따라 중생이 되고 부처가 된다는 것이다. 오직 마음만이 우주의 근원이며 만유萬有의 주체이므로 일체유심一切唯心이요, 만법유식萬法唯識의 심식작용心識作用일 뿐이다.

『화엄경』에 '마음과 부처와 중생, 이 셋은 차별이 없다心佛及衆生無差別'라고 하였으며, 서산대산는 『청허당집』 권1 「돈교송」에서 다음과 같이 이르고 있다.

약 욕 견 불 성 지 심 시 불 성
若欲見佛性 知心是佛性

만약 불성을 보고자 하거든 마음이 불성임을 알라

약 욕 면 삼 도　지 심 시 삼 도
若欲免三途 知心是三道

　만약 삼악도를 면하려 한다면 마음이 곧 삼악도임을 알라

정 진 시 석 가　직 심 시 미 타
精進是釋加 直心是彌陀

　정진이 곧 석가모니요, 직심이 아미타불이요

명 심 시 문 수　원 행 시 보 현
明心是文殊 圓行是普賢

　밝은 마음이 문수보살이요, 원만한 실천행이 보현보살이다.

자 비 시 관 음　회 사 시 세 지
慈悲是觀音 喜捨是勢至

　자비심이 관음보살이요, 기쁨으로 베풂이 대세지보살이다.

　흔히 유가儒家에서 말하는 희喜·로怒·애哀·락樂·애愛·오惡·욕欲의 7정情을, 불가佛家에서는 기쁨[喜]·성냄[怒]·근심[憂]·두려움[懼]·사랑[愛]·미움[憎]·욕망[欲]으로 구분하여 생각의 갈래를 나누고 있다.

　이와 더불어 선과 악을 구분하고 옳고 그름을 분별하는 마음이란 무엇이며 어디에 있는가?를 찾는다.

　『금강경』에 이르기를, "과거심過去心 불가득不可得, 현재심現在心 불가득, 미래심未來心 불가득"이라 하였다.

　이 마음이 과거의 것이라면 그것은 이미 사라진 마음이다. 이미 사라진 마음이 지금 무엇을 안다는 것은 이치에 맞지 않는다. 그렇다고 미래의 마음이라면 현재는 순간이라도 머무는 바가 없으므로 무엇이라 한정 지어 말할 수가 없다. 그러므로 마음은 과거 마음도 현재 마음도 미래 마음도 아니다. 따라서 마음은 있다고도 할 수 없고 없다고도 할 수 없으니 있으면서 없는 것이다.

이러한 마음은 어디에 주재해 있는가?

물론 몸에 의지되어 있다고 하지만 몸 안에 있는 것인가, 몸 밖에 있는 것인가?

몸 안에 있는 것이라면 그 몸속 사정을 알고 있어야 하는데 배 속에 병이 생기는 것을 왜 즉시 알아차리지 못하는가? 만약 몸 밖에 있는 것이라면 몸과 마음이 따로 떨어져 있는 것이니 이 또한 맞지 않는다. 마음은 형체가 없으니 볼 수도 만질 수도 없는 것은 당연한 일이지만, 방금 일으킨 마음이 찰나에 사라지면 신통한 손오공 열이 모여도 그 마음을 다시 잡아 오지 못한다. 그러니 있다고도 없다고도 할 수 없으며 있으면서 없는 것이다.

이러한 마음의 작용인 심사心事에 대하여 선가禪家에서는 갖가지 이름을 붙여 놓았다.

무어라 이름할 수 없어 그냥 '일물一物'이라 하였고, 뿌리 없는 나무와 같다 하여 '무수근無樹根'이라 하였으며, 물에 들어가면 흔적도 없이 사라진다 하여 진흙소 '니우泥牛'라고도 하며, 머리털도 갈라놓는 취모검吹毛劍, 줄 없는 거문고 몰현금沒絃琴 등, 이외에도 여러 이름이 따라붙는다.

또한 반야부 경전에서는 깨달음의 체體가 된다 하여 '보리菩提'라 하였고, 『금강경』에서는 불가득不可得(心), 『화엄경』에서는 법계法界, 『원각경』에서는 총지總持, 『기신론』에서는 진여眞如, 『열반경』에서는 불성이라 하였다.

불성이란 무엇인가?

대주大珠 혜해慧海(541-609)선사가 어느 스님에게 질문을 받았다.

"일체중생 모두에게 불성이 있다는 것은 무엇입니까—切衆生 皆有佛性 如何?"

"부처의 행을 지어 쓰면 부처의 성품이고[作佛用 是佛性], 도적의 행을 지어 쓰면 도적이며[作賊用 是賊性], 중생의 행을 하면 중생의 성품이다[作 衆生用 是衆生性]. 성품은 형상이 없나니[性無形相], 작용함에 따라 그 이름이 성립되느니라[隨用立名]."

부처의 성품, 즉 불성은 본래 그러하다 하여 본연성本然性—본성本性 이라 하고, 꾸며낸 것이 아니라 저절로 그리되어진 자연성自然性—자성 自性이라 하며, 생겨났다 사라져 버리는 생멸이 없기에 공성空性이라고 도 한다. 특히 선종에서는 일물—物이라 칭하면서 『금강경오가해』 서 문에 여러 선사께서 논한 바가 있으니, 요약하면 다음과 같다.

"여기에 한 물건이 있으니, 머리도 없고 꼬리도 없으며 名도 없고 字도 없되 고금을 관통하고 있다. 하나의 먼지 속에 있으나 온 우주 법계를 에워싸고 안으로 온갖 미묘한 작용을 갈무리하며 밖으로 모든 존재와 어울린다. 天·地·人의 주인이며 만물의 왕이로다."

불성—본성—자성—공성, 그리고 일물. 결국 유심唯心!

餘韻 心卽是佛

心外無有佛   마음 밖에 부처 없고

佛外無有人   부처 밖에 사람 없다

人外無有道   사람 밖에 도가 없고

道外無有眞   도리 밖에 진리 없다

78
│심위법본│ 心爲法本 │

　사람의 마음은 그 사람 몸의 주인이 되어, 모든 일을 마음이 시키는 대로 육신이 움직이게 된다. 마음먹기에 따라서 착한 사람이 될 수도 있고 악한 사람이 될 수 있으며, 또 마음먹기에 따라서 괴로울 수도 있고 행복할 수도 있다는 것이다.

　『법구경』「쌍요품雙要品」에 다음과 같이 이르고 있다.

심 위 법 본 心爲法本	마음은 법(모든 인과관계)의 근본이 되나니
심 존 심 사 心尊心使	마음이 주인(본체)이 되어 모든 일을 시킨다
중 심 염 악 中心念惡	마음속으로 악함을 생각하면
즉 언 즉 행 卽言卽行	그 말과 행동도 그러하리니
죄 고 자 추 罪苦自追	죄악의 고통이 저절로 따라
거 력 어 철 車轢於撤	마치 수레가 지나간 바퀴자국과 같도다
심 위 법 본 心爲法本	마음은 법의 근본이 되나니
심 존 심 사 心尊心使	마음이 주인이 되어 모든 일을 시킨다
중 심 선 심 中心善心	마음속으로 착함을 생각하면

即言即行　그 말과 행동도 곧 그러하리니

福樂自追　행복의 즐거움이 저절로 따라

如影隨形　마치 형상을 따르는 그림자와 같도다

이와 같이 마음먹기에 따라서 영원한 행복과 즐거움인 열반락涅槃樂을 성취할 수도 있고 죄악의 구렁텅이에 빠져 쓰라린 괴로움을 당할 수도 있는 것이다.

이에 부처님께서 마음의 근원을 스스로 알아차려야 하는 도리를 『42장경』에서 말씀하셨다.

斷欲去愛　욕심을 끊고 애욕을 버려

識自心源　스스로 자기 마음의 근원을 알아야 한다

達佛深理　부처의 깊은 이치를 통달하고

悟無爲法　무위의 법을 깨달아야 하리

內無所得　안으로는 얻을 바가 없고

外無所求　밖으로는 구할 것도 없나니

心不繫道　마음은 道에 얽매이지 않아야 하며

亦不結業　또한 업을 맺어도 아니 된다

無念無作　생각도 없고 지음도 없으며

非修非證　닦는 것도 아니요 증명함도 아니라

不歷諸位　　모든 계위를 거치지 않고도

而自崇最　　스스로 받들어 최고가 되나니

名之爲道　　그것을 이름하여 道라고 하느니라

『법구경』에서는 '마음은 법의 근본[心爲法本]'이라 하였고, 『사십이장경』에서는 '스스로 자기 근원을 알아야 한다[識自心願]'라고 하면서 '그것을 이름하여 道라 한다[名之爲道]'고 하였다.

모양도 없고 이름도 없는 마음과 道!

이에 대하여 달마대사는 마음을 다음과 같이 말하고 있다.

心無異相 名作眞如　　마음은 달리 상이 없으니 진여라 하고

心不可改 名爲法性　　(참) 마음은 바뀌지 않으므로 법성이라 하고

心無所屬 名爲解脫　　마음은 예속됨이 없으니 해탈이라 하고

心性無碍 名爲菩提　　마음의 본성은 걸림이 없으니 보리라 하고

心性寂滅 名爲涅槃　　마음의 본성은 적멸하니 열반이라 하노라

이를 요약 정리하면 다음과 같다.

心卽眞如法性　　마음이 곧 진여법성이요

心卽解脫涅槃　　마음이 곧 해탈열반이며

心卽菩提正覺　　마음이 곧 올바른 깨달음이다

303

결국 마음을 아는 것이 道이며, 道를 아는 것이 곧 마음이라는 것이다.

餘韻 _{여 운}	生於心 _{생 어 심}	**마음에서 생겨남**

有無生滅相
_{유 무 생 멸 상} 있다 없다는 생겨났다 사라지는 모습이요

彼此因緣生
_{피 차 인 연 생} 저것 이것은 인연 따라 생겨남이여

心滅一切滅
_{심 멸 일 체 멸} 마음이 사라지면 모두가 사라지는 것이며

心生萬物生
_{심 생 만 물 생} 마음이 일어나면 온갖 것이 생겨난다

79
| 십종과보 | 十種果報 |

과보果報란 전생에 지은 행업行業에 따라 현재의 행과 불행이 있고, 현세에서의 행업의 결과에 따라 내세에서 행과 불행이 있는 일을 말하는 것이다.

불교의 인과관因果觀은 '연기법'에서 출발한다. 인간의 빈부와 귀천, 장수와 단명, 용모의 아름답고 추함은 전생에 자신이 지은 행업의 결과일 뿐이지 다른 무엇에 의해 조종되는 것도 아니고 운명적으로 결정되어 있는 것은 더더욱 아니라는 것이다.

십종과보란 10가지 인과응보의 관계를 들어 현재의 내 모습과 나에게 주어진 환경이 과거세에 내가 지어 놓은 행업의 결과임을 일깨워 주면서, 더불어 금생에 지은 행업에 따라 다음 생에서 받게 될 10가지의 모습을 말해 준다. 지금 여기서 우리가 어떻게 살아야 하는지 일깨워 주는 가르침으로, 글귀마다 '올 래來' 자가 들어 있어 '인과십래게因果十來偈'라고도 한다.

① 단정한 사람은 인욕을 행한 가운데서 온다. [端正者忍辱中來]
② 빈궁한 사람은 인색하고 욕심 많은 가운데서 온다. [貧窮者慳貪中來]
③ 지위가 높은 사람은 예배를 잘 드린 가운데서 온다. [高位者禮拜中來]

④ 비천한 사람은 교만한 가운데서 온다. [下賤者驕慢中來]

⑤ 벙어리는 남을 비방한 가운데서 온다. [瘖瘂者誹謗中來]

⑥ 장님과 귀머거리는 믿지 않는 가운데서 온다. [盲聾者不信中來]

⑦ 오래 사는 사람은 자비한 가운데서 온다. [長壽者慈悲中來]

⑧ 수명이 짧은 사람은 살생한 가운데서 온다. [短命者殺生中來]

⑨ 육체가 불구인 사람은 계율을 어기고 지키지 아니한 가운데서 온다. [諸根不具者破戒中來]

⑩ 6근(眼耳鼻舌身意)이 건강한 사람은 계율을 잘 지킨 가운데서 온다. [六根具足者持戒中來]

이 10가지 일들이 과거 생에 그렇게 살았기 때문에 현생에 그리 살게 된 것이며, 또한 현생에 이렇게 살게 되면 다음 생에 그러하리라는 가르침이다.

마음을 가라앉혀 온갖 욕됨과 번뇌를 참고 원한을 일으키지 않는 사람은 몸가짐이 바르고 얌전하게 태어날 것이며, 몹시 인색하고 욕심이 많은 사람은 가난하고 궁색하게 살게 될 것이다. 예의가 바르고 공손한 사람은 지위 높은 사람이 될 것이고, 잘난 체하며 뽐내고 건방진 사람은 지위나 신분이 낮고 천하게 살게 될 것이다. 남을 비방하는 사람은 언어장애인이 될 것이며, 남을 믿지 않는 사람은 시각장애인이나 청각장애인으로 살게 될 것이다. 남을 측은하게 여기고 사랑하는 마음이 있는 사람은 장수할 것이며, 살생하는 사람은 단명할 것이다. 계율을 지키지 않는 사람은 불구로 태어날 것이며, 계율을 잘 지키는 사람은 육근이 모두 건강하게 태어나리라는 말씀이다.

80
│아미타불│阿彌陀佛│

　'아미타불阿彌陀佛'은 범어 Amitābha Buddha의 음역어로서 서방
정토 극락세계의 교주이신 '무량광불無量光佛 무량수불無量壽佛'이라 이
름하는 대승불교에서 가장 중요한 부처님의 한 분이다.

　'아미타'란 이름은 범어 '아미타유스(무한한 수명을 가진 것)' 또는 '아
미타브하(무한한 광명을 가진 것)'라는 말에서 온 것으로, 한문으로 아미
타로 음역하였고, 무량수無量壽·무량광無量光으로 의역하였다. 무량수는
한량없는 자비를 상징한 것이며, 무량광은 한량없는 광명을 나타낸
것이다.

　아미타 삼존이라 하여 중앙에 아미타불을 모시고 왼쪽에 관세음보
살, 오른쪽에 대세지보살을 협시보살로 모시며, 이를 '극락삼존極樂三
尊'이라고 한다.

　극락왕생을 기원하는 정토종에서는 『아미타경』, 『무량수경』, 『관무
량수경』을 정토삼부경淨土三部經으로 중히 여기며 수지독송하고 있다.

　정토삼부경에 의하면 ;

　아미타불은 구원겁 전 옛적에 세자재왕불世自在王佛의 감화를 받은
법장비구法藏比丘가 210억 불국토를 세심하게 관찰한 뒤 그 가운데 정

화精華만을 섭취하여 5겁 동안 깊은 사유를 거치면서 수승하고 장엄한 극락정토 건설을 서원하고 48대원을 세워 모두 함께 성불하기를 소원하며 오랜 세월 수행하여 10겁 전에 성불하신 부처님이다.

아미타불뿐만 아니라 모든 불·보살님들은 각기 그 나름의 원을 세워 그에 따른 수행의 결과로 얻어진 세계를 이룩하고 있다. 이때 불·보살님들의 근본적으로 공통된 원을 총원總願이라 하고, 불·보살님들이 별도로 각기 세운 원을 별원別願이라고 한다. 예를 들면 사홍서원四弘誓願은 총원이고, 법장비구의 48원이나 약사여래의 20대원은 별원이 된다.

흔히 회자되는 말 중에 '예수 믿고 천당 간다' '부처 믿고 극락 간다'고 하는데, 과연 법장비구의 서원으로 이루어진 서방정토 극락세계는 지금 우리가 살고 있는 이 사바세계와 무엇이 어떻게 다른지 독자들이 가늠해 볼 수 있도록 경전에 나타난 내용을 요약하고, 특히 아미타의 48원을 여기에 옮겨 본다.

극락세계의 중생들을 천인天人이라고 일컫는다. 범어 apsara의 번역으로 비천飛天·낙천樂天이라고도 하며, 하늘나라의 유정有情들이라는 뜻이다. 『불본행집경佛本行集經』 제5, 『증일아함경增一阿含經』 제24, 『구사론俱舍論』 제10 등에 의하면, 이들은 허공을 날아다니며 하늘 음악을 즐기고, 지극한 쾌락의 경지에 있지만 그 지은 복덕이 다 소진되어 하늘에서 누리는 수명이 다하면 5쇠五衰의 괴로움을 받다가 다시 인간 내지 축생 등의 5道에 떨어진다.

5쇠란 ① 머리 위에 꽃이 시들고, ② 겨드랑이에 땀이 배고 몸에서 냄새가 나며, ③ 옷에 때가 끼고, ④ 몸의 광명이 사라지고, ⑤ 제자리가 싫어진다고 하였다. 그리고 이와 같은 다섯 가지 징후가 나타나면 반드시 죽는다.

■ 법장비구의 48서원

아미타불은 법장비구였을 때 48서원을 세우고 오랜 수행을 쌓은 결과 그 원을 성취하여 극락세계를 이룩하게 되었다. 서원 하나하나는 한결같이 남을 위하는 자비에 가득 찬 이타행利他行으로 되어 있고, 그것이 보살행의 구체적 표현이 되었다.

48원의 내용은 크게 네 가지로 요약된다.

첫째, 법장비구 자신에 대한 것
둘째, 아미타불의 국토에 대한 것
셋째, 불국토에 태어난 이에 대한 것
넷째, 앞으로 불국토에 왕생하려는 이에 대한 것

『무량수경』에서 법장비구는 자기의 서원이 이루어지지 않으면 결코 부처가 되지 않겠다는 것을 밝힌다.

"만약 저의 불국토에 다음과 같은 48가지의 일이 이루어지지 않는다면 저는 결코 부처가 되지 않겠습니다."

그러고는 다음과 같이 48서원을 세운다.

1. 내 불국토에는 지옥·아귀·축생의 삼악도가 없을 것 [無三惡趣願]

2. 내 불국토에 태어나는 중생들은 다시는 삼악도에 떨어질 염려가 없을 것 [不更惡趣願]

3. 내 불국토에 태어나는 중생들은 모두 몸에서 황금빛 광채가 날 것 [悉皆金色願]

4. 내 불국토에 태어나는 중생들은 한결같이 훌륭한 몸을 가져 잘 나고 못난 이가 따로 없을 것 [無有好醜願]

5. 내 불국토에 태어나는 중생들은 모두 숙명통을 얻어 백천억 나유타 겁 이전의 과거사를 다 알게 될 것 [宿命通願]

6. 내 불국토에 태어나는 중생들은 모두 천안통을 얻어 백천억 나유타 세계를 볼 수 있을 것 [天眼通願]

7. 내 불국토에 태어나는 중생들은 모두 천이통을 얻어 백천억 나유타 부처님들의 설법을 들을 수 있을 것 [天耳通願]

8. 내 불국토에 태어나는 중생들은 모두 타심통을 얻어 백천억 나유타 세계에 있는 중생들의 마음을 알게 될 것 [他心通願]

9. 내 불국토에 태어나는 중생들은 모두 신족통을 얻어 백천억 나유타 세계를 순식간에 통과할 수 있을 것 [神足通願]

10. 내 불국토에 태어나는 중생들은 번뇌를 끊고 다시는 미계迷界에 태어나지 않을 것 [漏盡通願]

11. 내 불국토에 태어나는 중생들은 이생에서 바로 열반이 결정된 부류에 들어가 반드시 성불할 것 [必至滅度願]

12. 내 광명은 끝이 없어 백천억 나유타 불국토를 비추게 될 것 [光明無量願]

13. 내 목숨은 한량이 없어 백천억 나유타 겁으로도 셀 수 없을 것 [壽命無量願]

14. 내 불국토에는 성문聲聞 수행자들이 셀 수 없이 나올 것 [聲聞無數願]

15. 내 불국토에 태어나는 중생들은 목숨이 한량없을 것. 다만 중생을 제도하기 위해서는 목숨이 길고 짧음을 마음대로 할 것 [眷屬長壽願]

16. 내 불국토에 태어나는 중생들은 나쁜 일이라고는 이름도 들을 수 없을 것 [無諸不善願]

17. 내 이름과 공덕을 시방세계 부처님들이 칭찬하지 않는 분이 없을 것 [諸佛稱場願]

18. 어떤 중생이든지 지극한 마음으로 내 불국토를 믿고 좋아하여 와서 태어나려는 이는 내 이름을 열 번만 불러도 반드시 왕생하게 될 것 [念佛往生願]

19. 보리심을 내어 여러 가지 공덕을 닦고 지극한 마음으로 원을 세워 내 불국토에 태어나고자 하는 중생들은 그들이 임종할 때 내가 대중과 함께 가서 그를 맞이하게 될 것 [臨終現前願]

20. 시방세계 중생들이 내 이름을 듣고 내 불국토를 사랑하여 여러 가지 공덕을 짓고 지극한 마음으로 내 국토에 태어나고자 하는 중생들은 반드시 왕생하게 될 것 [植諸德本願]

21. 내 불국토에 태어나는 중생들은 32상의 빛나는 몸매를 갖추게 될 것 [三十二相願]

22. 다른 세계의 보살로서 내 불국토에 태어나는 이는 일생보처一生補處라는 보살의 최고위에 이르게 될 것. 그의 본래 소원이 여러 부처님 세계를 다니면서 보살행을 닦고 시방 여래께 공양하며 한량없는 중생을 교화하여 위없는 도에 이르게 하려는 이는 더 말할 필요도 없으며, 그것은 보살의 보통 일을 넘어 보현보살의

덕을 닦고 있기 때문이다. [必至補處願]

23. 내 불국토에 태어나는 중생들은 부처님의 신통력으로 밥 한 그
릇 먹는 동안에 수없는 불국토를 다니면서 여러 부처님께 공양
하게 될 것 [供養諸佛願]

24. 내 불국토에 태어나는 중생들이 부처님께 공양하고자 할 때에
는 그 어떠한 공양거리가 되었든 마음대로 공구(供具)를 얻게 될 것
[供具如意願]

25. 내 불국토에 태어나는 보살들은 누구든지 부처님의 온갖 지혜
를 얻어 법을 설하게 될 것 [說一切智願]

26. 내 불국토에 태어나는 중생들은 모두 나라연(那羅延)과 같은 굳센
몸을 가지게 될 것 [那羅延身願]

27. 내 불국토에 태어나는 중생들이 쓰는 물건은 모두 아름답고 화
려하기가 비교할 수 없는 것들뿐이어서 비록 천안통을 얻은 이
라도 그 수효를 알 수 없을 것 [所須嚴淨願]

28. 내 불국토에 태어나는 중생들은 아무리 공덕이 적더라도 높이
가 4백만 리 되는 보리수의 한량없는 빛을 보게 될 것 [見道場樹願]

29. 내 불국토에 태어나는 중생들은 스스로 경을 읽고 외우며 남에
게 말하여 듣게 하는 재주와 지혜를 얻을 것 [得辯才智願]

30. 내 불국토에 태어나는 중생들은 모두 한량없는 지혜와 말솜씨
를 얻을 것 [智辯無窮願]

31. 내 불국토는 한없이 맑고 깨끗하여 수없는 부처님 세계를 비추
어서 마치 거울로 얼굴을 비추어 보듯 할 것 [國土淸淨願]

32. 내 불국토는 지상이나 허공에 있는 궁전이나 누각, 시냇물, 연
못, 화초나 나무 등 온갖 것들이 모두 여러 가지 보석과 향으로

되어 비길 데 없이 훌륭하며, 거기에서 풍기는 향기는 시방세계에 두루 번져 그것을 맡는 이는 모두 거룩한 부처님의 행을 닦게될 것 [寶香合成願]

33. 시방세계 한량없는 중생들이 내 광명에 비추기만 해도 그 몸과 마음이 부드럽고 깨끗해질 것 [觸光柔軟願]

34. 시방세계의 어떤 중생이 내 이름을 듣기만 하여도 보살의 무생법인無生法忍과 깊은 지혜를 얻게 될 것 [聞名得忍願]

35. 시방세계의 어떤 여인이든지 내 이름을 듣고 기뻐하여 보리심을 내는 이가 만약 여인의 몸을 싫어하면 죽은 후 다시는 여인의몸을 받지 않고 성불할 수 있을 것 [女人成佛願]

36. 시방세계의 한량없는 보살들이 내 이름을 듣기만 하여도 죽은뒤 항상 청정한 행을 닦아 반드시 성불하게 될 것 [常修梵行願]

37. 시방세계의 한량없는 천인이나 인간이 내 이름을 듣고 예배하고 귀의하여 즐거운 마음으로 보살행을 닦으면 모든 천인과 인간의 공경을 받게 될 것 [人天致敬願]

38. 내 불국토에 태어나는 중생들은 옷을 입고자 생각만 해도 아름다운 옷이 저절로 입혀지고, 바느질한 자국이나 물들인 흔적이나 빨래한 흔적이 없을 것 [衣服隨念願]

39. 내 불국토에 태어나는 중생들은 생각한 대로 받는 즐거움이 번뇌가 없어진 비구니와 같아 집착이 일어나지 않을 것 [受樂無染願]

40. 내 불국토에 태어나는 중생들이 시방세계에 있는 부처님들의 참모습을 보려고 하면 소원대로 보석의 나무에 나타나 비치기를 거울에 얼굴이 비치듯 할 것 [見諸佛土願]

41. 다른 세계의 어떤 중생이나 내 이름을 들은 이는 성불할 때까

지 6근이 원만하여 불구자가 되지 않을 것 [諸根具足願]

42. 다른 세계의 어떤 중생이나 내 이름을 들은 이는 모두 깨끗한 해탈삼매를 얻게 되고, 이 삼매를 얻은 이는 잠깐 사이에 한량없는 부처님께 공양하면서도 삼매를 잃지 않을 것 [住定供佛願]

43. 다른 세계의 어떤 중생이나 내 이름을 들은 이는 죽은 뒤 부귀한 가정에 태어날 것 [生尊貴家願]

44. 다른 세계의 보살로서 내 이름을 들은 이는 즐거운 마음으로 보살행을 닦아 선근공덕을 갖추게 될 것 [見足德本願]

45. 다른 세계의 보살로서 내 이름을 들은 이는 한량없는 부처님을 한꺼번에 뵈올 수 있는 평등한 삼매를 얻어 성불할 때까지 항상 수없는 부처님을 만나게 될 것 [住定具佛願]

46. 내 불국토에 태어나는 보살들은 소원대로 듣고 싶은 법문을 저절로 듣게 될 것 [隨意聞法願]

47. 다른 세계의 보살로서 내 이름을 들은 이는 곧 물러나지 않는 자리[不退轉地]를 얻게 될 것 [得不退轉願]

48. 다른 세계의 보살로서 내 이름을 들은 이는 첫째 설법을 듣고 깨달을 것, 둘째 진리에 수순하여 깨달을 것, 셋째 나지도 않고 죽지도 않는 도리를 깨달아 부처님의 가르침에서 물러나지 않을 것 [得三法忍願]

이와 관련해 나옹懶翁 혜근惠勤(1320-1376)스님의 다음과 같은 게송구가 전해 오고 있다.

阿彌陀佛在何方　아미타부처님은 어느 곳에 계신가?
<small>아 미 타 불 재 하 방</small>

着得心頭切莫忘　마음자리(본연심)에 계시니 절대 잊지 마라
<small>착 득 심 두 절 막 망</small>

念到念窮無念處　생각이 이르고 생각이 다하여 생각이 없어진 자리
<small>염 도 염 궁 무 념 처</small>

六門常放紫金光　6문에 서기로운 금빛 광명 항상 빛나네
<small>육 문 상 방 자 금 광</small>

　여기서 6문門은 6근六根·6경六境·6식六識을 통틀어 이르는 말이다.

　이 게송구는 아미타부처님을 주불主佛로 모시는 전각의 주련柱聯에 쓰이는데, 장성 백양사 극락보전, 서산 개심사 무량수각, 서울 경국사 무량수각, 울진 불영사 명부전, 양양 영공사 극락전, 서울 조계사 범종각 기둥에 걸려 있다.

81
아수라장 | 阿修羅場 |

'아수라장阿修羅場'이란 전란이나 싸움, 사고 등으로 끔찍한 혼란 상
태에 빠진 현장을 일컫는 말이다.

아수라는 범어 Asura의 음역으로, 원래는 인도 신화에 등장하는
인간과 신의 혼혈인 반신半神으로서 인드라Indra와 같은 신에 대적하는
악한 무리로 나타난다.

인드라와 아수라의 싸움을 생생하게 전하는 경전은 『잡아함경』이
다. 인드라가 아수라의 딸을 허락 없이 취하자, 격노한 아수라가 싸움
을 걸어온다. 전투에서 패해 도망가던 인드라는 전차戰車 앞에 금시조
金翅鳥 둥지가 있는 것을 보고 알을 보호하기 위해 전차를 되돌린다. 그
러자 아수라는 인드라의 계략에 속았다고 생각하고 후퇴하였고, 이것
으로 위기를 모면한 인드라는 아수라에게 승리한다.

불교에서의 아수라는 교만과 시기심이 강해 싸움을 일삼는 사람이
사후에 가는 세계[阿修羅道]를 말한다.

불탑에 주로 조성되는 신들 가운데 가장 인상적인 존재가 있다. 3
개의 얼굴에 팔은 여섯이나 여덟 개를 하고, 손에는 각기 해와 달, 또
는 염주나 칼, ㄱ자 모양의 측량도구인 구矩를 들고 있기도 하다. 이

특이한 형상 때문에 주로 탑의 상층기단에 새겨지는 팔부중八部衆 가운데 그의 존재를 확인하기는 가장 수월하다. 이 신이 아수라다.

중생은 자신이 지은 업에 따라 지옥-아귀-축생의 3악도와 수라(아수라)-인간-천신의 3선도를 윤회한다. 그래도 수라는 육도 중생의 분류에서 3악도에 들지 않고 3선도에 들어간다.

지옥·아귀·축생도는 진리(佛法)의 가르침을 전혀 알아들을 수 없으므로 삼악도라 이르는 것이며, 수라는 사람과 하늘 중생과 더불어 진리의 가르침을 다소나마 알아들을 수 있고, 그에 감응하여 깨달음을 얻을 수도 있는 근기가 남아 있으므로 3선도에 드는 것이라 한다. 이 윤회 업장을 해탈한 존재가 곧 부처이며, 이러한 윤회에서 벗어나지 못하는 중생은 다음 생에 육도 중 하나에 태어난다는 것이다.

아수라장은 '아사리판'이란 말로도 쓰이는데, 아사리阿闍梨는 제자를 가르치고 제자의 행위를 바르게 지도하여 그 모범이 될 수 있는 승려를 지칭하는 말이다. 아사리판은 아사리들이 박수를 치며 매우 시끄러운 수행 과정을 거쳤기에 생겨난 말이라고 한다.

중생들이 윤회전생을 하며 살아가는 곳이 지옥에서 천상까지 3악도와 3선도의 여섯 단계로 나뉘게 된 것은 각자가 저마다 지은 업의 결과에 따라 이루어진 것이 아닌가. 그러므로 지금 내가 어떤 처지에 놓여 있는가는 순전히 내가 지어 놓은 전생 행업의 소산인 것이니 누구를 원망하거나 신세 한탄을 하는 것은 실로 어리석은 일이다. 지금 내가 해야 할 일은 처지가 어려운 사람일수록 보다 나은 다음 생을 위해 지금을 어떻게 살아가느냐가 가장 중요한 일인 것이다.

82
| 안횡비직 | 眼橫鼻直 |

"눈은 가로놓여 있고 코는 세로로 붙어 있다."

누구나 다 똑같으며 다 알고 있는 기정사실을 뜻하는 선종禪宗의 용어로서 '중생이 바로 여래[衆生卽如來]'라는 진리를 함축적으로 표현한 말이다. 즉, 도인이나 깨달은 자 내지 부처나 범부 중생 모두가 머리는 하늘을 향하고, 다리는 땅을 딛고 있으며, 눈은 가로로 찢어지고, 코는 세로로 드리워져 있으니 그 모양 모습이 다 같고 본래 내재되어 있는 심성 또한 같으므로 누구나 '참나'의 본질에 있어 일여一如라는 의미를 강조해서 말한 것이다.

이 말은 일본 조동종의 개조인 도원道元(1200-1253)선사가 송나라 유학을 마치고 본국에 돌아가서 한 말인데, 『금강경오가해』 「대승정종분大乘正宗分」의 '야부송冶父誦'에 4언 대구로 나타나 있는 것으로 보아 일본의 도원이 야부송의 비직안횡을 안횡비직으로 바꾸어 인용한 것으로 보인다.

頂天立地 하늘에 머리를 두고 땅을 밟고 서서

鼻直眼橫 코는 드리워져 있고 눈은 가로놓여 있다

세월이 흐르면서 위의 야부송에 사족을 달아 다음과 같이 4언4구
로 회자되기도 한다.

頂天脚地   머리는 하늘을 향하고 다리는 땅을 딛고 있으며

眼橫鼻直   눈은 가로놓여 있고 코는 세로로 드리워져 있다

飯來開口   밥이 오면 입을 벌리고

睡來合眼   잠이 오면 눈을 감는다

옛말에 생장生長에 대하여 '부모가 아니면 태어나지 못하고[非父不生],
먹지 않으면 자라나지도 못한다[非食不長]'라고 하였다. 이는 '안횡비직'
과 더불어 너무나 당연한 일이라서 말이 필요치 않은 부분이다.

하여간 인간사 온갖 일에는 확실치는 않으나 그러하리라는 개연지
사蓋然之事가 있는가 하면, 이치적·도리적으로 마땅히 그러하리라는 당
연지사當然之事가 있으며, 어떤 원인이나 이유도 없이 일어나는 우연지
사偶然之事가 있기도 하고, 반드시 그리될 수밖에 어쩔 도리가 없는 필
연지사必然之事가 있다.

그런데 참으로 신기하게도 '그러할 然'이라는 '자연법칙'을 어기고
일어나는 반연지사反然之事는 없다는 것이다. 왜일까? 자연법칙이 바로
인연법칙이기 때문이다(395페이지 「인과응보」 참조).

인연이란 모든 현상과 존재에 있어 그에 따른 무수한 원인[因]과 조
건[緣]들이 서로 관계되어 상의상관성相依相關性으로 성립[果報]되었다가
인연이 다하면 마침내 사라져 버리는 것이 연기의 법칙이다. 이 법칙

속에 내재되어 있는 상의상관성의 정도에 따른 작용의 형상들이 당연 지사 내지 기연·우연·필연 등으로 나타나는 것이다.

그러므로 반연反緣이란 인연법칙, 다시 말해 자연법칙의 범주에서 벗어나 있기 때문에 성립될 수 없는 것이다.

83

| 암증선사 | 暗證禪師 |

　우주 만물의 진리를 깨닫고 세상만사 이치를 터득하여 성자 내지 큰 인물이 되어 보겠다는 사람 중에 암증선사와 문자법사가 있다.

　암증선사란 문자법사와 대비되는 어구로서 서로가 정신 차리라고 꾸짖어서 이르는 말이다.

　부처님의 교설 법문은 참구하지 않고 좌선에만 매몰되어서 막행막식莫行莫食(행하고 먹는 데 거리낌이 없는 것)의 어리석고 막돼먹은 막식자莫食者가 되어 스스로 도를 깨친 체하며 범부를 무시하고 성인 말씀도 비난하기를 잘하는 선객을 암증선사, 또는 암중暗中선사라 이른다.

　이에 견주어 문자법사란 신수봉행信受奉行의 마음은 전혀 없으면서 교학敎學의 이론만 익히고 문자의 지식에 얽매여 식자識者인 체하는 사람을 조소하여 일컫는 말이다.

　세상의 모든 진리와 이치를 깨달아 성자가 되고자 하는 위인들이 오직 자기 방법만이 으뜸이라 고집하는 이러한 곡사曲士(마음이 바르지 못한 사람)들을 일컬어 우물 가운데 앉아서 하늘을 바라보고 왈가왈부 떠들어 대는 우물 안 개구리(井中之蛙)라 한다.

　이 두 가지 허물에 대하여 천태天台 지자智者(538-597)대사의 스승이

신 남악南嶽 혜사慧思(515-577)선사는 「법화삼매法華三昧」의 말씀에서 선
禪·교教를 동시에 닦는 수행을 강조하고 있다.

無禪之教 文字法師　　禪이 없는 教는 문자법사요

無教之禪 暗證禪師　　教가 없는 禪은 암증선사라

禪定時訟　　　　　　선정일 때 경을 외고

訟時禪定　　　　　　경을 욀 때 선정에 들라

곧 선정을 닦을 때 경의 뜻이 살아나고, 경을 욀 때 선정이 일어난
다면 문자법사와 암증선사의 허물을 깨뜨리는 것이니 이를 두고 선송
일여행禪訟一如行이라 말하는 것이다.

무엇을 좌선이라 하는가何名爲坐禪? 밖으로 모든 경계에 생각이 일
어나지 않음이 坐이며[外於一切境界上 念不起爲坐], 안으로 본래 성품을 보아
어지럽지 않음이 禪이다[內見本性不亂爲禪].
무엇을 선정이라 하는가何名爲禪定? 밖으로 모양을 떠남이 선이요[外
離相曰禪], 안으로 어지럽지 않음이 정이라[內不亂曰定], 밖으로 선하고 안
으로 정하므로 선정이라 이름한다. [外禪內定 故名禪定]

불도 수행의 기본이 신信·해解·행行·증證이 아니겠는가.
삼보에 대한 믿음이 信이고, 번뇌의 움직임을 파악하는 것이 解이
다. 그리고 이렇게 파악된 번뇌를 여의는 법을 닦는 것이 올바른 수행
인 行이다. 비록 진리를 깨닫고 그 진리를 확신한다 하더라도 이것을

실행하기는 쉽지 않으므로 반복 훈련이 필요하다. 그다음이 지혜로써 진리를 깨닫는 證이다.

진리의 법인 부처님의 교설을 먼저 신봉하면서 그 가르침의 현묘한 의미를 깊이 요해하여 문자법사가 되고 나서 그에 따른 실천 수행으로 좌선을 통한 선정에 들어 아뇩다라삼먁삼보리를 이루어 내는 것이 방편 중 방편이 될 것이다.

84
| 야단법석 | 野壇法席 |

'야단법석野壇法席'은 불교 전통문화에서 비롯된 사자성어로, '야외에 크게 벌인 설법자리'라는 뜻이다. 야외의 당간지주幢竿支柱에 불·보살님의 탱화를 걸어 놓고 군중을 운집시켜 법회를 거행한 것을 말하며, 그 행사 준비가 매우 분주하다는 의미로도 쓰이던 말이다.

그런데 발음은 같지만 글자는 다른 이자동음어인 '야단(시끄러울 惹 / 실마리 端)'이란 용어가 함께 쓰이면서 본래의 의미가 다소 왜곡되어 쓰이는 경향이 있다.

惹端은 조선 정조 때 이의봉李義鳳(1733-1801)이 편찬한 『고금석림古今釋林』에 '시끄러운 사건이 야기된 실마리'라는 뜻의 '야기사단惹起事端'이라는 용어가 축약되어 생겨난 어휘임을 밝히고 있다.

한글 표기로 '야단'이라 했을 때 '野壇'과 '惹端'의 확실한 구분 없이 사용한 것이 왜곡된 동기이다. 이러한 혼동은 한글 전용의 한계이며, 우리말의 시원이 한문에 있음을 보여 주는 실례이기도 하다.

일례로 위에 표기된 '동기'라는 어휘도 다음과 같이 다양한 의미가 있다.

動機 : 어떤 일이나 행동을 일으키게 하는 계기

동력으로 움직이는 기계

動氣 : 움직이는 기운

同氣 : 한가지 기운

　　　형제와 자매, 남매를 통틀어 이르는 말

同期 : 같은 시기에 같은 장소에서 교육이나 훈련을 받은 사람

　　　같은 시기, 또는 같은 기간

冬期 : 겨울의 시기

冬氣 : 겨울철의 기후

童伎 : 국악에서, 남자아이의 음악이나 춤

童妓 : 아직 머리를 얹지 아니한 어린 기생

銅器 : 구리 그릇

우리말에 '중얼중얼'이라는 말이 있다. 중이 혼자서 입속으로 '웅얼웅얼' 무언가 외고 있는 것을 형용한 의성擬聲과 의태擬態가 혼합된 말이다.

과연 이 스님은 중얼중얼 무엇을 외고 있었던 걸까?

아마도 칭명염불稱名念佛 아니면 반야심경 내지 천수경 혹은 초발심자경문을 외고 있었을 것이다. 만약 중이 초발심자경문도 제대로 모른다면 '땡추' 소리를 듣기 십상이기 때문이다.

지금 우리 사회는 국가적으로 보장된 종교의 자유 덕분에 전 인류의 모든 종교가 다 들어와 있음은 물론이고 그에 따른 온갖 땡추들이 활개 칠 수 있는 세상이다. 결과적으로 사이비 성직자도 덩달아 많다는 것이다.

본래 땡추(당취黨聚의 어변)란 정권 다툼이나 당파 싸움이 많았던 옛 시절에 적의 동정을 살피기 위하여 걸인 또는 삭발 변복하고 동냥 다

니며 중 행색을 하는 세작(염탐꾼)을 일컫던 말이다. 이러한 땡추들은 바랑에 목탁만 들었지 어찌 불교를 제대로 알겠는가. 그래서 중답지 않은 중을 일컫는 말이 되었다.

만약 나라가 안정되어 있지 못하면 권력 다툼과 자리싸움이 극렬해지고 이권 경쟁으로 부정부패가 만연되어 이른바 땡추들이 집단을 이루게 되는데, 그 집단을 도당徒黨이라고 한다. 도당이 실권을 잡으면 사이비 애국자와 의인義人을 가장한 향원鄕愿(수령을 속이고 양민을 괴롭히던 촌락의 토호)들이 국정을 농단하므로 국가 재정을 거덜 내어 정말로 큰 야단이 일어나게 된다.

하여간 많은 사람이 모여들어 떠들썩하고 부산스러운 상태를 '야단났다' '야단법석이다'라고 말할 때는 野壇法席을 가리키는 말이 아니라는 것쯤 우리 불자들은 알아 두는 것이 좋겠다.

공자님이 55세에 처음 노魯나라의 대사구大司寇라는 관직에 올랐을 때의 일이다. 취임 7일 만에 대부大夫 소정묘少正卯를 궁궐 앞에서 처형한 뒤 그 시체를 3일간 백성들에게 보여 경종을 울리고 국정을 바로잡고자 하자 제자들이 그 까닭을 물었다.

그때 공자님의 대답은 다음과 같았다.

사람의 잘못된 행위에 다섯 가지가 있으니 ;
첫째, 만사에 통달한 척하면서 음흉한 짓을 꾸미고,
둘째, 행실이 괴팍하고 제 고집만 세우며,
셋째, 말이 교활하고 거짓되며,
넷째, 괴이하고 추잡스러운 일을 꾸며 행사하고

다섯째, 그릇된 일을 옳다고 교묘히 꾸며대어 백성을 기만하는 것이다. 이 다섯 가지 중 한 가지만 해당되어도 처형을 면키 어려울진대, 소정묘는 이 다섯 가지 잘못을 모두 저지르면서도 어리석은 사람들의 영웅이 되어 있으니 처형하지 않을 수 없다.

야기사단惹起事端 아예 없고
야단법석野壇法席 자주 있는
대한민국大韓民國 이어 가자.

85

| 업연중생 | 業緣衆生 |

業의 인연으로 태어난 중생을 '업연중생'이라고 한다.

業이란 범어 karma의 번역어로 지어서 만들어 낸다는 조작造作의
뜻을 가지며, 행위·소작所作·의지에 의한 몸과 마음에 따른 활동의 결
과, 즉 신심身心 생활에 의한 최종 결과를 이르는 말이다.

緣이란 인因(hetu)과 연緣(pratyaya)의 줄임말로서 因이라 할 경우에
도 인연의 줄임말이 된다. 따라서 業은 因이 緣을 만나서 발생되는 결
과(phara)이지만, 因만으로도 業이 될 수 있고 緣만으로도 業이 생길
수 있다.

業의 직접적 원인을 내인內因이라 하고 간접적 원인을 외연外緣이라
하며, 이에 따른 결과를 업과業果 또는 업보業報라고 한다. 그리하여 선
업善業은 낙과樂果의 인연을 부르고, 악업惡業은 고과苦果의 인연을 부르
며, 일체중생은 모두가 업과에 따른 인연에 의해서 생겨난 무리인 것
이다.

또한 중생(sattva)이란 유정有情·함식含識·생류生類 등으로 번역되며, 6
근(눈·귀·코·입·몸·뜻)의 심식心識을 가지고 생존해 가는 무리라는 말이
다. 이러한 중생들이 저마다 스스로 지어 놓은 업연業緣의 결과에 따라
지옥-아귀-축생-수라-인간-천상의 육도윤회 전생轉生을 끊임없이 이

어 간다는 것이다. 이에 연관하여 『현우경賢愚經』「미묘 비구니」 품의
설화를 소개한다.

　인도의 한 바라문 집에 귀여운 딸이 태어났다. 바라문은 인도의 네
가지 신분제도 중 왕보다 높은 사제계급이었으며, 딸의 아버지는 사
방에 두루 알려진 덕망 높은 사람이었다.
　곱게 자란 딸이 성장하여 시집갈 나이가 되자, 마침 다른 바라문의
아들이 딸의 미모에 끌려 청혼하였다. 두 사람은 양가의 허락을 받고
결혼하여 아들을 낳았다. 그 후 시부모가 병으로 잇따라 죽고, 여인은
둘째를 임신했다. 어른들이 안 계신 집에서 출산하기가 마땅치 않아
여인은 남편과 상의한 끝에 친정에 가서 몸을 풀기로 하고 아들을 데
리고 남편과 함께 길을 떠났다.
　가는 도중 갑자기 진통이 와서 나무 아래 자리를 잡고 아기를 낳게
되었다. 때는 밤이었고, 남편은 여행에 지치고 고단하여 여인과 조금
떨어진 곳에 자리를 잡고 주위를 살필 겨를도 없이 깊은 잠에 빠져들
었다. 그런데 피 냄새를 맡고 온 독사에게 물려 그만 죽고 말았다.
　이런 사실도 모르고 새벽녘에야 겨우 일어나 남편을 깨우려고 가까
이 갔던 여인은 독사의 독이 온몸에 퍼져 죽어 있는 싸늘한 시체를 보
고 기절을 하였다. 어린 아들이 울부짖는 소리에 겨우 깨어난 여인은
남편의 시신을 대충 수습했다. 그런 후에 큰아이는 등에 업고 갓난아
기는 품에 안고 울면서 다시 친정집을 향해 길을 떠났다.
　길은 멀고 험한데 지나는 사람 하나 보이지 않았다. 설상가상으로
앞에는 수심이 깊고 폭이 넓은 큰 강이 가로막고 있었다. 여인은 큰아
이를 강가에 내려놓고 먼저 갓난아기를 업고 강을 헤엄쳐 건넜다. 언

덕에 올라 나무 아래에 아기를 내려놓았다. 그때 큰아이가 강 건너에서 엄마를 부르면서 강물로 들어서다가 그만 물에 떠내려가고 말았다. 급히 강물에 뛰어들었으나 여인은 거센 물결에 떠내려가는 아이를 구할 수 없었다.

슬픔과 비통 속에 여인은 다시 기슭으로 올라갔으나 아기가 보이지 않았다. 그사이 늑대가 아기를 먹어 버린 것이었다. 여인은 또다시 기절했다가 얼마 후에 깨어났다.

한순간에 남편과 두 아이를 잃은 슬픔에 여인은 얼이 빠져 하염없이 걷다가 우연히 한 바라문을 길에서 만났다. 다행히 그는 친정아버지의 친구분이었다. 여인은 슬픔에 복받쳐 통곡하며 그동안에 일어났던 일을 말하고 친정 소식을 물었다. 그런데 이것은 또 무슨 청천벽력이란 말인가! 며칠 전에 친정집에 불이 나서 친정 부모와 동생들이 모두 불에 타 죽었다는 것이다. 이 비통한 소식에 여인은 또다시 까무러치고 말았다. 눈을 떠 보니 길에서 만난 아버지의 친구분 집이었다. 그분은 혈혈단신이 된 여인을 친자식처럼 보살펴 주었다.

그러던 중 이웃에 살던 한 바라문이 여인의 예쁜 얼굴을 보고 청혼해 왔다. 달리 의지할 데도 없었던 여인은 언제까지나 아버지 친구분 집에 있는 것도 미안하여 어쩔 수 없이 새로운 가정을 꾸몄다. 그런데 남편이 된 이 사람은 지독한 술주정뱅이였다. 술만 마시면 망나니가 되어 여인을 학대하였다. 처음에는 박복한 신세를 한탄하면서 참고 견디며 살아 보려고 노력하였지만, 날이 갈수록 심해지는 학대에 여인은 견디지 못하고 집을 뛰쳐나와 바라나시로 도망쳤다.

당시 바라나시는 매우 번창한 상업도시였는데, 도망쳐 온 여인은 달리 갈 곳이 없어 성 밖 외딴곳의 한 나무 아래 머물고 있었다. 거기에서 어떤 남자가 매일 무덤에 찾아와 눈물을 흘리고 있는 것을 보았다. 나중에 알고 보니 그는 부잣집 아들이었는데 사랑하는 아내를 잃고 못 잊어서 날마다 무덤에 찾아와 애통해하는 것이었다.

남자는 여인과 몇 차례 마주치자 말을 걸었다. 그러고는 대화를 시작하게 되고, 여인에게 자기의 새 아내가 되어 달라고 간청했다. 여인은 그의 청을 받아들여 또다시 결혼했다. 그는 지극히 여인을 사랑해 주었지만, 얼마 가지 않아서 병으로 죽고 말았다.

그런데 그 지방에는 전통적으로 남편이 죽으면 아내를 산 채로 함께 장사지내는 순장殉葬의 풍습이 있었다. 여인은 어쩔 수 없이 남편의 시신과 함께 무덤 속에 묻혀 모든 것을 포기하고 죽기만을 기다리고 있었다.

그런데 밤이 되자 한 도둑이 부잣집 아들의 무덤 속에 함께 묻은 순장품이 탐이 나서 무덤을 파헤치는 바람에 다시 살아나게 되었다. 그러나 도둑의 손에서 벗어날 수는 없었다. 여인은 도리없이 도둑의 아내가 되었는데, 이 도둑이 며칠 후 발각되어 사형을 당하고 말았다.

여인은 무어라 형언할 수 없는 자신의 기구한 신세가 너무도 원망스러웠다. 도대체 전생에 무슨 악업을 지었기에 이처럼 고통을 받으면서 살아야만 하는가? 이제 어디에 의지해서 남은 목숨을 부지해야 할 것인지 막막하기만 하였다.

그러던 중 문득 언젠가 들은 이야기가 생각났다. 석가족의 한 아들이 부처님이 되어 과거·현재·미래의 일을 훤히 꿰뚫어 안다는 이야기였다. 여인은 곧 수소문하여 기원정사에 계신 부처님을 찾아가 지난 모든 사연을 말씀드리고 자기도 수행자가 되게 허락해 달라고 애원하였다.

부처님은 시자 아난다에게 말씀하셨다.

"이 여인을 고타미 비구니(부처님이 싯다르타 태자 시절 셋째 부인이었다 함)에게 데려다주어 계법戒法을 일러 주게 하라."

여인은 고타미 비구니 밑에서 네 가지 성스러운 진리 사성제四聖諦와 인생은 무상하여 나의 실체가 없으므로 괴로운 것이지만 마음을 고요히 하여 모든 것에 실체가 없는 空의 진리를 깨닫고 나면 열반에 이른다는 삼법인을 배우고 부처님의 가르침대로 정진하여 마침내 아라한이 되어 자신의 과거와 미래를 모두 알게 되었다. 이 여인이 바로 미묘 비구니이다.

미묘 비구니는 전생에 지체 높은 큰 부잣집의 안주인이었지만 대를 이을 자식을 낳지 못했다. 그러자 남편이 작은댁을 들였는데, 그 여자는 지체는 낮은 집 딸이지만 미모가 출중하여 남편의 사랑을 독차지했다. 뿐만 아니라 아들까지 낳자 남편의 사랑은 더욱 극진했다.

큰댁은 남편의 사랑을 빼앗긴 것도 참을 수 없는데 작은댁이 상속자까지 낳게 되니 남편이 죽고 나면 자기의 처지가 어떻게 될지 날이 갈수록 불안하고 질투와 분노가 치솟아 참을 수가 없었다. 그래서 아이가 성장하기 전에 죽이기로 작정하고 어느 날 작은댁이 외출한 사이에 몰래 아이 방에 들어가 아이 머리 정수리에 가는 바늘을 깊숙이 꽂아 놓았다. 아이는 점점 말라 가다가 열흘쯤 지나 마침내 죽었다.

작은댁은 너무 애통하여 미칠 듯하였다. 아무리 생각해도 원인 없이 아이가 죽은 것은 큰댁의 소행이라 단정하고 추궁했다.

"당신이 내 아기를 죽였지요?"

큰댁은 펄쩍 뛰며 이렇게 말했다.

"내가 만일 그대 아이를 죽였다면 다음 생에 내 남편은 독사에게 물려 죽고, 거기서 낳은 아이는 물에 빠져 죽거나 늑대에게 잡아먹힐 것이다. 나는 산 채로 묻히고, 내 부모 형제는 불에 타 죽을 것이다. 이래도 나를 의심하겠는가?"

큰댁의 말대로 그녀는 다시 태어나 자기가 말한 그대로 악행의 죄업을 받은 것이다.

餘韻 種瓜得瓜 種豆得豆   오이 심으면 오이 얻고 콩 심으면 콩 얻나니

善業善報 惡行惡報   착한 행위 선한 결과 악한 행위 나쁜 결과

天網恢恢 疎而不漏   하늘 그물 성글어도 새어 나가지 못한다

六道輪廻 因果應報   끝없는 육도윤회는

원인 따라 일어나는 당연한 결과

86
| 여하시도 | 如何是道 |

무엇이 道인가?

道란 무엇인가?

마땅히 지켜야 할 도리이다. 우주 만물의 진리와 세상 이치를 여실히 알아차림의 길이다.

> 탄생게 : '오직 내가 하늘과 땅 사이 삼천대천세계에 가장 소중한 존재, 곧 천상천하유아독존天上天下唯我獨尊'이라는 진리를 체득하는 것이 道이며, 부처님의 8만 4천 법문法門이 道이다.

> 經 : 사성제四聖諦, 팔정도八正道, 6바라밀六波羅蜜이 道이며 삼법인이 道이다.

> 經 : 사고四苦, 팔고八苦, 108번뇌 고통이 道이며 이고득락離苦得樂이 道이다.

> 律 : 10계, 250계와 384계가 道이며 무상무주無相無住가 道이다.

> 論 : 구사론俱舍論, 백론百論, 십이문론十二門論, 중론中論, 양론兩論이 道이며 무위무심無爲無心이 道이다.

> 法 : 연기법緣起法, 5위백법五位百法이 道이며 업장 소멸이 道이다.

> 行 : 간화선看話禪·묵조선默照禪·여래선如來禪·조사선祖師禪이 道이며 이

심전심以心傳心이 도이다.

行 : 해탈 열반이 道이며 무상정각無上正覺이 道이다.

行 : 응무소주應無所住 이생기심而生其心이 道이며 진공묘유가 道이다.

道 : 반야바라밀다般若波羅蜜多가 道이며 오온개공五蘊皆空이 道이다.

道 : 진즉불변眞卽不變 여즉불이如卽不異가 道이며 여여평상심如如平常心
이 道이다.

道 : 일체중생실유불성一切衆生悉有佛性이 道이며 중생즉여래衆生卽如來가
道이다.

우리의 불교가 대개 위와 같다면, 유교는 다음과 같다.

- 몸이 가든 마음이 가든, 이것이 가든 저것이 가든, 해가 가고 달
이 가고 모두가 그러이 오고 가는 무위자연無爲自然의 道이다.

- 물심양면物心兩面의 길, 마땅히 오고 가는 정, 그냥 흐르는 그대로
가 道이다.

- 하늘에 통하는 360도는 원융圓融 ○의 道요

- 땅으로 통하는 360도는 방정方正 □의 道요

- 인간에 통하는 180도는 정삼각 △의 道요
미완인 나의 180도 △와 너의 180도 △가 하나로 결합하여 결국
360도◇의 원융한 조화를 이루는 것이 天·地·人 '자연의 길'이다.

- 이에 음양오행陰陽五行은 천지 만물의 道요, 목화토금수木火土金水는
상생상극相生相克의 道이다.

- 삼강오륜은 인간 5상五常의 道요, 인의예지신仁義禮智信은 피차 일여
의 道이다.

- 사서삼경四書三經은 사단칠정四端七情에 따른 사량지교思量之敎의 道이
며, 공맹노장孔孟老莊 제자백가諸子百家는 모든 사람에게 문명文明을
가르치는 道였다.

공자에게 제齊나라 경공景公이 정사政事에 대한 道를 물었을 때 『논
어』 「안연顏淵 11」에서는,
"임금은 임금다워야 하고 신하는 신하다워야 하며 어버이는 어버이
다워야 하고 자식은 자식다워야 한다. [郡君臣臣父父子子]"
라 하였고, 「헌문憲問 30」에서는,
"군자의 道에 세 가지가 있으니 나는 그것에 능함이 없으나 어진 이
는 근심하지 아니하고, 지혜로운 자는 의혹하지 않으며, 용감한 사람
은 두려워하지 않는다. [君子道者三 我無能焉 仁者不憂 知者不惑 勇者不懼]"
라고 하였듯이, 공자는 어느 명제이든 어떠한 경우이든 보통 사람의
생각으로는 헤아려 증명할 수 없는 추상적인 말은 단 한마디도 한 적
이 없다.

이에 반해 노자老子 『도덕경』 1장에는,
"道는 가히 道라 할 수는 있어도 항상된 도는 아니다. [道可道非常道]"
라고 하였는데, 이는 아마 물이 구름, 안개, 비, 파도가 되듯 항상 물
이라는 이름을 가질 수 없음과 같이 道에 대한 일반인들 인식의 가변
성을 경계한 말인 듯하며 매우 추상적인 표현이다.
이어서 제25장에서는,
"사람은 땅을 본받고, 땅은 하늘을 본받고, 하늘은 道를 본받으며
道는 자연을 본받는다. [人法地 地法天 天法道 道法自然]"

라고 하였다.

　이와 연관하여 제1장에서 언급된 '도가도비상도道可道非常道'란 의미는 천변만화를 일으키면서 저절로 그리되어져 가는 자연, 즉 하늘 땅 인간 및 만물이 변하는 道에 대해서 고정불변의 진리로 받아들이면 올바르지 않다는 말인 듯하다.

　도즉자연道卽自然! 하여간 아름답고 그럴듯한 추론인 것은 분명하다.

　그러나 훌륭한 학식의 소유자이거나 고도의 정신세계에 들어 있는 현자·철인의 경지에서 통할 수는 있겠지만, 내가 죽어 지옥 갈지 천당 갈지 모르는 보통 사람들한테 환호의 갈채를 받을 수 있겠는가!

　道는 뛰어난 몇몇 사람의 전유물이 아니다.

　세상은 평범한 일반인들의 道가 통하는 낙원이 되어야 한다.

　『악부시집樂府詩集』「격양가擊壤歌」를 보자.

　　일출이작 일입이식
　　日出而作 日入而息　　해 뜨면 일을 하고 해 지면 편히 쉰다

　　착정이음 경전이식
　　鑿井而飮 耕田而食　　우물 파서 물 마시고 논밭 갈아 밥을 먹네

　　제력우아 하유재
　　帝力于我 何有哉　　　임금님 권력이 나에게 무슨 소용 있으리오

　道는 임금님에서 거렁뱅이 누구에게나 통하는 인식 가능한 길이다.

　道는 지어내는 주체가 없으므로 성품이 없는 자연의 길이다.

　道는 생멸 자체이면서 영원히 끊기지 않는 숨길이다.

　이에 禪의 위대한 교육자 마조馬祖 도일道一선사는 『벽암록』에서 다음과 같이 설하고 있다.

　마조선사에게 어떤 스님이 물었다. [馬祖因僧問]

"무엇이 부처입니까?" [如何是佛]

"마음이 부처이다." [卽心是佛]

또 묻기를 [又問]

"무엇이 道입니까?" [如何是道]

"무심無心이 도이다." [無心是道]

또 물었다. [又問]

"부처와 道의 거리는 얼마나 됩니까?" [佛與道 相去多少]

답하여 이르기를 [答曰]

"道는 손을 펴는 것과 같고, 부처는 주먹을 쥐고 있는 것과 같다."

[道如展手 佛似握拳]

손바닥을 보이거나 주먹을 보이거나 손은 그대로 손!

이게 바로 가위 바위 보는 다 같은 손이듯 도불일여道佛一如 아닌가?

마음이 道[卽心是道]요, 마음이 부처[卽心是佛]이다.

백지장을 뒤집어도 그대로 백지장이듯, 道는 부처가 되고 부처는 마음이 되는 것이다.

마조선사가 이어서 이른다.

道는 수행을 하지 않나니, 다만 더러움에 물들지 말아야 한다. [道不用修但莫染汚]

무엇을 더러움이라 하는가? [何爲染汚]

단지 생사심이 있어 조작하며 나아가는 것은 모두 오염이 된다. [但有生死心 造作趣向皆是染汚]

만약 곧바로 道를 알고자 한다면 평상심이 道이다. [若欲直會其道 平常心

是道]

무엇을 평상심이라 하는가? [何謂平常心]

조작이 없고 시비가 없고 취사가 없고 단상이 없고 범부와 성자가 없는 것이다. [無造作 無是非 無取捨 無斷常 無凡聖]

그러므로 경에 이르기를, 범부의 행위도 아니며 성현의 행동도 아닌 것이 보살의 행이라 하는 것이다. [故經云 非凡夫行 非聖賢行 是菩薩行]

道를 행함에 있어 제일 중요한 것은 청정한 본래의 자성自性을 더럽히지 말라는 것이다.

① 허위와 조작으로 지어냄

② 옳고 그름의 따짐

③ 좋고 싫음의 취사 선택

④ 단멸하다, 영원하다의 견해

⑤ 범부의 망상도 아니고 성현의 흉내도 없는 5무행五無行이야말로 더러움에 물들지 않는 것이다.

이것이 바로 평상심이요 진정한 중도행中道行인 것이다. 그러므로 평상심은 중도中道이며 중도는 평상심이다.

- 附言 -

중생은 "하나에서 360"을 모두 가지고 있으면서 열[十]惱도 제대로 다루지 못하는 존재이므로 중생이다.

여래는 오직 "0零(Zero)"만을 가지고 있으면서 언제나 360을 다 사용한다. 그래서 원융무애圓融無㝵라 한다.

87
| 염불공덕 | 念佛功德 |

부처님을 떠올려 산란한 마음을 오롯이 다잡아 가는 염불이야말로 불도 수행의 기본이 되는 행법行法이다.

『아함경』에 의하면, 첫째 이법理法으로서의 불타를 염하는 법신法身 염불, 둘째 부처님의 공덕이나 상호相好를 떠올리는 관념觀念 염불, 셋째 불타의 명호를 부르는 칭명稱名 염불을 3념念이라 하고, 염불念佛·염법念法·염승念僧·염계念戒·염시念施·염천念天을 6념念이라 하며, 이 6념에다 염휴식念休息·염안반念安般·염신비상念身非常·염사念死를 더하여 '십념十念'이라 하였다.

십념에 대하여 다소 설명을 붙이면 다음과 같다.

① 염불 : 불타의 십호十號를 구족하고 나도 부처와 같기를 염원하는 것. 부처님에 대한 귀경歸敬, 예배, 찬탄, 억념 등의 뜻으로 염불하면 번뇌가 사라지고 극락에 태어나거나 열반을 성취한다.

② 염법 : 여래가 설한 경률론經律論 3장藏 12부경部經의 가르침을 깨달아 나도 佛과 같기를 염원하는 것

③ 염승 : 僧은 계정혜戒定慧를 구족해서 세간의 거룩한 복전福田이 되므로 나도 승행僧行을 닦고자 염원하는 것

④ 염계 : 계행은 중생의 선善과 불선不善을 없애 주므로 나도 능히 그것을 호지護持, 정진하고자 염원하는 것

⑤ 염시 : 보시행은 중생들의 인색하고 욕심 많은 간탐심慳貪心을 없애므로 나도 보시하여 자비로운 마음으로 중생을 거두어들이고 보살피고자 염원하는 것

⑥ 염천 : 무색계의 하늘이 쾌락을 누리는 것은 전생의 지계持戒, 보시의 선근을 쌓았기 때문이니 나도 이와 같은 공덕을 갖추어 하늘에 나고자 염원하는 것

⑦ 염휴식 : 적정처寂靜處에서 정혜定慧에 들기를 염원하는 것

⑧ 염안반 : 육신의 무상함과 죽음을 잘 알아서 망상 없애기를 염원하는 것. 염출입식念出入息이라고도 함

⑨ 염신비상 : '염신念身'이라고도 하며 육신은 오온이 결합된 인연의 소산이므로 영원한 존재가 아님을 생각하는 것

⑩ 염사 : 죽음은 피할 수 없는 것으로 인생은 허망한 몽환의 존재임을 생각하는 것

이와 같은 십념에 대하여 『관무량수경』「하품하생下品下生」조에 '비록 오역죄五逆罪를 지은 사람이라도 임종에 이르러 일심으로 나무아미타불을 열 번만 부르면 극락세계에 가서 난다고 하였다.

오역죄는 소승과 대승이 다른데, 소승의 5역은 단오역單五逆이고 대승은 복오역複五逆이다.

■ 소승 단오역

① 어머니를 살해한 죄[殺母]

② 아버지를 살해한 죄[殺父]

③ 아라한을 해한 죄[害阿羅漢]

④ 부처의 몸에 피를 낸 죄[出佛身血]

⑤ 승려의 화합을 깨뜨린 죄[破和合僧]

앞의 두 가지는 은전恩田을 배반한 것이며, 뒤의 세 가지는 복전福田을 배반한 것으로 무간지옥에 떨어지므로 무간업無間業이라 한다.

■ **대승 복오역**

① 탑사塔寺를 파괴하고 경상經像을 불태우고 삼보의 물건을 빼앗는 죄, 혹은 그런 일을 남에게 시키거나 그런 행위를 보고 즐거워하는 죄

② 성문·연각·대승법을 비방하는 죄

③ 출가자의 불법 수행을 방해하거나 그를 해치는 죄

④ 부모를 살해하는 죄

⑤ 업보가 없다 여기고 10불선업을 행하며 후세를 두려워하지 않고 남에게 그런 것들을 가르치는 죄

현재 일반적으로 고성염불 수행을 많이 하고 있는데, 『아미타경 통찬소阿彌陀經通贊疏』에 의하면 염불 수행에는 다음과 같은 10가지 공덕이 있다.

① 능배수면能排睡眠 : 정신이 맑아져서 졸음을 물리친다.

② 천마경포天魔驚怖 : 염불 소리에 마구니가 놀라 달아난다.

③ 성변시방聲遍十方 : 염불 소리가 시방에 두루하여 모든 업장이 소멸된다.

④ 삼도식고三途息苦 : 지옥·아귀·축생의 고통을 벗어난다.

⑤ 외성불입外聲不入 : 잡스러운 소리의 방해를 받지 않는다.

⑥ 염심불산念心不散 : 오롯한 마음이 흩어지지 않는다.

⑦ 용맹정진勇猛精進 : 용맹스러운 정진이 이루어진다.

⑧ 제불환희諸佛歡喜 : 모든 부처님이 기뻐하신다.

⑨ 삼매현전三昧現前 : 삼매가 당장 이루어진다.

⑩ 왕생정토往生淨土 : 부처님이 계신 정토에 태어난다.

88
| 염화미소 | 拈華微笑 |

"세존께서 대중들에게 연꽃을 들어 보이니 가섭이 미소를 지었다."

선종禪宗에서 많이 회자되는 어구로서 '염화미소拈華微笑' 또는 '염화시중拈華示衆'이라고도 한다.

『대범천왕문불결의경大梵天王問佛決疑經』에 다음과 같이 이르고 있다.

석 가 염 화 시 중
釋伽拈華示衆　　　석가세존께서 연꽃을 들어 대중에게 보이시니

가 섭 견 화 미 소
迦葉見華微笑　　　가섭존자가 그 꽃을 보고 빙그레 미소 지었네

세존께서 여래의 정법안장正法眼藏 열반묘심涅槃妙心을 말없이 마음에서 마음으로 전하는 이심전심, 가르침 외에 따로 법을 전한다는 교외별전敎外別傳이라는 말이 이 일화에서 비롯되었다.

'정법안장 열반묘심'이란 '진리를 볼 수 있는 지혜의 눈正法眼에 갈무리되어 있는[藏] 깨달은바 현묘한 법은 언어나 문자로 표현할 수 없는 열반의 묘심'이므로 오직 이심전심, 마음에서 마음으로 전하는 교외별전이라고 한 것이다.

열반이란 범어 Nirvāna를 중국어로 소리만 가차假借하여 열반이라

표기한 것이므로 한자의 의미로는 해석하지 않는 것이 원칙이다.

열반이라는 한자는 5종불번五種不翻에 들어가는 용어이지만, 범어 '니르바나'의 뜻은 '번뇌와 고통의 속박에서 벗어난 해탈의 상태'로서 적멸寂滅·입멸入滅·원적圓寂 등으로 번역한다.

여기서 5종불번이란 『번역명의집翻譯名義集』에서 현장玄奘(602-664)이 주장한 것으로, 번역하면 오히려 원래 뜻이 훼손될 수 있는 범어의 어구나 낱말을 번역하지 말고 소리 나는 내로 적으라는 다섯 가지를 말한다.

① 다라니陀羅尼처럼 비밀의 뜻을 지닌 것
② 박가범薄伽梵처럼 많은 의미를 함축한 것
③ 염정수閻淨樹처럼 자국自國에 일치하는 실물이 없는 것
④ 아뇩보리阿耨菩提처럼 예부터 사용한 음역어
⑤ 반야般若처럼 번역하지 않는 편이 더 좋은 것

『열반경涅槃經』에서는 열반에 대해 다음과 같이 이르고 있다.

> "보시하는 사람은 복을 얻게 되고, 자비를 베푸는 사람은 원한
> 이 없어진다. 선행을 쌓는 사람은 악이 소멸되며, 욕심을 떠난 사
> 람은 번뇌가 사라진다. 만약 이와 같이 행할지면 머지않아 열반을
> 얻으리라."

경전의 말씀으로 미루어 보면 보시로써 복을 짓고, 자비로써 원한을 해소하며, 선행으로써 악을 물리치고, 욕심을 버림으로써 번뇌가 사라져 마침내 열반에 이르게 된다. 이는 곧 탐·진·치 3독三毒을 여의

고 미혹의 번뇌 고통에서 벗어나는 해탈의 결과로 얻어지는 것이 열반이라는 것이다.

그러나 해탈도 불멸佛滅 후 점차 여러 가지로 분류하여 무위해탈無爲解脫, 성정해탈性淨解脫, 장진해탈障盡解脫 등을 거론하고 심해탈心解脫, 혜해탈慧解脫, 구해탈俱解脫을 말하기도 한다.

또한 열반도 유여열반有餘涅槃 무여열반無餘涅槃의 2종 열반, 또는 본래자성청정열반本來自性淸淨涅槃 유여의열반有餘依涅槃 무여의열반無餘依涅槃 무주처열반無住處涅槃의 4종 열반을 말하기도 한다.

소승의 부파불교에서 열반이란 번뇌를 소멸한 상태를 말하고, 번뇌는 끊었지만 아직 심식心識이 의지하는 살아 있는 몸[依身]이 있는 경우 유여열반이라 하고, 몸을 재로 만들고 지혜를 없앤다는 회신멸지灰身滅智의 상태를 무여열반이라 하였다.

대승에서는 열반 4덕을 갖추지 않은 소승의 열반을 유여열반이라 하고, 열반 4덕을 갖춘 열반을 무여열반 또는 무위열반이라 하여 최상의 목표로 삼았다.

열반 4덕이란 영원하고 즐겁고 자재自在한 참된 자아가 확립되어 있으며 청정한 상락아정常樂我淨을 말한다. 또는 정법正法, 지혜, 이욕離欲, 자재를 말하기도 하는데 이는 보살의 상락아정이다.

범부의 상락아정은 자기와 세계의 진상을 알지 못하며 영원하다 여기고[常], 찰나의 쾌락을 참인 줄 알고[樂], 이 몸이 실체인 줄 알며[我], 스스로 청정하다 여기는[淨] 어리석은 생각으로 사전도심四顚倒心을 뜻하기도 한다.

어쨌든 '염화미소'로써 연꽃은 불교의 상징화가 되었다. 불·보살이 앉는 자리를 연화대蓮花臺라 하고 극락정토를 연화장세계蓮花藏世界라 이르며, 『묘법연화경妙法蓮華經』 등 경전 이름에 쓰이기도 한다.

연꽃은 특별한 덕성德性 세 가지를 가지고 있다고 중국의 소동파蘇東坡(1036-1101)는 찬양하고 있다.

處染常淨 (처염상정)　더러운 곳에 피어나되 항상 깨끗하고

內虛外圓 (내허외원)　속은 비었으되 밖의 모습은 둥글고

華果同時 (화과동시)　꽃과 열매가 동시에 맺히니

是曰三德 (시왈삼덕)　이를 일러 세 가지 덕이라 하네

德이란 福을 지어내는 근원으로서 첫째 언제 어디서나 항상 청정함을 유지하므로 덕이라 하며, 둘째 마음속에 욕심이 없어 허허로워 밖으로 차별 없는 원융함을 나타내므로 덕이라 하며, 셋째 너와 내가 함께하는 조화로움을 보이고 있으니 덕이라 하였다.

과연 소동파 같은 시인이 찬탄할 만하지 않은가?

89

| 오계·십계·구족계 | 五戒·十戒·具足戒 |

'계戒'란 범어 śila의 번역어로서 행위·습관·성격·도덕·경건 등의 뜻을 가지며, 선악에 두루 통하는 명제이다. 좋은 습관을 익히는 것을 선계善戒(선율의善律儀), 나쁜 습관을 들이는 것을 악계惡戒(악률의惡律儀)라 하지만, 일반적으로 청정의 뜻이 있으므로 정계淨戒 또는 선계라고 칭한다.

戒는 본래 석존께서 불교도 이외의 외도外道들이 행하는 비행非行을 경계하여 불자들에게 내린 교훈으로, 재가자在家者나 출가자出家者 모두에게 공히 통하는 행동규범이다.

戒는 자발적인 노력을 기대하는 것이므로 戒를 어겼다 하여 처벌의 규정이 따르지는 않는다. 그러나 戒의 상위개념으로 수반되는 율律(vinaya)을 어기면 반드시 수범수제隨犯隨制(죄를 범하는 사람이 있을 때마다 이를 제지하기 위하여 계율을 정한 것)의 처벌을 받는 것이 원칙이다.

戒는 경률론經律論 3장三藏 중에 율장에서 비롯되어 전해진 것으로, 律의 일부분을 戒라 한다.

소승小乘에서는 재가와 출가, 남녀의 구별에 따라 5계·8계·10계·구족계를 말하며, 이를 약칭하여 '오팔십구五八十具'라 이른다. 대승大乘에서는 소승의 이러한 것들을 성문계聲聞戒(소승계)라 하면서 따로 대승보살大乘菩薩을 위한 보살계(大乘戒-54계)가 있다. 이 소승계와 대승계를 합하여 2계라 한다.

律에 대해서는 사분율四分律을 비롯하여 8단八段, 5편五篇, 7취七聚 등 그 논지가 너무나 광범위하므로 여기서는 생략하고 戒에 국한하여 일반상식 수준에서 요약 정리한다.

'5계'는 불교에 입문한 재가 신도가 지켜야 할 다섯 가지 계율을 말한다.

① 불살생不殺生 : 살아 있는 것을 죽이지 말라.
② 불투도不偸盜 : 도둑질하지 말라.
③ 불사음不邪婬 : 음란한 행위를 하지 말라.
④ 불망어不妄語 : 거짓말하지 말라.
⑤ 불음주不飮酒 : 술 마시지 말라.

'10계'는 사미沙彌와 사미니沙彌尼가 지켜야 할 10가지 계율로, 위의 5계에 다음의 다섯 가지가 더해진 것이다.

⑥ 부도식향만不塗飾香鬘 : 향유를 바르거나 머리를 꾸미지 말라.
⑦ 불가무관청不歌舞觀聽 : 노래하고 춤추는 것을 보지도 듣지도 말라.
⑧ 부좌고광대상不坐高廣大床 : 높고 넓은 큰 평상에 앉지 말라.
⑨ 불비시식不非時食 : 때가 아니면(정오가 지나면) 먹지 말라.
⑩ 불축금은보不蓄金銀寶 : 금은보화를 지니지 말라.

'구족계'란 출가한 비구·비구니가 지켜야 할 계율을 일컫는다. 분파에 따라 戒의 수는 다를 수 있지만 보통 비구는 250계, 비구니는 348계를 지키지 않으면 안 된다. 이러한 戒를 지킴으로써 일체 행위에 청정淸淨을 약속하는 것으로서 모두 갖추어져 있다 하여 '구족'이라고 한다.

구족계를 지키면 열반에 가까이 이른다 하여 근원近圓이라 한다.

이 계를 받으려면 사미계沙彌戒를 받은 지 3년이 경과한 이후 몸이 튼튼하고 일체 죄과가 없어야 하며, 나이도 만 22세 이상 70세 미만이어야 한다.

90
오방오지 | 五方五智 |

밀교密教의 진언종眞言宗에서 5방方의 5불佛에 5지智를 배대配對한 것
으로 오지여래五智如來라 부른다.

5방5불은 다음과 같다.

① 동방 향적세계香積世界 아촉불阿閦佛의 대원경지大圓鏡智(보살지菩薩智)

현교顯敎 4지四智의 하나로서 유루有漏의 제8식을 반연攀緣(心이 대상에
의지해서 작용을 일으키는 것)하여 불과佛果에서 처음으로 얻는 지혜이다.
거울에 한 점의 티끌도 없이 삼라만상이 그대로 비추어 모자람이 없
는 것과 같이 원만하고 분명한 지혜.

② 남방 환희세계歡喜世界 보생불寶生佛의 평등성지平等性智(본제지本際智)

밀교 5지五智의 하나이며 자타自他의 평등성을 체현體現하는 지혜이
다. 유루의 제7말나식末那識을 증장시켜 일체의 현상에 대한 절대적 실
체가 공함을 깨닫고 크게 자비심을 일으킨다.

③ 서방 안락세계 아미타불阿彌陀佛의 묘관찰지妙觀察智(연각지緣覺智)

유식종唯識宗의 4지四智의 하나로서 제6식識을 바꾸어 얻은 지혜이다.
모든 사물을 관찰하여 정확히 깨달은 다음 중생의 근기에 따라 법을
설하여 모든 의심을 끊게 하는 지혜.

④ 북방 연화장세계蓮華藏世界 불공여래不空如來의 성소작지成所作智(성문지聲聞智)

유식종唯識宗에서 세운 4지四智의 하나로서, 불과佛果에 올라 전5식前五識과 상응심相應心을 뒤집어 갖가지 변화를 성취하는 지혜. 미묘성불微妙聲佛이라고도 함.

⑤ 중앙 청정세계淸靜世界 대일여래大日如來의 법계체성지法界體性智(불지佛智)

밀교 5지五智의 하나로서 아阿·비毘·나羅·우吽·감欼의 다섯 자를 관하는 것을 자륜관字輪觀이라 하고, 이 관을 통해서 얻어지는 지혜이다. 대일여래는 밀교의 본존本尊으로 비로자나의 번역어임.

오지五智에 대하여 『무량수경無量壽經』에서는 불지佛智, 불가사의지不可思議智, 불가칭지不可稱智, 대승광지大乘光智, 무등무륜최상승지無等無倫最上勝智로 구분하며, 자이나교에서는 문지聞知, 사지思智, 자각지自覺智, 혜지慧智, 의지義智로 구분하고 있다.

여운餘韻 恒河沙佛 (항하사불)	갠지스강 모래 수만큼의 부처님
東方阿閦西阿彌 (동방아촉서아미)	동방에 아촉불(무노불無怒佛)
	서방에 아미타(무량수광無量壽光)
十方恒沙如來佛 (십방항사여래불)	시방에 갠지스강 모래 수만큼의 부처님
三千大天世界藏 (삼천대천세계장)	삼천대천세계를 갈무리하신
三劫三千諸尊佛 (삼겁삼천제존불)	과거 현재 미래의 모든 부처님이시여

6조 혜능慧能스님은 :

"한 생각 슬기로우면 반야지혜 생겨난다[一念智卽般若生]."

"하나의 등명은 능히 천년의 어둠을 제거하고[一燈能除千年闇] 하나의 슬기로움은 만년의 어리석음을 소멸시킨다[智能滅萬年愚]."

"혜慧는 태양과 같고 지智는 달빛과 같다[慧如日智如月]."

"미혹한 사람은 입으로만 염불하고[迷人口念], 지혜로운 자는 마음으로 행한다[智者心行]."

공자 왈 :

슬기로운 자는 의혹하지 않고[知者不惑] 어진 자는 근심하지 않으며[仁者不憂] 용감한 자 두려워하지 않는다[勇者不懼].

또한 슬기로운 자는 물을 좋아하고[知者樂水] 어진 자는 산을 좋아하며[仁者樂山], 슬기로운 자는 움직이고[智者動] 어진 자는 고요하며[仁者靜], 슬기로운 자는 즐겁게 살고[智者樂] 어진 자는 장수한다[仁者壽].

맹자 왈 :

옳고 그름을 판단하는 마음은 슬기로움의 단서이다[是非之心 智之端也].

만약 행하고 있는 일에서 그 올바름을 얻을 수 있으면 '지智'라 하고[若有爲之事 其得正則謂智], 함이 없는 일에서 그 원융함을 얻으면 '혜慧'라고 말한다[無爲之事其圓融曰慧]. 그러므로 지智는 혜慧의 본체이며 혜慧는 지智의 활용인 것이다[是故智是慧體慧是智用也].

91
| 오비이락 | 烏飛梨落 |

'오비이락烏飛梨落'이란 '까마귀 날자 배 떨어진다'는 뜻으로, 아무 관계도 없이 한 일이 공교롭게도 때가 같아 억울하게 남의 의심을 받거나 난처한 위치에 서게 됨을 이르는 말이다. 조선 효종 때 문인 홍만종洪萬宗이 지은 수상록『순오지旬五志』에 나오는 속담으로, 정철鄭澈·송순宋純의 시가와 중국의『서유기』를 평론한『순오지』에는 130여 개의 속담이 부록으로 실려 있다.

오비이락은 원래 천태종天台宗을 세운 천태天台 지의智顗(538-597)대사의 일화에서 나온 고사성어로, 그 일화가 칠언절구 게송으로 전해 내려오고 있다.

오 비 이 락 파 사 두	
烏飛梨落破蛇頭	까마귀 날자 배 떨어져 뱀 머리가 깨졌고

사 변 위 저 전 석 치
蛇變爲猪轉石雉   뱀은 멧돼지로 태어나

전생 까마귀였던 꿩에게 돌을 굴려 죽이니

치 작 엽 인 욕 사 저
稚作獵人欲射猪   꿩은 다시 사냥꾼으로 태어나

멧돼지를 잡으려 하네

도 사 위 설 해 원 결
導師爲說解寃結   천태스님이 전생 인연법을 해설하여

맺힌 원한을 풀어 주었네.

어쩌다 까마귀가 집 근처에서 까악까악 울어 대면 초상이 난다고 하여 불길한 새로 취급하기도 하고, 사람들에게 불길한 조짐을 미리 알려 주는 것이라 하여 고마운 새로 여기기도 한다. 하지만 까마귀의 좋은 점을 들어 흉조보다는 길조로 받아들이는 경향이 높은 듯하다.

까마귀는 반포조反哺鳥, 또는 효조孝鳥라는 별칭이 있다. 어미가 열심히 물어다 준 모이로 잘 자란 새끼들이 훗날 어미가 늙어 눈이 어두워지고 기력이 쇠잔해지면 그때부터 먹이를 물어다 어미를 봉양한다고 해서 붙여진 이름이다.

까마귀에 대한 설화는 기독교 성경을 비롯하여 세계 여러 나라에 다양하게 나타나 있으나, 우리나라에 국한하여 몇 가지만 살펴본다.

『삼국유사』 「사금갑조射琴匣條」에 의하면, 신라 21대 소지왕 10년(488)에 까마귀가 왕을 인도하여 내전에서 향을 사르는 중[焚香修道]과 궁주宮主가 간통하고 있는 것을 찾아내어 처단하는 사건이 있었다. 이로부터 정월의 상해上亥(첫 돼지날)·상자上子(첫 쥐날)·상오上午(첫 말날) 중에 제일 먼저 드는 날을 까마귀를 기리는 오기일烏忌日로 정하고 찰밥을 지어 까마귀에게 주는 행사가 매년 거행되었다.

이보다 앞서 제8대 마달라왕 4년(157)에 연오랑延烏郞과 세오녀細烏女가 동해 바닷가에 살다가 바위를 타고 일본으로 건너가 그 나라의 왕이 되었는데, 그때부터 신라에는 해와 달의 광채가 사라져 버렸다. 신라에 있던 해와 달의 정기가 연오랑과 세오녀를 따라서 일본으로 갔기 때문에 괴변이 생긴 것이라 여겨 왕이 사자使者를 보내어 두 사람을 찾았다. 그때 연오랑이 말한다.

"내가 이 나라에 오게 된 것은 하늘의 뜻인데 어찌 돌아갈 수 있겠는가? 그러나 나의 비妃가 손수 짠 고운 비단이 있으니, 이것으로 하늘에 제사를 지내면 괜찮을 것이다."

사자가 돌아와 보고하는 말을 듣고 왕은 비단으로 하늘에 제사를 지냈다. 그러자 해와 달이 전과 같이 회복되었다. 왕은 비단을 창고에 간수하고 국보로 삼았으며, 그 창고 이름을 귀비고貴妃庫라 하였다. 그리고 하늘에 제사 지낸 곳을 영일현迎日縣(해를 맞이한 고을) 도기야都斯野(기도 드린 들판)라 하였으니 지금의 영일만이다.

까마귀와 연관하여 다음과 같은 4자성어도 있다.

● 오합지졸烏合之卒

까마귀가 모인 것처럼 질서가 없이 모인 병졸이라는 뜻으로, 임시로 모여들어서 규율이 없고 무질서한 병졸 또는 군중을 이르는 말이다. 까마귀는 우리나라 전역에 무리지어 사는 텃새로 리더가 없다.

● 오비일색烏飛一色

날고 있는 까마귀들이 모두 한 가지 색이란 뜻으로, 사람들의 일반적인 행위가 특별히 다를 게 없다, 모두 같은 부류이거나 서로 똑같음을 이르는 말이다.

● 오비토주烏飛兎走

'오烏'는 해[日], '토兎'는 달[月]을 뜻하는 데서 세월이 빨리 흘러감을 이르는 말이다. 먼 옛날부터 해에는 세 발 달린 까마귀[三足烏]가 있는 것으로 생각하여 태양을 금오金烏라 부르고, 달에는 토끼가 불로불사不老不死의 약을 만들기 위해 절구에 약재를 넣어 찧고 있다고 여겨 옥토玉兎라 불렀던 데서 생겨난 말이라 한다.

• 오작통소烏鵲通巢

'까마귀와 까치가 둥지를 같이 쓴다'는 뜻으로, 서로 다른 무리가 함께 동거하는 것을 이르는 말이다.

92
| 오안통심 | 五眼通心 |

석존께서 『금강경』 제18 「일체동관분 ~~體同觀分~~」에서 수보리 존자에게 물으신다.

1. 여래는 육안肉眼이 있는가?
2. 여래는 천안天眼이 있는가?
3. 여래는 혜안慧眼이 있는가?
4. 여래는 법안法眼이 있는가?
5. 여래는 불안佛眼이 있는가?

이때 수보리의 대답은 한결같이 '네, 있습니다.'이다.

만약에 석존의 질문이 '중생들에게 육안이 있는가?'였다면 수보리는 당연히 '네, 있습니다.'라고 대답했겠지만, '중생들에게 천안·혜안·법안·불안이 있는가?'라고 물으셨다면 수보리는 아마도 '있을 수도 있고 없을 수도 있겠나이다.'라고 대답하였으리라.

왜냐하면 천안부터 불안에 이르기까지 육안의 경지를 넘어 보고 생각하는 관념적 마음이 능히 모든 인연법을 비추어 볼 수 있는 심안心眼이 열려야 비로소 천안을 얻고, 온갖 지혜를 다 가진 뒤에 혜안을 얻으며, 일체 유위법有爲法을 통달한 연후에 법안을 얻고, 유위·무위·제법諸法의 무상정등각無上正等覺을 얻은 후에야 불안을 얻는 것이기 때문이다.

고깃덩이 육안을 가지고 좀 더 잘살아 보겠다고 아귀다툼 경쟁하며 살아가는 중생들이 죄짓지 않고 살아가기도 어려운데, 삼독심을 여의고 천진무구 청정한 마음에서 얻어지는 심안을 갖는다는 것이 쉬운 일이 아니다.

이에 5안의 차별성을 살펴보면 먼저 6조 혜능스님이 다음과 같이 설명하고 있다.

> 처음 의혹된 마음을 제거함이 육안이요,
> 일체중생 모두가 불성이 있음을 보고 연민의 마음을 일으킴이 천안이며,
> 어리석은 마음을 내지 않음이 혜안이요,
> 법에 집착하는 마음을 제거함이 법안이며,
> 미세한 의혹까지 영원히 다하고 밝게 두루 비침을 불안이라 한다.

또한 『대지도론大智度論』 권3에서는 다음과 같이 설하고 있다.

> 육안은 장애가 있으면 보지 못하고,
> 천안은 인연·인과의 현상과 차별적인 것만을 볼 뿐, 그 절대경[實相]은 보지 못하고,
> 혜안은 공空의 원리는 보지만 중생을 유익하게 하는 도리는 볼 줄 모르며,
> 법안은 다른 사람을 깨달음에 이르게는 하지만 그 방편도方便道를 알지 못하며,

불안은 모든 것을 다 보고 다 안다.

여기서 방편도란 불교의 가르침이나 실천이 어려워 일반인에게 이해나 실행이 어려운 것을 가르치고 이끌어서 불교를 가까이하고 불교의 근본 뜻을 터득할 수 있게 고안된 교묘한 수단과 방법을 말한다.

한편『돈오입도요문록頓悟入道要門錄』에 마조馬祖 도일道一(709-788)스님과 그 제자 대주大珠 혜해慧海(709-788)스님의 대화가 다음과 같이 수록되어 있다.

> 혜해 : 여래의 5안이란 무엇입니까如來五眼者何?
> 도일 : 색의 청정함을 보는 것이 육안이고[見色淸靜名爲肉眼]
>   색의 본체가 청정함을 보는 것이 천안이며[見體淸靜名爲天眼]
>   모든 색의 경계 내지 선악에 대해서 모두 미세하게 분별하여 물
>   듦이 없고 그 가운데 자재함이 혜안이고[於諸色境 乃至 悉能微細分別
>   無所染着 於中自在名爲慧眼]
>   보아도 보는 바가 없음이 법안이고[見無所見 名爲法眼]
>   보는 것이 없고 보지 않는 것도 없는 것을 불안이라 하느니라[無見
>   無不見 名爲佛眼].

일반적으로 '눈' 하면 영어로는 똑같이 eye로 번역되지만, 한자에서는 '目'과 '眼'으로 표현되며 그 쓰임새는 사뭇 다르다.

'目'은 눈의 생김새를 본떠서 만든 상형문자로서 눈 자체를 지칭하는 일반명사로 쓰이며, 이것이 확대 전의되어 어떤 사물에 있어 낱낱의 묶음[條目]을 뜻하는 자이다.

반면 '眼'은 '눈 속에 들어 있는 눈동자를 뜻하는 형성자形聲字로 눈

을 움직여서 사물을 식별할 수 있는 눈의 공력功力을 뜻하는 자이다.

다음과 같은 용어들로 그 활용 범위를 가늠해 볼 수 있다.

- 목하目下(目前) : 눈앞(현상적) : 목하방춘目下芳春
- 안하眼下 : 눈앞(인식적) : 안하무인眼下無人
- 안목眼目 : 사물을 분별하는 식견(보는 눈)

우리가 사물을 좀 더 잘 보기 위해 시력을 도와주는 물건을 '안경眼鏡'이라는 말로 쓸 수는 있어도 '목경目鏡'이라는 용어는 성립될 수 없는 것이다.

그런데 눈이 볼 수 있는 능력(眼力=視力)의 범위(眼界=眼目)에 한계가 있으므로, 부처님께서 그 한계의 정도에 따라서 눈을 다섯 가지로 구분하여 육안 → 천안 → 혜안 → 법안 → 불안으로 나누어 설명하신 것이다.

그러나 이러한 눈들은 따로따로 존재하는 것이 아니며, 하나의 눈이 어떤 사물을 접했을 때 그 인식의 정도에 따르는 일련의 단계일 뿐이므로 하나의 몸으로 한결같이 본다는 '일체동관'이라는 제목을 붙일 수 있는 것이다.

또한 보는 이의 안력眼力(근기)에 따라서 육안이 육안으로 끝날 수도 있고, 육안이 천안이 될 수도 있으며, 불안이 될 수도 있는 것이다.

육안 앞에 놓인 어떤 사물이 너무 커도 전체를 다 보지 못하고, 너무 작아도 보이지 않는다. 너무 멀어도 보이지 않고, 너무 가까워도 보이지 않는다. 그리고 곡선으로는 보지 못하고 직선으로만 볼 수 있으므로 어떤 장애가 가로놓여 있으면 그 장애만 보인다.

따라서 모든 존재는 그 자체가 지니고 있는 성능만큼 외경外境을 가늠할 수 있을 뿐이다. 그러므로 육안이란 언젠가는 썩어서 문드러질 고깃덩이에 불과한 눈이기에 그저 사라져 없어질 것만 볼 수 있는 속성을 지니고 있다.

즉, 육안이란 본래적으로 그 자체가 '성주괴공成住壞空'의 존재이므로 '생주이멸生住異滅'하는 물질만 볼 수 있는 것이다.

'천안'은 원근·내외·주야晝夜를 초월하여 볼 수 있는 눈을 일컫는 말로서, 수행한 사람이 깊은 선정禪定 가운데 시간과 공간을 초월하여 볼 수 있는 능력을 의미한다. 즉, 육안으로는 볼 수 없는 미세한 사물이나 먼 곳에 있는 것까지도 널리 살펴볼 수 있는 눈을 이름하는 것인데, 이는 곧 하늘 문이 열리듯이 마음의 눈心眼이 열렸다 하여 천안이라 한다.

이러한 천안을 얻는 데 두 가지가 있으니, 우선 날 때부터 이를 가지고 있으면 '생득천안生得天眼'이라 하고, 선정을 닦아 얻으면 '수득천안修得天眼'이라 한다.

'혜안'은 우주 만상의 진리를 밝게 보는 지혜의 눈으로, 차별의 현상을 보지 않고 일체는 제행무상諸行無常하고 제법무아諸法無我임을 여실히 보아 마침내 열반적정涅槃寂靜에 이르는 지혜를 의미한다. 그러므로 다음과 같이 말할 수 있다.

어떤 상이 있으매 그 속에 상이 존재하지 않음을 볼 수 있으면 혜안이라 이르고, [有相內裏 得見無相 則名慧眼]

어떤 행行이 있으매 그 가운데 내가 존재하지 않음을 볼 수 있으면 지혜가 밝다고 한다. [有爲其中 得見無我 則謂慧明]

'법안'이란 현상계의 온갖 事와 理의 인연 관계에 따른 법칙을 분명히 볼 수 있는 눈을 뜻한다. 이러한 눈을 얻으면 나와 남의 인연 관계를 모두 볼 수 있으면서 다른 사람을 깨달음의 길로 인도할 수는 있으나 아직 완전한 방편도方便道를 얻지는 못한 것이라고 한다.

'불안'이란 일체를 다 보고 다 아는 최고의 눈을 일컫는 말이다. 그러나 굳이 이름을 붙여 '불안'이라고 지칭할 뿐 감히 눈이라 이름할 수도 없는 절대의 눈을 의미한다.

5안은 중생의 육안으로부터 심안이 열려 천안 → 혜안 → 법안 → 불안에 이르기까지 각각 별개의 것이 아니다. 한 범주에 놓여 있는 것으로서 다만 육안에서 불안까지의 격조에 차이가 있을 뿐이다.

6조 혜능선사가 이르기를 :

모든 사람이 다 5안이 있건만 [一切人盡一有五眼]
미혹에 덮인 바가 되어서 스스로 보지 못하는 것이다. [爲迷所覆 不能自見]

이에 야부冶父 도천道川(1127-1230)스님은 이렇게 외치고 있다.

다섯 가지 눈은 모두 다 눈썹 밑에 있을 뿐이다. [五眼盡在眉毛下]

5안 모두가 육안의 범주에서 벗어나지 않는다는 말이다.
이것이 바로 오안통심五眼通心이며 일체동관인 것이다.

93
| 용녀성불 | 龍女成佛 |

『법화경』「제바달다품」에 사갈라娑竭羅 용왕의 여덟 살 난 딸 용녀龍女가 문수보살이 용궁에서 법화경을 설할 때 듣자마자 깨달아 정각을 이루었다는 이야기가 있다. 어린 용녀의 지혜가 뛰어나 부처님의 매우 심오한 비장祕藏의 법을 능히 다 받아 지니고 깊은 선정에 들어 유위有爲와 무위無爲의 법을 요달了達하게 되었다.

그 용녀가 석가세존 앞에 나타나 찰나의 순간에 남자의 몸으로 변화하여 보살행을 구족하고 남방 무구無垢 세계에 가서 연화대蓮花臺에 앉아 등정각等正覺(아뇩다라삼먁삼보리)을 이루고 32상相 80종호種好를 보이며 성불을 이룬다.

부처님께서 여자의 몸으로는 성불할 수 없다고 직접 말씀하신 바는 없으나 남자로 변화하여 성불하였다는 위의 내용으로 인하여 오랫동안 남존여비의 풍조가 유지되면서 남성우위사상이 고착화되는 데 한몫한 느낌이 든다.

그러나 이는 여래께서,

"모든 중생이 다 부처의 성품을 가지고 있으므로 중생이 곧 부처이다一切衆生 悉有佛性 衆生卽如來."

라고 한 가르침을 귓전으로 흘려듣고 그때그때 상황에 따라 선택적으로 받아들이고 각자 자기 편한 방향으로 해석한 결과일 뿐이다.

『금강경』 제21분 「비설소설분非說所說分」에 이르기를,

"중생, 중생 하는 것도 여래는 중생이 아니라고 설하나니, 그 이름이 중생일 뿐이다[衆生 衆生者 如來說 非衆生 是名衆生]."

라고 하셨다. 여기에서 중생이라는 명제命題를 여자로 바꾸어 대입시켜 보면,

"여인, 여인이라는 것도 여래는 여인이 아니라고 설하나니, 그 이름이 여인일 뿐이다[女人 女人者 如來說 非女人 是名女人]."

라고 할 수 있다. 이는 곧 인간을 비롯하여 온갖 만물에 불성이 내재되어 있으니 중생이든 남자이든 여자이든 분별하여 이름 붙여 부르는 것일 뿐 본래로 다 같이 부처라는 말씀 아니겠는가.

부처님은 그야말로 완전한 평등을 설하고 계신데, 남성우월주의 악습은 동서양을 막론하고 현재까지도 완전히 해결되었다고 보기는 어렵다. 서양에서는 겨우 1800년대 중반을 지나 헨리크 입센Henrik Ibsen의 『인형의 집』이 나올 당시만 해도 여자는 '완전한 사람'이기 이전에 미완의 사람(女人-계집사람)의 대접을 받았으며, 동양에서도 남존여비男尊女卑라 하여 남성 중심의 사회에서 여성은 남성의 소유물로 고착화되어 있었다.

사람은 누구나 똑같은 인격체로서 신분의 귀천에 관계없이 평등하며, 남성과 여성은 그 역할만 나누어져 있을 뿐이라는 생각이 겨우 근래에 들어 자리 잡은 게 아닌가. 그러나 석존께서는 이미 2,500년 전에 인간은 물론 일체 만물의 평등을 주장하셨다.

『유마힐소설경維摩詰所說經』 「관중생품觀衆生品」에 다음과 같은 이야기가 있다.

유마힐은 부처님의 속세 제자이므로 흔히 유마거사라고 지칭하는 인물이며, 『유마경』은 대승불교의 가르침을 적극 표방하는 경전으로서 소승불교에서 강조하고 있는 번뇌와 보리, 윤회와 열반, 예토穢土와 정토淨土 등의 분별을 떠나 『반야경』에서 말하는 '空' 사상에 기초한 중생들의 일상생활 속에서 해탈의 경지를 체득해야 된다는 것을 '유마'라는 주인공을 내세워 설화식으로 나타낸 경전이다.

유마힐이 병석에 누워 있을 때 문수보살이 여러 성문聲聞과 보살들을 거느리고 문병을 왔다. 그때 유마힐이 신통을 보여 불가사의한 해탈상을 나타내고 서로 문답을 주고받으며 무주無住의 근본으로부터 일체법이 성립되는 것과 삼라만상을 들어 불이不二의 법문을 보인다.

문답 중에 문수보살이 묻는다.
"보살은 중생을 어떻게 보아야 하는가?"
그러자 유마가 대답한다.
"중생은 고정된 실체가 없으니 환술幻術로 만들어진 존재를 보듯이 해야 한다."
보살은 중생을 허깨비 환상으로 보아야 걸림 없는 자慈·비悲·희喜·사捨의 사무량심四無量心을 실천할 수 있다는 것이다.
이때 유마거사의 방에 머물고 있던 천녀天女가 이 같은 문답을 듣고 환희심에 하늘꽃을 뿌린다. 성문들이 자기 몸에 붙은 꽃을 털어 내려 하자 꽃은 오히려 더욱 달라붙는데, 보살들 몸에는 전혀 붙지 않는다.
성문들은 왜 꽃을 털어내려고 애썼을까? 그것은 수행하는 스님들은 몸에 어떠한 장식도 해서는 안 된다는 계율 때문에 꽃으로 몸을 꾸미는 것이 법답지 못하다고 생각해서였다.

이에 천녀가 그들을 힐난한다.

"꽃에 무슨 법다움과 법답지 못함이 있겠는가. 다만 스님들이 법답지 못하다는 분별심만 가지고 있을 뿐이다."

사리불이 다시 묻는다.

"그대는 이토록 신통력과 언변이 뛰어난데 왜 아직 여성의 몸을 하고 있는가?"

그러자 천녀가 되묻는다.

"나는 내 자신의 본성에서 여성을 찾을 수가 없었는데 스님의 눈에는 그것이 보이는가?"

그러고는 신통력으로 사리불을 여자로 변화시킨 다음 다시 묻는다.

"스님은 왜 여자 몸을 변화시키지 않는가?"

금생에 남자로 태어났다고 다음 생에 똑같은 남자로 태어난다는 보장은 없다. '오비이락烏飛梨落'에서 보여 주듯 지옥, 아귀, 축생, 수라, 인간, 천상의 육도윤회 중에 어느 세계에 태어나느냐 하는 것은 각자 행위의 결과인 업karma에 따른 것이므로 중생은 중생으로서 정해진 자성이 없는 것[無自性]이며, 다만 무자성의 어둠 속에 가려진 본성, 즉 부처 될 성품[佛性]만 있는 것이다.

사리불존자도 윤회전생輪回轉生 속에 악업을 지었으면 지옥에도 갈 수 있고, 업에 따라 천녀처럼 여자의 몸으로 태어날 수 있음을 훤히 알고 있을 성문승 사리자의 질문이 이상하지 아니한가…….

반야심경의 공도리空道理에 대한 가르침을 직접 받은 지혜제일 사리불존자가 천녀의 현묘한 신통력과 뛰어난 언변에 몽롱한 상태로 과거세 속의 분별심을 내는 훈습에 잠시 빠졌던 것인가? 아니면 무명 속에 허덕이는 수많은 중생들에게 반야지혜를 일깨워 주기 위해서 짐짓 스스로 고지식한 성문을 자처하여 일부러 어리석은 질문을 하고 천녀의 입을 통해 정법을 말하도록 유인을 한 것인가? 그것은 사리자만이 아는 비밀일 뿐이다.

하여간 사리불은 성문 중에서 법화의 법을 설함에 있어 그 차례가 첫째이며, 오직 홀로 소·대승을 초월한 원승圓乘을 개오開悟하고 회심향대回心向大하여 미래에 화광여래華光如來가 된다는 기별(記別-受記)을 받는다(화엄경 비유품).

94
| 우란분회 | 盂蘭盆會 |

살아서 악행을 저지른 사람이 죽어서 가는 삼악도三惡道 가운데 아귀
도餓鬼道에 떨어진 망령亡靈을 구제하기 위하여 여는 불사佛事를 이른다.

'우란분盂蘭盆'이란 범어 ullambana의 음역어로서 뜻 번역으로는
도현倒懸, 즉 '거꾸로 매달림'이라는 뜻이다.

목련존자가 신통으로 어머니를 찾아 아귀도로 갔을 때, 그 어머니
는 굶주릴 대로 굶주려 피골이 상접한 채 그야말로 아귀가 되어 거꾸
로 매달려 있었다. 음식을 드리자 어머니는 빼앗듯이 그것을 움켜쥐
고 입에 넣으려 하였으나 그 순간 음식이 모두 불탄 재로 변해 먹지
못하는 것이었다. 목련존자는 비통해하며 석가모니께 달려가 그 원인
을 여쭈었다.

석가모니께서 말씀하셨다.

"네 어머니는 죄업의 뿌리가 너무 깊어서 너 한 사람의 힘으로는 어
쩔 수가 없느니라. 네가 비록 효순孝順하여 이름이 천지에 진동할지라
도 천신, 지신, 사마외도, 도사, 사천왕신 들도 어찌하지 못하느니라.
반드시 시방대덕十方大德의 위신력威神力을 얻어야 해탈할 수 있느니라.
내가 이제 너에게 구제하는 법을 말해 주어 일체의 고난을 겪는 자들

로 하여금 모두 근심과 괴로움을 여의고 죄업을 소멸하게 하리라."

시방은 동서남북과 그 사이의 네 개의 우隅(모퉁이 사우-동남, 동북, 서남, 서북)에다 상하를 합쳐 열 방향, 즉 우주 전체를 지칭하는 것이며, 대덕은 부처 보살 고승 등을 높여 이르는 말이다.

"시방의 여러 승려들이 7월 15일에 자자自恣할 때 칠세七世의 부모와 현재의 부모가 액란 가운데 있거든 마땅히 백 가지 맛의 곡식과 다섯 가지 과일을 갖추고, 그릇에 물을 담고 향유香油와 등불과 평상과 와구臥具를 갖춰 공양해야 하느니라. 이날에는 시방대덕과 여러 승려들이 산에서 선정을 닦거나 혹은 사과四果를 얻거나, 혹은 나무 밑에서 경행經行하거나, 혹은 육신통이 자재하여서 성문 연각을 교화하거나, 혹은 십지보살이 방편으로 비구의 모습으로 대중 가운데 있으면서 모두 한결같은 마음으로 발우와 밥을 받는다. 그리하여 청정한 계와 성현들의 도가 구족하니, 그 덕이 큰 바다처럼 넓다. 누구라도 이 자자하는 승가에게 공양하는 이는 현재의 부모와 7세世의 부모와 6종種의 친족이 삼악도의 괴로움을 벗어나서 곧 해탈할 것이며, 의식이 저절로 해결될 것이다. 만일 부모가 현존하는 이는 백 년 동안 복락을 받을 것이며, 만일 이미 돌아가신 7대 부모는 천상에 태어나되 자재하게 화생하여 천화광天華光에 들어가 무량한 쾌락을 받을 것이다."

목련존자는 석가모니의 가르침[佛說盂蘭盆經]에 따라 음력 7월 15일 하안거 자자일에 우란분회를 열어 많은 수행승에게 음식과 옷가지를 공양하여 어머니를 구해 냈다. 이에 매년 7월 15일에 현세의 부모와 과거 7생의 부모를 위해 음식, 과일, 등촉 등을 갖추어 공양을 올리며, 우리나라에서는 민간 전래풍속인 백중절百中節과 같은 날에 겹쳐져 있다.

371

하안거는 인도의 강우기 3개월 동안 실시되는 불교승단의 연중행사로서 대개 4월 16일부터 7월 15일에 이르는 90일 동안[一夏九旬] 일정한 장소에 머물면서 오로지 수행정진에 힘쓰는 것을 말한다. 또 자자란 범어 pravārana(鉢剌婆剌拏)의 뜻 번역이다. 하안거를 마치는 마지막 날에 정진하던 대중들이 안거 중에 보고[見] 듣고[聞] 의심[疑]을 범한 세 가지 허물이 있었다면 모두 드러내어 고백하고 참회하는 것을 말하며, 수의隨意라고도 한다. 천주교의 고해성사 의식과 유사하다.

석가모니의 제자 신통제일 목련존자도 전생의 업으로 매 맞아 죽는다. 목련존자는 전생에 바라문의 아들이었는데 아내에게 빠져서 어머니에게 불효하였다. 어느 날 노한 어머니가 포악한 말을 한다.
"저놈을 힘센 장사가 쳐 죽였으면!"
이 악담으로 목련존자는 500생을 타살당하였고, 성도聖道를 증득하였음에도 그 업이 남아 집장범지執杖梵志(바라문의 수행자)들에게 구타를 당하고 죽는다.

『동국세시기東國歲時記』 7월 중원조中元條에 의하면, 음력 7월 15일은 우리나라의 풍속으로 백종일百種日(일반적으로 '백중날'이라고 함)이라 한다. 승려들은 절에서 재를 올려 부처님께 공양을 드리고 큰 명절로 삼는다. 중국의 『형초세시기荊楚歲時記』에 중원일에는 승려, 도사, 속인들이 모두 분盆(음식을 담은 쟁반)을 만들어 모든 사원에 공양을 드린다고 하였다. 또 『우란분경盂蘭盆經』에 석가모니의 제자인 목련비구가 오미五味를 갖춘 온갖 과일을 분에 담아서 시방육덕에게 공양했다고 하였다. 지금 말하는 백종일은 백과百果를 지칭하여 말한 것 같다.

고려가 불교를 숭상할 때에는 이날이면 항상 우란분회를 베풀었다. 지금 풍속에 절에서 백중재를 올리는 것이 바로 이것이다.

우리나라 풍속에 백중날을 망혼일亡魂日이라고 한다. 대개 민가에서는 이날 밤 달이 뜨면 채소, 과일, 술, 밥 등을 차려 놓고 망친亡親의 혼을 불러들여 제사를 지낸다.

안눌女訥 이동악李東岳도 그의 시에 다음과 같이 일렀다.

記得市廛蔬果賤　　시장에 채소 과일이
　　　　　　　　　　지천으로 많은 것을 기억해 보니

都人隨處薦亡魂　　사람들이 도처에서 죽은 혼령을
　　　　　　　　　　천도하는구나

『동국여지승람』에 '호서지방의 풍속에 15일에는 노소를 막론하고 거리에 나아가 배불리 먹고 마시며 즐겁게 놀고 또한 씨름놀이도 한다.'고 수록되어 있다.

95

| 육상원융 | 六相圓融 |

　일체의 존재는 연기법으로 이루어진 것으로 모든 존재마다 반드시 여섯 가지 상相을 갖추고 있으면서 각각 서로 다른 상을 다치지 않고 전체와 부분, 부분과 부분이 일체화되어 원만하게 이루어져 있음을 육상원융六相圓融이라 한다. 즉 사물의 원융한 조화를 이른다.

　불교에서는 이를 상의상관성相依相關性이라 하고, 일반적 상식으로 유유상종類類相從하는 인력引力의 법칙(a law of attraction) 정도로 이해할 수 있는 부분이다.

　화엄종에서는 당唐나라 지엄智嚴이 육상원융을 설하였고, 법장法藏·징관澄觀에 의해서 대성하였는데 이는 결국 연기법의 범주에 속하는 이론인 것이다.

　법장스님은 이것을 집[屋舍]에 비유하여 설명하고 있는데, 요약하면 다음과 같다.

　① **총상總相**

　만유의 일체법이 저마다 한 몸으로서 전체적·종합적으로 나타나는 상으로, 모든 유위법에 통하는 무상無常이나 무아無我 따위의 상. 부분을 총섭하여 전체를 성립시킨다. 기둥, 석가래, 들보 등이 하나의 집을 이루는 것과 같다.

② 별상別相

총상에 의지된 개별적 부분. 기둥, 서까래, 들보 등 낱낱의 그 자체를 가리킨다.

③ 동상同相

별상의 하나하나가 서로 조화되어 있는 모양. 여러 가지 차별이 있는 만물이 동일한 목적을 위하여 서로 협력하고 조화하여 통일되려는 속성을 이른다. 기둥, 서까래, 들보 등이 모두 집을 형성시키기 위해 있는 것이다.

④ 이상異相

별상이 각기 고유의 상을 잃지 않는 것을 이른다. 현상계가 지닌 서로 다른 모양이나 성질을 말하는 것으로 기둥, 서까래, 들보 등이 각기 다른 본모습을 갖고 있다.

⑤ 성상成相

별상이 유기적 관계로 모여 하나의 전체를 성립시킨다. 기둥, 서까래, 들보 등이 서로 인연되어 집을 완성시키는 것과 같다.

⑥ 괴상壞相

별상이 총상을 성립시키면서도 총상의 모양으로 혼용되지 않는 것. 낱낱의 몸이 모여 한 몸의 관계를 갖되, 그 낱낱은 각자의 근본자리를 잃지 않는 모양이다. 기둥, 서까래, 들보가 서로 의지하여 하나의 집을 이루면서도 제각기 고유한 본 모양을 지켜 그 본분을 잃지 않는 것과 같다.

6상을 이루는 연기법은 원융圓融과 행포行布의 두 가지 의미를 내포하고 있으며, 6상의 관계를 체體·상相·용用으로 나누면 다음과 같다.

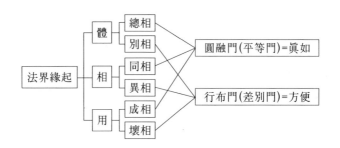

총상·별상 2상은 연기의 체덕體德, 동상·이상 2상은 연기의 의상義相, 성상·괴상 2상은 연기의 의용義用인 것이며, 행포는 원융을 떠나 있지 않으므로 원융이 행포가 되고 행포가 곧 원융이 된다.

이제 무진無盡한 법계의 연기를 이루고 있는 것이며, 보살의 계위에 있어서는 처음의 초初와 마지막의 후後가 상즉相卽하는 것을 원융이라 하고, 처음에서 끝까지의 차례를 행포라고 한다.

'상즉상입相卽相入'이란 우주의 삼라만상이 겉으로는 서로 대립되어 있는 것 같지만, 실제로는 상호 융합하여 작용해 가며, 서로가 한량없이 밀접한 인과관계를 보존하고 있다는 의미로 '상즉상용相卽相容'이라고도 하고, 줄여서 '상즉' 또는 '상입'이라고도 한다.

'당신의 행복이 나의 행복(I'm happy when you're happy)'이라는 서양

의 격언과도 일맥상통하는 말로, 화엄사상의 근본교의根本教義이다.

첫째, '상즉'이란 마주 서 있는 두 개의 사상事象이 서로를 버리고 무차별無差別의 하나가 되는 것이다. 이러한 하나[一]가 없으면 전체인 다多는 성립되지 않기 때문에 하나가 있으면 일체가 성립된다는 것이다[一卽多 多卽一].

둘째, '상입'이란 서로 걸림 없이 융합하는 것으로 모든 현상은 인연작용에 의해서 일어나는데, 한쪽이 본체(體⇒能)이면 다른 쪽은 체에 따른 작용(用⇒所)이 있게 된다.

일체법이 대대對待(쌍방이 서로 마주 섬)할 때 이러한 능·소의 경계가 나타나는데, 체體는 소所(用)가 있으므로 그 존재가 성립되는 것이며, 따라서 소(작용)는 능能(본체)에 갈무리되어져 있는 것이다.

이와 같이 능·소의 피차 관계에서 결국 일여一如가 되므로, 의상義湘 대사는 『법성게法性偈』에서 다음과 같이 설파하고 있다.

無量遠劫卽一念 한량없고 머나먼 오랜 겁이 곧 한 생각이요

一念卽是無量劫 한 생각이 곧 한량없는 무량겁이라

九世十世互相卽 구세십세가 서로 상즉하니

仍不雜亂隔別成 뒤섞여 어지럽지 않고 제각기 이루어졌네

---

* 구세십세九世十世 : 과거·현재·미래의 3세에 각각 과거의 과거·현재·미래, 현재의 과거·현재·미래, 미래의 과거·현재·미래가 있어서 9세라 하며, 이 9세를 모두 합쳐서 1세라고 하므로 10세라고도 한다.

96
| 윤회전생 | 輪廻轉生 |

윤회輪廻란 '태어나면 죽는다'는 생사가 거듭거듭 끝없이 이어진다는 범어 saṃsāra의 번역어이다. 한 번 태어났다 죽는 것으로 끝이 아니라 수레바퀴가 끊임없이 구르는 것과 같이 중생이 번뇌와 망상, 그에 따른 행업에 의하여 삼계육도三界六道를 그치지 아니하고 돌고 도는 일을 말한다. 나고 죽는 일이 거듭되므로 윤회전생輪廻轉生이라 하는 것이다. 결국 윤회 자체가 전생이며, 전생이 윤회가 되는 연기緣起의 순환법칙으로서 일체 만물에 똑같이 적용되는 원리이다.

당장 이 연기법의 원리를 적용시켜 생각해 보면, 지금 우리가 기르고 있는 가축이나 애완동물들 내지 목숨을 가지고 있는 파리 모기 벌레들까지 어쩌면 수없이 지내온 전생 중에 언젠가 한 번쯤 인간이었다가 바뀌고 바뀌어 축생이 되었을 수도 있고, 앞으로 우리가 저승에 가서 다음 생을 받을 때 짐승 또는 이보다도 못한 지옥이나 못된 귀신으로 태어날 수도 있다는 것이다.

지옥·아귀·축생·수라·인간·천상의 육도 중에 어느 세계에 다시 태어나느냐 하는 문제는 온전히 각자 자신의 행위에 따른 총체적 결과인 업(Karma)에 의한 것이라 한다. 착한 업을 지었으면 그 선함의 정도에 따라 좋은 세계인 천상 내지 인간·수라 등 삼선도三善道에 태어날 수 있고, 나쁜 행업을 쌓았으면 그 악함의 경중과 질에 따라 나쁜 세계인 지옥·아귀·축생의 삼악도三惡道에 태어난다는 것이다.

윤회전생이란 반드시 어떤 한 목숨이 태어나고 그 생명이 죽었다가 또 다른 모습으로 이어지는 것만을 말하지는 않는다. 한 생각을 일으켰다가 찰나에 한 생각이 사라지는 것 역시 윤회라고 한다. 한 생각에 이어서 다른 생각이 일어나고, 그에 따라 꼬리에 꼬리를 물고 이 생각 저 생각 종잡을 수 없이 마구 일어나는 생각들 자체가 이미 윤회랄 수 있는 것이다.

일체유심조一切唯心造라 하지 않는가.

인간사 모두가 마음에서 비롯된 생각들이 모여서 행위를 일으키고, 그 행위에 따른 작용력과 영향력이 행업으로 나타나서 각자의 내생來生을 결정짓기 때문이다.

그러므로 한 생각이 원인이 되어 일어난 다음 생각 자체로써 인과법칙에 따른 윤회가 성립되는 것이다.

이와 같은 육도윤회와 연관하여 유정有情 중생들이 유전하는 迷의 세계가 있으니 욕계欲界·색계色界·무색계無色界라 한다.

① 욕계
욕망·욕심이 주가 되는 사바세계로서 육신을 가지고 살아가면서 오감五感에 끌려다니는 물질계와 죽어서 가는 영혼의 세계, 그중에서도 욕심이 주가 되는 세계이므로 苦와 樂이 상존하는 세계이다. 이 세계는 식욕, 음욕, 수면욕의 3욕이 치성하므로 욕계라 한다.

② 색계

욕계 위에 있는 세계로 4정려四靜慮를 닦은 이가 사후에 태어나는 세계이며, 욕계보다는 욕심이 매우 정화된 세계이다. 과보의 우열에 따라 초선初禪(有尋有伺定), 이선二禪(無尋有伺定), 삼선三禪(無尋無伺定), 사선四禪(捨念法事定) 등 4선천四禪天으로 나뉘어지고 색천色天이라고도 한다. 아름다운 형상을 지닌 복락의 세계이다.

③ 무색계

물질을 초월하여 물질이 없는 청정한 마음이 주가 되는 유정의 마지막 세계이다. 과보의 승렬勝劣에 따라 공무변처空無邊處, 식무변처識無邊處, 무소유처無所有處, 비상비비상처非想非非想處로 나뉜다. 무색계의 유정들은 남근男根은 없으나 모두 남자이며, 그 수명은 위 처소의 차례대로 2, 4, 6, 8만 겁을 산다고 한다.

이러한 삼계육도를 윤회전생하는 고통을 크게 세 가지로 나누어 3고苦라 하는데, 다음과 같다.

① 고고苦苦 : 중생의 몸과 마음을 괴롭게 하는 모든 고통을 통틀어 고고라 한다. 추위·더위·배고픔·목마름·질병·혹사·환란 등[一體皆苦]
② 괴고壞苦 : 몸 가운데 지수화풍地水火風의 4대 요소들이 늙고 병들어 무너질 때 느끼는 고통 내지 자기가 아끼고 사랑하던 것이 없어지는 괴로움[諸法無我의 苦]
③ 행고行苦 : 나와 나의 것에 영원함이 없는 고통[諸行無常의 苦]

이 고고·괴고·행고를 합쳐 일체개고一體皆苦라 하는데, 삼계육도를 윤회전생하는 이 고통을 과연 어찌 해결할 것인가?

고려의 보조국사普照國師 지눌智訥(1158-1210)선사께서 『수심결修心訣』을 통해 그 첫머리에 명쾌한 해답을 말씀하신다.

三界熱惱 삼계의 뜨거운 고통은

猶如火宅 불타는 집과 같나니

其忍淹留 그대로 참고 머물면서

甘受長苦 그 기나긴 고통을 달게 받을 텐가

欲免輪廻 윤회를 벗어나고자 한다면

莫善求佛 부처를 찾는 길이 최고이다

若欲求佛 만약 부처를 찾고자 한다면

佛卽是心 부처는 바로 이 마음이라네

心何遠覓 마음을 어찌 멀리서 찾으리요

不離身中 이 몸뚱이를 떠나지 않았노라

97

| 이고득락 | 離苦得樂 |

"괴로움을 떠나면(A) 즐거움을 얻는다(B)."

이는 곧 A = B이다. 참으로 단순한 문제(problem)이면서 너무나 어려운 명제命題(proposition)이다. 불교와 인류 중생 모두에게 주어진 최대의 당면과제이다.

석존께서 태자의 몸으로 출가하여 6년 고행 끝에 성도한 후 제일 먼저 말씀하신 생로병사의 근본 苦는 결과적으로 4성제四聖諦, 8정도八正道, 3법인三法印의 교설로 이어지게 되는데, 여기에서는 苦와 樂에 국한하여 살펴보기로 한다.

3법인 중에 괴로움의 원인이 되는 ① 제행무상諸行無常과 ② 제법무아諸法無我의 무상·무아는 온갖 번뇌 고통을 일으키는 일체 모든 괴로움一切皆苦의 원인으로서 모든 물심物心의 현상이 생주이멸生住異滅하는 변화 속에 항구 불변의 영속성이 없으므로 괴로운 것이며, 우주에 존재하는 모든 것의 생겨나고 사라지는 법칙이 한결같이 인연 따라 벌어지는 현상이기에 참다운 나의 실체가 없으므로 괴로운 것이다.

여기서 無常이란 시시각각 일어나는 생멸의 변화가 시간적으로 유한하다는 뜻이며, 無我란 공간적으로 나타났다가 사라져 버리는 풀잎의 이슬 같은 존재로서 고정불변의 실체가 없다는 말이다.

공간(宇) 없는 시간(宙)은 성립될 수 없으며, 시간 없는 공간 역시 상상이 되지 않는다. 그러므로 공간(宇=A=彼)은 곧 시간(宙=B=此)이기도 하며, 결론적으로 '우즉주宇即宙, 시즉공時即空'이 되므로 피차일여彼此一如(A=B)라는 상대성 법칙이 성립된다. 이는 곧 '중생즉여래衆生即如來'이듯이 이고離苦는 득락得樂이며, 득락이 이고인 것이다.

앞에서 말한 無常의 괴로움과 無我의 고통이 한꺼번에 닥쳤을 때 중생들의 인생살이는 그야말로 일체개고一體皆苦일 수밖에 없다.

그렇다면 중생들에게는 온통 괴로움만 존재하는 것인가?

그렇다! 사고팔고四苦八苦의 원인을 인지하고 그것을 해결할 실마리를 찾지 못한 미혹한 중생일 때는 어쩔 수 없는 운명 아니겠는가.

그러나 생로병사의 네 가지 근본 苦에 이어서, 사랑하는 사람과 이별하는 애별리고愛別離苦, 원망하고 미워하는 이와 함께 살아가는 원증회고怨憎會苦, 소구소망 원하는 것을 얻지 못하는 구부득고求不得苦, 유위법의 물질계와 정신계의 인연 따라 일어나는 오음성고五陰盛苦의 無常無我의 모든 괴로움, 4苦8苦와 108번뇌에 따른 고통의 속박을 여실히 깨달아 완전히 벗어나면 마침내 해탈을 통하여 3법인의 열반적정涅槃寂靜에 이르게 된다.

열반이란 범어 nirvāya의 음역音譯으로, 깨달음의 지혜인 보리菩提(bodhi)가 완성된 경지를 뜻하며, 번뇌 고통을 멸하고 깨달음에 이른다는 멸도滅度 또는 고요히 생사를 멸했다는 적멸寂滅 등으로 해석한다.

소승이냐 대승이냐에 따라서 열반에 대한 분류도 매우 다양하다. 소승에서는 유여열반有餘涅槃, 무여열반無餘涅槃, 반열반般涅槃 등을 거론하고, 대승에서는 상常·락樂·아我·정淨의 열반 4덕을 갖춘 대승의 열반을 무위열반無爲涅槃이라 칭하고, 소승의 열반은 4덕을 갖추지 못한 것으로 간주하여 유위열반有爲涅槃이라고도 한다.

하여간 괴로움을 여의고 즐거움을 얻는다는 이고득락이야말로 열반에 이르는 지름길이며, 미혹을 떨쳐 버리고 깨달은 중생이라는 보살(bodhi-sattva)이 되어 마침내 부처가 되는 관문인 것이다.

『남본열반경南本涅槃經』권3에 이르기를 열반에는 상常·항恒·안安·청정淸淨·불로不老·불사不死·무구無垢·쾌락의 여덟 가지 맛이 있다 하였다.

불교는 자유와 평등을 추구하는 종교이다. 우선 올바른 깨달음의 정각을 얻고자 하는 것은 궁극적으로 자유인이 되기 위한 전제조건이며, '중생즉여래'라고 하는 것은 부처와 중생이 본래적으로 평등하다는 말이다.

중생으로 심신에 때가 끼어 누추하게 살아가지만, 티끌은 떨어내고 때는 닦아 내어 불진제구佛塵除垢한 몸과 마음을 가지면 그 몸 그대로 여래이니 어찌 중생 따로 부처 따로 본성이 다를 수 있겠는가? 수행이란 무상無常·무주無住의 온갖 괴로움을 완전히 여의고 본연의 나本來成佛를 찾아서 진여진래眞如眞來의 여래, 곧 대자유인이 되는 것이다.

'苦'란 번뇌 고통의 속박을 받는 부자유不自由이며, '樂'이란 마음먹은 대로 이루어진 결과이다. 이에 離苦란 괴로움의 사슬을 겨우 끊어내고 비로소 자유를 누릴 수 있는 해탈의 경지이며, 得樂이란 결박을 풀고解 고통에서 벗어나脫 진정한 즐거움인 여의如意 형통한 열반락涅槃樂을 누리는 경지이다.

그러므로 부자유란 중생들 인생길에 장애물인 탐진치 3독의 걸림돌에 가로막혀 있는 것이요, 자유를 누린다는 것은 앞에서 언급한 4苦8苦와 108번뇌를 그대로 받아들이면서 4성제, 8정도 내지 6바라밀의 수행으로 3독의 걸림돌을 밟고 올라서서 자유를 누리는 이고득락의 결과이다. 이는 곧 '걸림돌을 밟고 올라서면 디딤돌이 된다'는 세속의 진리이기도 하다.

불교는 그 어느 것이나 그 누구에게도, 특히 자기 자신의 욕망이나 사념思念에 얽매이지 않고 자유와 평등을 추구하는 종교이다.

6조 혜능의 법을 이은 회양선사와 임제선사가 공히 말했듯이,

"부처를 만나면 부처를 죽이고, 조사를 만나면 조사를 죽여라[殺佛殺祖]."

라고 하는 것은 자유와 평등을 강조하며 어리석은 사思·상想·염念·려慮에 끄달리지 말라는 극단적인 외침이다.

餘韻여운		
生老病死根本苦생로병사근본고		생로병사 근본의 고통이라면
無常無住一體煩무상무주일체번		무상무주는 일체의 번뇌로다
離苦得樂衆生願이고득락중생원		이고득락은 중생의 소원이요
涅槃寂靜解脫門열반적정해탈문		열반적정은 해탈의 문이어라

98
| 이십난사 | 二十難事 |

부처님께서 말씀하셨다.

"사람에게 스무 가지 어려운 일이 있다." [佛言 人有二十難]

1. 가난하면서 보시하기 어렵고 [貧窮布施難]

2. 호화롭고 부귀하면서 道를 배우기 어려우며 [豪貴學道難]

3. 목숨을 버려 반드시 죽기 어렵고 [棄命必死難]

4. 부처의 경전을 얻어 보기 어려우며 [得覩佛經難]

5. 부처님 계실 때 태어나기 어렵고 [生值佛世難]

6. 색심과 욕심을 참아 내기 어려우며 [忍色忍欲難]

7. 좋은 것을 보고 탐내지 않기 어렵고 [見好不求難]

8. 모욕을 당하고 화내지 않기 어려우며 [被辱不瞋難]

9. 권세를 가지고 뽐내지 않기 어렵고 [有勢不臨難]

10. 일을 당해서 무심하기 어려우며 [觸事無心難]

11. 널리 배우고 두루 탐구하기 어렵고 [廣學博究難]

12. 아만심을 없애기 어려우며 [除滅我慢難]

13. 배우지 못한 사람을 가벼이 대하지 않기 어렵고 [不輕未學難]

14. 마음씀이 평등하기 어려우며 [心行平等難]

15. 옳고 그름을 말하지 않기 어렵고 [不說是非難]

16. 선지식을 만나기 어려우며 [會善知識難]

17. 자성을 보고 道를 배우기 어렵고 [見性學道難]

18. 근기 따라 사람을 교화하여 제도하기 어려우며 [隨化度人難]

19. 환경에 따라 움직이지 않기 어렵고 [觀境不動難]

20. 방편을 제대로 알기가 어렵다. [善解方便難]

— 『42장경』 제12 「거난권수擧難勸修」

마음이 가난하고 물질이 궁핍하면 남을 돕는다는 생각을 내기가 참으로 어려운 일이다. 내 코가 석 자인데… 나중에 부유해지면 그때 베풀겠다고 생각하는 것이 대개 중생들의 마음이다.

그러나 최고의 근기를 가진 중생은 사뭇 다르다. 사람이 일생을 살아가면서 여기에 제시된 스무 가지의 환경과 조건들은 누구나 접할 수 있는 일들이지만, 진정 선한 사람은 어떠한 처지에 놓여 있어도 착한 마음을 잃지 않는다. 참으로 지혜로운 사람은 어느 환경에서도 자비심을 놓치지 않는다.

부처님께서는 이러한 장애를 이겨 내는 착하고 슬기로운 사람이 되어야 마침내 해탈과 구경열반究竟涅槃의 깨달음에 이를 수 있다고 은유적으로 교설하신 것이다.

『백유경百喩經』에 어리석음을 깨우쳐 주기 위한 여러 가지 비유 중에 다음과 같은 설화가 있다.

한 어리석은 이가 잔칫날을 앞두고 손님들을 대접하기 위해 우유를 짜 모으다가 문득 이렇게 생각했다.

'날마다 우유를 짜 모으면 저장하기도 마땅치 않고 맛도 덜할

거야. 그래, 아예 소 배 속에 우유가 고이도록 놓아두었다가 그날 한꺼번에 짜는 것이 좋겠어.'

그는 송아지마저 따로 떼어 놓았다. 그리고 한 달이 지나 잔칫날이 되자 소를 몰고 와서 젖을 짜려 했다. 그러나 매일 짜내지 않았기 때문에 젖이 말라 버려 아무리 짜도 나오지 않았다.

이처럼 보시도 재물이 모여져서 부유해지면 그때 해야겠다는 생각이 어리석음이다. 보시는 재물의 많고 적음에 있는 것이 아니라 그 마음에 있다. 『잡아함경』에서의 말씀대로 재물과 관계없는 일곱 가지의 보시[無財七施]도 있지 않은가.

① 화안시和顔施

얼굴에 밝은 미소를 띠고 부드럽고 정답게 대하는 것이다. 얼굴에 환하고 기쁨이 가득한 미소를 머금은 표정은 그 자체로도 주위의 많은 사람에게 편안함을 주는 소중한 보시가 되는 것이다.

② 언시言施

공손하고 아름다운 말로 사람을 대하는 것이다. 애정 어린 말, 칭찬, 격려, 양보, 부드러운 말을 하는 것도 보시이다.

③ 심시心施

착하고 어진 자비심으로 사람을 대하는 것도 소중한 보시이다. 따뜻한 마음으로 사람을 대하면 그 사람은 용기를 얻고 나아가 다른 이에게도 선행을 베풀 수 있다.

④ 안시眼施

호의를 담은 부드럽고 편안한 눈빛으로 남을 대하는 것이다. 부드럽고 안온한 눈빛 하나로도 충분한 보시가 된다. 동시에 남의 좋은 점을 보려고 하는 것도 좋은 보시이다.

⑤ 신시身施

몸으로 베푸는 것으로, 남의 짐을 들어 준다거나 예의 바르고 친절하게 남의 일을 돕는 것이다. 나를 낮추고 하심하면 어느새 내가 존중받는 이가 되어 있다.

⑥ 상좌시床座施

자리를 내주어 양보하는 것을 말한다. 지치고 힘든 이에게 편안한 자리를 내어주는 것도 소중한 보시행이다.

⑦ 방사시房舍施

편히 쉴 수 있는 공간을 제공해 주는 것이다. 굳이 묻지 않고 상대의 속을 헤아려서 도와주는 것이므로 찰시察施라고도 한다.

이와 같은 일곱 가지 보시는 우리가 일상에서 이미 실행하고 있거나 진정으로 베풀고자 하는 마음만 있으면 할 수 있는 것들이다.

또 다른 설화도 있다.

어떤 사람이 먼 여행을 떠나면서 하인에게 문단속을 잘하고 나귀와 밧줄을 잘 살피라고 단단히 일렀다.

주인이 떠난 후 이웃에 사는 하인의 친구가 찾아와서 옆 마을에 광대들이 와서 공연하니 같이 구경 가자고 하였다. 하인은 나귀를 밧줄에 묶어 문에 단단히 매어 두고 친구와 구경을 나갔다. 그사이 집에 도둑이 들어 값진 물건들을 모두 훔쳐 달아났다.

며칠 후 주인이 돌아와 보니 값나가는 물건들은 하나도 보이지 않았다. 주인은 하인을 불러 화를 내며 물었다.

"집 안의 값진 물건들을 모두 어떻게 하였느냐?"

그러자 하인은 태연하게 대답했다.

"주인님께서는 제게 문과 나귀와 밧줄만 당부하셨을 뿐입니다. 그 밖의 일은 제 알 바가 아닙니다."

주인은 어리석은 하인에게 말했다.

"너에게 문단속을 잘하라고 한 것은 값나가는 물건들을 지키라는 것이었다. 이제 그것들을 모두 잃어버려 쓸 수가 없게 되었으니, 너도 이제 이 집에서 쓸모가 없게 되었구나. 당장 나가거라."

대저, 사람들은 자기 마음에 드는 생각과 소견에 이끌려 부질없이 헤매다 일생을 마치게 된다.

보고[眼] 듣고[耳] 냄새 맡고[鼻] 맛보고[舌] 접촉하고[身] 생각하는[意] 6근根·6경境·6식識의 18경계의 문단속을 잘하여 대상에 대한 집착을 여의고 무명無明 속에 날뛰는 나귀를 다잡아 애욕의 쇠사슬을 끊어 내고 해탈열반에 이르기를….

99
| 인개여불 | 人皆如佛 |

인개여불人皆如佛이란 '사람이 모두 부처와 같다'는 뜻이다.

불안돈목佛眼豚目이라는 말이 있다. '부처의 눈과 돼지의 눈'이란 뜻으로 세상 만유萬有가 부처의 눈으로 보면 모두 부처 같아 보이고, 돼지의 눈으로 보면 다 돼지 같아 보인다는 말이다.

이 말의 시원始原은 조선 태조 이성계와 무학無學(1327-1405)대사의 고사에서 비롯되었다.

휴정休靜 서산西山(1520-1604)대사의 『청허당집淸虛堂集』의 부록 「설봉산雪峯山 석왕사기釋王寺記」에 다음의 대화 기록이 실려 있다.

태조가 말하였다. [太祖曰]

"내가 대사의 모습을 보니 굶주린 개가 뒷간 쳐다보는 모습이고, 멧돼지가 산모퉁이에 기댄 모습이오." [吾觀大師之像 飢狗望厠之像 山猪負隅之形]

대사가 말하였다. [大師曰]

"제가 상왕의 모습을 뵈오니 완연히 부처의 모습으로 보입니다." [我觀上王之像 宛是佛像]

"어찌 싸우자고 대들지 못하고 비굴하게 굽니까?" [何不鬪劣]

"부처 눈으로 보면 사람이 모두 부처같이 보이고, 용의 눈으로 보면

사람이 모두 용처럼 보입니다." [以佛眼觀之 則人皆如佛 以龍眼觀之 則人皆如龍]

사람들이 어떤 사물을 접했을 때 각자의 주관에 따라 받아들이는 인식이 천차만별일 수 있다. 그러면서 자기가 보고 느낀 것이 실체라고 믿으면서 다른 견해는 무시하거나 배척하기도 한다.

대개 이를 아상我相이라 하며, 무지하고 어리석은 사람일수록 이 아상이 매우 강하다. 그리고 이 아상에 따라 인상人相, 중생상衆生相, 수자상壽者相이 연달아 일어난다.

아상이란 나라는 생각이 지어내는 우월감으로 나와 내 것, 내 생각만을 중히 여기면서 각자 자기 이기주의에 빠져 있는 모습이며, 중생들의 공통된 아집·아만을 일컫는 말이다.

인상이란 나는 인간이므로 삼악도에 빠져 있는 지옥·아귀·축생과는 전혀 다르다고 집착하며, 같은 사람끼리도 남을 경시하는 모습이다. 이에 내가 아닌 모든 것은 남이라는 상대적 관념을 가지고 사람과 짐승, 성자와 범부, 이것과 저것이라는 어리석은 차별심을 일으키는 것이다.

중생상은 온갖 번뇌 망상으로 불교에서 말하는 희喜·노怒·우憂·구懼·애愛·증憎·욕欲의 7정情에 끄달리는 중생들의 공통된 모습이다.

수자상은 일정한 수명을 가지고 태어난 중생으로서 모든 존재와 현상이 부질없음을 모르고 온갖 것에 애착을 보이며 영원하리라 여기는 망견妄見이다.

앞의 이성계와 무학대사의 일화는 육안肉眼을 가지고 4상四相에 끄달리며 살아가는 중생의 견해와 심안心眼이 열려 불안佛眼을 향하고 있는 깨달은 이의 견해가 극명하게 비교되어 있다. 이성계가 무학대사에게 '스님은 비굴하다.'고 비아냥거리자, '내 눈은 불안이고 상왕의 눈은 썩어질 육안이다.'라고 한 방 먹인 것이다.

앞에서 이성계가 개와 돼지를 거명하였으니 문맥상 이성계는 개·돼지가 될 수밖에 없는데, 무학은 자기를 부처로 끌어올려서 상대를 부처와 용으로 둔갑시키고 있다. 여기에서 이성계도 한소식하여 지금쯤 사선천四禪天 어디에서 부처님 법문을 듣고 있으리라.

앞의 대화 기록에는 또 한 가지 비밀스러운 뜻이 숨겨져 있다.

자신을 '나'라고 표방할 때 태조 이성계는 '吾'라고 하였고, 무학대사는 '我'라고 하였다. 우리말로 해석하면 같은 '나'이지만, '吾'는 나만의 나이고, '我'는 너와 나 피차일여彼此一如의 '나'이다. 같은 '나'라도 그 의미는 옛말대로 '아' 다르고 '어' 다른 것이다.

'我'는 대아大我(우주의 본체로서 참된 나)인 '나', 인간 총체적인 '나', 객관적인 '나', 누구나의 '나'이다. 반면 '吾'는 소아小我(개인적인 욕망과 망집에 사로잡힌 나)인 '나', 하나하나 낱낱인 '나', 주관적인 '나', 나만의 '나'이다.

일례로 「3·1 독립선언서」는 다음과 같이 시작한다.

"오등吾等은 자兹에 아我 조선의 독립국임과 조선인의 자주민임을 선언하노라."

여기에서 吾等이란 단군 자손 배달민족인 '우리'인데, 만약에 我等이라고 표방하였다면 조선 땅에 들어와 있는 모든 인간, 즉 일본인까지 포함된 개념이 된다.

또한 『맹자』에 나오는 '나는 나의 호연지기를 잘 기른다我善養吾浩然之氣'에서도 我와 吾의 쓰임새를 확연히 알 수 있다. 앞의 나, 즉 我는 '나와 너의 구별의 한계가 사라진 나'이며 吾는 '자기에게 국한된 나'인 것이다. 이성계와 무학이 각자 내가 나를 지칭하는 어투에서도 인품의 크기를 가늠할 수 있지 않은가?

100
인과응보 | 因果應報 |

　한량없는 우주의 생성 괴멸하는 자연의 섭리 안에서 중생들이 지은 선악의 인업^{因業}에 따라 과보^{果報}가 일어나는 법칙성을 '인과응보'라고 한다. 모든 현상은 원인에 따른 결과임을 말하는 것이다.

　곧 선인^{善因}에는 선과^{善果}가 따르고 악인^{惡因}에는 악과^{惡果}가 따르는데, 因에 상응하는 과보는 사람으로 태어나 현세에 받기도 하고 육도를 윤회전생하면서 받을 수도 있다는 것이다. 이는 연기법칙에 기인한 것으로 인연법 또는 인연생멸이라고도 한다.

　『잡아함경』 권15에 다음과 같이 설하고 있다.

　　　^{차 유 고 피 유}
　　　此有故彼有　이것이 있으므로 저것도 있고

　　　^{차 생 고 피 생}
　　　此生故彼生　이것이 생기므로 저것도 생긴다.

　　　^{차 무 고 피 무}
　　　此無故彼無　이것이 없으므로 저것도 없어지고

　　　^{차 멸 고 피 멸}
　　　此滅故彼滅　이것이 사라지므로 저것도 사라진다.

　여기에서 '此=이것'이 원인이라면 '彼=저것'은 결과이다.

　이에 연관하여 『중아함경』 권47에는 '此=이것'이 因이라면 '彼=저

것'은 緣이 된다는 의미로 교설하고 있다.

因此有彼 ^(인차유피)   이것으로 인해 저것이 있다 : 내인內因과 외연外緣 관계

此無彼無 ^(차무피무)   이것(因)이 없으면 저것(緣)도 없다

此生彼生 ^(차생피생)   이것(因)이 생기면 저것(緣)도 생긴다

此滅彼滅 ^(차멸피멸)   이것(因)이 사라지면 저것(緣)도 사라진다

이와 같이 인연이란 연기법칙에 의한 화합을 일으킨다.

이에 인연이란 일체 사물(현상과 존재)에 있어, 그에 따른 무수한 원인(因·hetu)과 조건(緣·pratyaya)들이 서로 관계하여 성립(果·phalam)되었다가 마침내 사라져 버리는 것을 의미하며, 인연생멸 또는 연기의 법칙이라고 하는 것이다.

즉 사물이 생겼다가 사라지는 변화 속에는 因과 緣의 두 가지 조건이 성숙되어 나타나는 것이다. 이를 상의상관성相依相關性이라 하며 이러한 관계로 결합된 因과 緣의 만남을 흔히 '인연화합'이라고 한다.

이 인연화합으로 생긴 결과는 또 다른 因과 緣의 연장선상에 놓여 있는 것이므로 어떤 결과가 그것만의 결과로써 끝나지 아니하며, 일체 존재와 직간접적으로 다시 연관되어 서로 영향을 미치면서 거듭거듭 다함이 없는 중중무진重重無盡의 인연 관계를 맺는 것이다.

이러한 인연 관계의 본질적 요소(직접적인 제1위 : primary cause)를 내인內因 또는 친인親因이라 하고, 부차적인 요소(간접적인 제2위 : secondary cause)를 외연外緣 또는 소연疎緣이라 한다. 그러면서 因과 緣으로 나타

난 그 결과는 또 다른 경계에서 '因'의 역할이 될 수도 있고 '緣'의 영향이 될 수도 있는 것이다.

　모든 중생이 한결같이 갈망하는 행복이란 것, 그것은 오직 인연의 화합 속에서 내가 지은 선인善因으로 말미암아 너와 내가 함께 받는 선과善果임을 부디 잊지 말자.

101
| 자리이타 | 自利利他 |

'자리自利'란 스스로 이롭게 한다는 것이고 '이타利他'는 남을 이롭게 한다는 말로서 양자를 완전히 병립시켜 '둘 다 이로운二利' 상태인 자타불이自他不二의 원용한 경지에 이르는 것이다.

이는 대승불교가 지향하는 원만행圓滿行이며, '위로는 깨달음을 구하고 아래로 중생을 교화시킨다'는 '상구보리上求菩提 하화중생下化衆生'의 실천 덕목이 된다.

이에 대해 6조 혜능스님은 『금강경』 구결口訣에서 부처님의 바른 가르침을 '스스로 이해하고 스스로 행하는 것이 자리이며[自解自行是自利], 남을 위해서 연설해 주는 것이 이타이다[爲人演說是 利他].'라고 하였다.

일반적으로 자신을 위할 뿐만 아니라 남에게도 유익하다는 자익익타自益益他의 뜻을 가지며, 이는 곧 한세상을 같이 살아가면서 남과 함께 더불어 잘 사는 세상을 건설해 가자는 가르침의 말씀이다.

그러므로 남을 이롭게 하는 것이야말로 나에게도 반드시 이롭다는 자타불이自他不二를 강조하는 것으로 자타일여 또는 자타평등이라고도 한다.

중국 수나라 때 천태天台 지의智顗(538-597)스님은 『법화현의法華玄義』에서 '自는 교화하는 부처이고, 他는 교화받는 중생이다.'라고 하였다.

이 말은 부처님께서 중생들 각각의 근기에 따라 그에 걸맞게 교화를 베풀고, 중생은 그 교화에 적응되어 마침내 증득하면 부처를 이루게 되는데, 이는 곧 중생인 내가 그대로 부처가 되는 것이므로 '나와 너는 하나'라는 것이다.

따라서 너와 나는 본래적으로 차별이 있는 것이 아니며, 자타가 그 본성=자성=불성에 있어서는 서로 다르지 않고 동등한 자타평등이라는 말이다. 즉 교화받던 중생이 성불하고 나면 결국 일여一如요 불이不二인 것이다.

이러함을 유념하여 점차 확대시켜 나가면 일체의 사물이나 어떠한 경우에도 이것과 저것 무엇이든지 궁극에는 하나일 뿐이라는 자타불이요 '중생 즉 여래'의 경지에 도달할 수 있는 것이다.

자리가 이타 되고
이타가 자리 되면
자타불이自他不二
본래 우리는 네가 나이고 내가 너였지.
그래 우리는 우리 속에서 우리가 산다.

102
| 전삼삼후삼삼 | 前三三後三三 |

'전삼삼후삼삼'이란 곧 '앞에도 삼삼은 구九요, 뒤에도 삼삼은 구'라
는 말로써 열 이내의 몇 안 되는 숫자를 나타내는 말이다. 즉 이것이
나 저것이나 고만고만 거의 같은 정도, 피차일반彼此一般이라는 뜻이다.

한편 중국의 『인악사기仁岳私記』라는 책에서는 '전삼삼'을 복수로 확
대해석하여,
3,000 × 3= 9,000, 300×3=900, 30×3=90
합하여 9,990을 얻고,
후삼삼은 단수로 3×3=9를 얻어 모두 더하기를 하면 9,999인이
되고 여기에다 노인(문수보살) 1인을 더하면 1만 명이 된다고 풀었다.
또한 전후삼삼은 피차일여라는 것으로 무량수로 해석하기도 하는
데, 둘 다 견강부회한 억지스러운 느낌이 든다.

이 말은 본시 당나라의 무착無着(820-900)대사가 중국 오대산에서 소
를 끌고 가는 한 노인(문수보살)을 우연히 친견했는데, 그때 그와의 문
답에서 비롯된 이야기이다.

노인	어디서 오시는 길입니까?
선사	남방에서 옵니다.
노인	남방의 불법은 어떠합니까? 잘 주지住持되고 있습니까?
선사	말법시대 비구들이니 계율을 잘 봉행하는 자가 얼마 되지 못합니다.
노인	몇이나 있습니까?
선사	3백이라고도 하고, 한 5백이라고도 합니다. 한데 이곳 불법은 어떠합니까? 잘 주지합니까?
노인	용과 뱀이 섞여 살고 있소. 범성동거凡聖同居지요.
선사	몇이나 되는데요?
노인	전삼삼후삼삼이오.

무착선사는 당나라 스님으로 속명은 문희文喜이다. 위앙종 앙산仰山 혜적慧寂(840-916)의 제자이며 11세에 출가하여 교학과 계율을 공부하고 문수보살을 친견하고자 오대산으로 가는 길에 어떤 노인을 만나 '전삼삼후삼삼'이라는 말을 들은 것으로 유명하다. 이에 대한 설화가 위에 소개한 것 외에도 여러 가지로 전해지는데, 다음과 같은 설화도 있다.

중국 오대산 중턱의 외딴 암자 '금강굴'에서 한 스님이 손수 밥을 지어 먹으며 기도하고 있었다. 그 스님은 어려서 출가하여 무착이라는 법명을 받고 계율과 교학을 공부하다가 문수보살의 영지靈地인 오대산에 참배하고 문수보살을 친견하고자 기도를 하는 중이었다.

하루는 식량이 떨어져 마을에 내려가 양식을 탁발해 올라오던 중 소를 몰고 가는 한 노인을 만나게 되었는데, 노인의 모습이 범상치 않음을 보고 자기도 모르게 뒤를 따르게 되었다. 한참을 뒤쫓아가다 보니 전혀 보지 못했던 웅장한 절 한 채가 나타났다.

"균제야!"

노인이 문 앞에 서서 부르니 한 동자가 뛰어나와 고삐를 받아 들고 안으로 들어갔다. 무착스님이 방 안에 따라 들어가 노인에게 인사를 드리자, 동자가 아주 향기로운 차를 한 잔 내왔다.

노인이 물었다.

"자네는 오대산에 무엇 하러 왔는가?"

"저는 문수보살을 친견하여 그 가호를 얻고자 찾아왔습니다."

"자네가 과연 문수를 만날 수 있을까? 자네 살던 절에는 대중이 얼마나 되며, 어떻게 살아가는가?"

"3백여 명 되는 대중이 경전도 읽고 계율도 익히면서 살고 있습니다. 이곳은 어떤지요?"

"전삼삼후삼삼이요, 용과 뱀이 뒤섞여 혼잡하지. 범부와 성자가 뒤섞여 산다네." [龍蛇混雜 凡聖交參]

무착스님은 도무지 무슨 뜻인지 알 수가 없었다.

어느새 밖이 어두워져서 무착스님은 노인에게 하룻밤 쉬어 가게 해 달라고 청하였다. 그러자 노인은,

"이름만 무착일 뿐 애착이 남아 있는 자네 같은 사람은 이곳에서 자고 갈 수 없네."

하고는 동자에게 배웅하게 하고 안으로 들어가 버리는 것이었다.

어둑해진 길가에 나온 무착스님은 동자에게 물었다.

"아까 노인에게 이곳 대중의 수를 물었더니 '전삼삼후삼삼'이라고 하시던데, 도대체 무슨 뜻인가?"

그러자 동자가 갑자기 큰 소리로 무착스님을 부르는 것이었다.

"무착아!"

"네!"

무착스님은 엉겁결에 대답했다.

"그 수효가 얼마나 되는고?"

동자가 다그쳐 묻자 무착스님은 또다시 말문이 막혀 동자를 쳐다보며 물었다.

"이 절 이름이 무엇입니까?"

"반야사般若寺라고 합니다."

동자가 대답하며 가리키는 곳을 쳐다보니 웅장하던 절은 금세 간곳이 없었다. 깜짝 놀라 돌아보니 동자도 사라지고 없는데, 허공에서 다음과 같은 게송이 들려오는 것이었다.

面上無瞋供養具 얼굴에 성낸 기색 없음이 공양이 갖추어진 것이요

口裡無瞋吐妙香 말 속에 성냄 없음에 미묘한 향을 토해 냄이라

心裡無瞋是眞寶 마음속에 성냄 없음이 참다운 보배이며

無染無垢是眞常 더러움에 물듦 없고 때 끼지 않은 마음이

　　　　　　　진리의 영원함이다

이 게송은 무착스님이 일구월심 애타도록 찾고 있는 문수보살의 진면목을 노래한 것이며, 더불어 집착 없는 마음 무착을 읊어 낸 것이다. 누구를 막론하고 무염무구無染無垢 무착무심無着無心에 이르면 문수가 무착이요 무착이 문수인 것이다. 따라서 동자 역시 문수이며 무착

403

이기도 하다. 이와 같음이 바로 전삼삼후삼삼 아니겠는가?

이렇게 문수보살을 친견하고서도 알아보지 못한 자신의 어리석음을 한탄하며 무착스님은 더욱 수행에 힘써 앙산선사의 법을 이어받아 어디에도 거리낄 바 없는 대자유인이 되었다.

어느 해 겨울, 동짓날이 되어 팥죽을 쑤고 있는데 김이 무럭무럭 나는 죽 솥에서 거룩하신 문수보살이 장엄하게 나타났다.

"무착은 그동안 무고한가?"

문수보살이 옛날 오대산에서 있었던 일을 회상시키며 먼저 인사말을 건넸다. 그런데 무착스님은 팥죽을 젓던 주걱을 들어 문수보살의 얼굴을 사정없이 후려갈기는 것이었다.

"어이, 무착! 내가 바로 자네가 그렇게 만나고 싶어 하던 문수일세, 문수야!"

문수보살이 놀라서 말하자 무착스님이 대꾸했다.

"문수는 문수요 무착은 무착이다. 문수가 아니라 석가나 미륵이 나타날지라도 내 주걱 맛을 보여 주리라."

그러자 문수보살은,

"쓰디쓴 꼬두박은 뿌리까지 쓰고, 단 참외는 꼭지까지 달도다. 내 삼대겁三大劫을 수행해 오는 동안 오늘에야 괄시를 받아 보는구나."

하고는 슬며시 사라져 버렸다.

깨달음을 얻기 전에는 문수보살을 친견하기 위해 오대산 금강굴에서 3년간이나 기도를 하고, 또 문수보살을 원불願佛로 모시고 다녔던 무착이었는데, 깨달음을 성취한 뒤에는 문수보살이 스스로 나타났지만 도리어 호령하고 주걱으로 얼굴을 갈긴 것이었다.

이것이 바로 임제臨濟 의현義玄(?-867)선사의 '부처를 만나면 부처를 죽이고, 조사를 만나면 조사를 죽여라[殺佛殺祖]'라는 경지인 것이다. 일체 유위법으로 나타나는 모든 현상이란 마치 꿈 같고, 환상·물거품·그림자·이슬·번개와 같기 때문이다.

여기에서 꼬두박 뿌리가 무착이라면 참외꼭지는 문수일 것이며, 이것을 뒤집어도 마찬가지 피차일여요 또한 괄시가 되었든 환대가 되었든 여여부동如如不動이면 격외지사[格外之事]일 뿐이다.

불교는 궁극적으로 모든 속박에서 벗어난 해탈을 통하여 자유자재를 추구하는 가르침으로서 석존께서 6년 고행 끝에 해탈의 대자유를 얻은 본래의 목적인 것이다.

"스승님이 열반에 드시면 저희는 무엇에 의지해야 합니까?"

훗날 열반을 앞둔 석존께 아난다가 묻자 석존은 다음과 같이 대답하셨다.

"너 자신과 진리를 등불로 삼아 그것에 의지하라[法燈明 自燈明]."

오직 천상천하유아독존의 참나[眞我]를 체득하여 해탈 열반인 대자유를 얻는 것이다.

103
| 좌탈입망 | 坐脫立亡 |

불교에서는 참다운 죽음을 미혹과 집착을 끊고 일체 속박에서 해탈한 최고의 경지인 열반으로 본다. 곧 죽음은 삶이 끝나는 것이 아니라, 모든 번뇌가 없어지는 적멸寂滅의 순간인 동시에 법신法身이 탄생하는 순간이기 때문에 예부터 선사나 고승들은 죽음을 슬퍼하기보다는 오히려 기뻐하였다.

때문에 찾아오는 죽음의 순간을 맞을 때도 일반인들처럼 누워 죽는 경우, 자신의 몸을 불태워 소신공양燒身供養하거나, 앉거나 선 채로 죽는 경우 등 죽음의 형식도 다양하였다. 이 가운데 단정히 앉아서 왕생하는 일을 '좌탈坐脫', 선 채로 입적하는 것을 입망立亡이라고 한다.

인간은 누구나 행복을 누리며 잘사는 것이 삶의 최우선 과제이다. 따라서 삶의 연장선상에 놓인 죽음 역시 삶 못지않게 매우 중요하게 받아들인다. 저마다 한평생 살아가는 모습이 천차만별이듯이, 죽음에 임하는 마지막 모습도 참으로 다양하다.

그러나 종교인들의 경우는 오히려 현생의 삶 자체가 내생을 위한 수행, 그렇지 않으면 준비 과정으로서 죽음을 위한 목적과 수단이기도 하다.

전통적으로 죽음에 대한 보편적 인식이 어떠했는지 알고자 하면 죽음을 표현한 어휘의 뜻을 살펴보는 것이 가장 적절한 방법일 것이다. 뜻글자를 사용하는 한자 문화권에서는 지칭되어지는 일반 어휘 속에 그 의미가 오롯이 담겨 있기 때문이다.

『예기禮記』에 의하면 살아 있을 때의 신분에 따라 죽음의 명칭도 사뭇 다르다.

> 처음 사람이 죽으면 '사死'라 하고[始死謂之曰死], 매장하여 장례를 마치면 '망亡'이라 하였다[旣葬則曰反而亡焉].
> 이에 죽은 이가 황제·임금일 경우 '붕崩'이라 하는데[天子死曰崩], 흔히 붕어崩御했다 하고, 왕이나 제후일 경우에는 '훙薨'이라 하는데[諸侯曰薨], 대개 승하昇遐했다고 이른다.
> 공경대부일 경우에는 '졸卒'이라 하고[大夫曰卒], 벼슬 없는 선비일 경우에는 녹봉이 없다 하여 '불록不祿'이라 하며[士曰不祿], 일반 서민이 죽으면 '사死'라 하였다[庶人曰死].

한편 송나라 철학자 정자程子는 '군자가 죽으면 명命의 연장선상이라는 의미로 낙絡이라 하고, 소인이 죽으면 명이 끝났다는 뜻으로 사死라 한다.'고 하였다.

이처럼 죽음에 대한 신분의 차별적 지칭이 지금은 예전처럼 심하지는 않지만, 그래도 아직까지 이어져 오는 경향이 있다. 근래에는 일반적으로 사망死亡, 임종臨終, 별세別世, 작고作故, 운명殞命, 절명絶命, 영면永眠, 장면長眠 등의 어휘를 주로 사용한다.

또 종교에 따라서도 그 어휘가 다소 다르다. 유교적으로는 서거逝去,

화거化去, 천화遷化, 승천昇天, 비승飛昇, 비천飛天, 등천登天 등으로 표현하며, 기독교적인 표현으로는 선종善終, 선서善逝, 어천御天, 상천上天 등을 즐겨 사용한다. 불교에서는 스님의 경우 입멸入滅, 입적入寂, 적멸寂滅, 원적圓寂, 열반涅槃, 해탈解脫 등으로 지칭하는데, 일반 불자일 경우에는 왕생往生이라 이른다.

인간은 누구나 살아생전 어떻게 살아왔든 간에 마지막 가는 길에는 5복 중의 하나인 고종명考終命, 즉 잘 죽기를 바라며 안온한 죽음을 소망한다. 특히 불교에서는 생生·로老·병病·사死와 우憂·비悲·고苦·뇌惱와 부자유와 갈애渴愛와 무명無明을 완전히 물리치고 평등 원만한 상태, 곧 무상정등정각無上正等正覺(anuttara samyasambodhih)을 이루어 마침내 성불成佛하기를 원한다.

이렇듯 부처를 이루어 가는 길에 이번 죽음을 혼미한 상태로 누워서 죽을 일이 아니고 꼿꼿이 앉아서, 또는 서서 깨어 있는 정신으로 다음 생을 맞이하고자 하는 것이 좌탈입망坐脫立亡이다.

그러므로 禪 수행자 스님들은 앉아서 죽음을 맞이하는 좌탈입멸坐脫入滅을 선호하는 것이며, 꼿꼿이 서서 해탈의 경지에서 열반에 이르는 입망立亡을 소원하는 것이다.

『직지심체요절直指心體要節』 하권 관계灌溪 지한志閑(?-895)선사 장에 나오는 이야기를 소개한다.

지한선사가 임종할 즈음에 시자에게 물었다.
"앉아서 간 이가 누구인가?" [坐去者誰]
"승가僧伽대사입니다."
"서서 간 사람은 누구인가?" [立去者誰]

"승회僧會대사입니다."

지한선사가 이에 일곱 걸음을 걷고는 손을 드리우고 숨을 거두었다. [師乃周行七步垂手而終]

석가모니불이 태어났을 때 일곱 걸음을 걸은 뒤 손을 쳐들고 '천상천하유아독존天上天下唯我獨尊'이라고 한 것과 대조적인 죽음의 모습이다.

또한 마조馬祖의 제자 은봉隱峯선사는 오대산 금강굴 앞에서 열반에 들려고 할 때 대중들에게 물었다.

"그대들은 제방의 선사들이 앉아서 가는 것은 보았으리라. 서서 가는 이도 있던가?"

"있습니다."

"그러면 거꾸로 서서 가는 이도 있던가?"

"아직 보지 못했습니다."

이에 대사가 물구나무서서 열반에 들었는데, 옷자락이 고스란히 몸에 붙어 있는 것이었다.

대중이 의논하여 다비장으로 운구해 가려 하였는데 움직이지 않으므로 사람들이 우러러보며 탄복하였다.

이때 선사의 누이동생이 비구니였는데, 가까이 가서 허리를 굽히고 나무라는 어조로,

"참으로 애석합니다. 오라버니는 살아서도 율행律行을 지키지 않더니 죽어서까지 사람들을 번거롭게 하는군요."

하면서 손으로 슬쩍 미니 덜컥 쓰러져 다비장으로 옮길 수 있었다고 한다.

이와 같이 불교 구도자의 입멸하는 모습들이 특이하지만 이보다 앞서 불교의 발원지 인도에서는 고대로부터 시신을 불태우는 화장火葬 문화가 이어져 오면서 입멸 내지 열반에 드는 방법이나 모습들이 참으로 기이하였다.

중국이나 우리나라 선사들이 선망하는 좌탈입망을 뛰어넘어 불의 삼매에 들어 스스로 불을 일으켜 그 몸을 불사르는 화화삼매火三昧 자기신분自其身焚의 기록도 전해지고 있다(「소신공양燒身供養」 참조).

생사일여生死一如.

어떻게 사느냐? 결국 어떻게 죽느냐?

104
즉신성불 | 即身成佛 |

중생이 성불成佛함에 있어 체體·상相·용用 보리심을 일으켜 3대아승기겁三大阿僧祇劫이라는 오랜 수행 과정을 거쳐 부처가 되는 것이 아니라 현재의 몸 이대로 바로 부처가 되는 것을 말한다. 즉신보리即身菩提, 현신성불現身成佛, 현생성불現生成佛이라고도 한다.

이는 곧 부처(體大), 중생(相大), 마음(用大) 이 세 가지가 별개의 것이 아니라 그 본성은 다 같은 진여眞如이므로 어리석음(迷)과 깨달음(悟), 범부와 성자의 구별이 본래의 자리에는 없기 때문에 이것을 현재의 육신에 적응시켜 말한 것이다.

경전의 내용에 따라 다소 차이가 있으니 대개 다음과 같다.

① 『법화경』 권4 「보리달마품」

8세의 용녀龍女가 현신 그대로 성불한 것을 근거로 모든 중생이 법화경의 힘에 의해 즉신성불할 수 있음을 말한다.

② 『화엄경』 「공목장孔目章」 권4

다음과 같은 5종의 빠른 성불(질득성불疾得成佛)을 들어 중생은 본래부터 성불하고 있다고 주장한다.

- 승신勝身 : 전륜왕의 아들이나 도솔천자兜率天子와 같이 날 때부터 훌륭한 몸을 받은 이가 현신現身으로 성불한다.
- 견문見聞 : 훌륭한 가르침을 받아 신심이 굳어져서 부처의 10력十力을 깨달아 성불할 수 있다.
- 일시一時 : 선재동자와 같이 선지식을 만나서 일시에 보현법普賢法을 얻어 성불할 수 있다.
- 일념一念 : 속제俗諦를 염念해도 보현법에 합당하면 일념에 성불할 수 있다.
- 무념無念 : 일체가 불생불멸이라는 도리를 깨달아 진공묘유에 다다르면 성불할 수 있다.

③ 『화엄경』 「탐현기探玄記」
- 위성불位成佛 : 보살계위 초주初住에 들어가면 성불할 수 있다.
- 행성불行成佛 : 하나하나 수행이 완성되어 나가면 성불할 수 있다.
- 현성불現成佛 : 중생은 본래부터 부처이다.

④ 진언종眞言宗·밀교
지地·수水·화火·풍風·공空·식識의 6대, 증상만增上慢·비하만卑下慢·아만我慢·사만邪慢의 4만四慢, 신身·구口·의意 3밀三密을 '체體(만유의 본체인 진여)·상相(지혜·자비·무량공덕)·용用(體와 相이 緣에 응해서 활동하는 것)' 3대에 배대시켰을 때 서로 장애가 없고 부처와 중생이 평등하므로 부모 소생의 몸으로도 곧바로 대각자리를 증득[父母所生身 卽證大覺位 成佛]한다고 주장한다.

아승기겁의 아승기(asamkhya)는 무수無數의 뜻이다. 굳이 숫자로 나타내면 10의 64승이고, 겁劫으로 말할 때 갠지스강의 모래알 수를 의미하는 항하사恒河沙의 만 배에 해당하는 기나긴 시간이라고 한다.

劫은 인도어 칼파kalpa를 한자로 옮긴 것으로 겁파劫波라고도 한다. 한 세계가 만들어져서 존속되다가 파괴되어 無로 돌아가는[生住異滅] 한 주기를 劫이라고 한다. 다시 말해, 천지가 한 번 개벽한 뒤부터 다음 개벽할 때까지 걸리는 시간이라고 이해할 수 있다.

즉, '아승기'는 산수로 나타낼 수 없는 가장 큰 수이고, '겁'은 연·월·일로써는 헤아릴 수 없는 아득한 시간을 말하며, 보살이 발심한 뒤 부처가 될 때까지의 수행하는 기간을 의미하기도 한다.

105
| 즉심시불 | 卽心是佛 |

『관무량수경觀無量壽經』에 다음과 같이 이르고 있다.

是心作佛^{시심작불}   이 마음이 부처를 지어내는 것이니
是心是佛^{시심시불}   이 마음이 바로 부처이다.

이 말씀에 기인하여 '마음이 곧 부처이다卽心是佛'라는 말이 되었고, '오직 마음이 아미타요 이 몸이 그대로 극락정토임을 알아서 자기 마음 가운데 부처를 생각한다' 하여 '즉심염불卽心念佛'이라는 말도 있게 되었다.

예컨대 아미타부처님은 10만억 국토를 지나서 계시다고 설하지만, 실제 여기에서 국토란 각자 자기의 억념憶念 중에 찰나마다 다르게 이어져 나타나는 순간 생각의 경계를 국토라고 표현한 것이다. 소주잔을 입에 대는 순간 고량주나 코냑을 떠올렸다면 한국 소주에서 중국 고량주를 거쳐 서양 여러 국가의 코냑을 유람하지 않았는가?

일체중생의 본래 심성은 청정무구한 불체佛體이지만, 무명의 번뇌가 덮여 정작 진실한 상은 보지 못하고 수없는 망념의 경계를 넘나들고 있는 현상, 이것이 바로 10만억 국토인 것이다.

이와 같이 마음이라는 것이 부처도 지어내는 것이기에 시심작불是心
作佛, 시심시불是心是佛이라 하였고, 이에 따라 대승불교의 극담極談으로
즉심즉불卽心卽佛 즉심시불卽心是佛 즉심성불卽心成佛이라 이르고 있다.

'즉심'이란 일체 만물이 마음 밖에 별달리 존재하는 것이 아니므로
마음에서 떠나지 않는 것이며, 일체가 만물과 일여一如됨을 뜻하는 말
이다.

송나라 지례知禮(960-1028)스님의 「십이문지요초十二門指要鈔」의 상권
에 이르기를 '卽'에는 세 가지 뜻이 있다고 하였다.

① 이물상합즉二物相合卽

별개의 것이면서 서로 연합된 관계를 '卽'이라 한다. 곧 두 현상이
서로 상태만 다를 뿐 뗄 수 없는 관계에 있음을 뜻하는 것이다.

서정주의 시 「국화 옆에서」를 보자.

'한 송이 국화꽃을 피우기 위해/ 봄부터 소쩍새는/ 그렇게 울었나
보다.'

여기 국화꽃과 소쩍새는 본디 별개의 존재이지만 서로 합쳐져서 상
즉相卽이 되면 필요불가결의 관계에 있는 것과 같다. 이러한 상즉상입
相卽相入의 인연 관계를 불교에서는 육상원융六相圓融으로 설명하고 있다.

② 배면상번즉背面相翻卽

현상적 모습은 다르지만 본질(실체)은 하나인 것을 '卽'이라 한다.
즉, 선과 악이 동전의 앞면[面] 뒷면[背]의 관계에 있고, 드러난 모습은
다르지만 體는 하나라는 것이다. 따라서 이 상즉론에 의하면 하나의

이법理法이 緣에 따라서 善도 되고 惡도 된다. 예를 들어 가뭄에 비가 내리면 농부에게는 善이지만, 건설현장에서는 惡이 되는 것과 같다.

③ 당체전시즉當體全是卽

파도가 물이고 물이 파도이듯이 서로 다르지 않음을 '卽'이라 한다. 즉, 두 현상이 있는 그 자체로 본연은 완전히 하나임을 뜻하는 것이다. 베이징에서 작은 나비가 날갯짓을 했을 뿐인데 이것이 뉴욕에 태풍을 일으킬 수 있다는, 이른바 '나비효과'라는 말이 있다. 결과적으로 나비의 날개에서 일어난 바람과 태풍의 바람이 둘이 아닌 하나다. 물이 곧 파도요 파도가 곧 물이다[水卽波 波卽水]. 그 근원은 하나인데 분별하여 둘로 다르게 보아서 다를 뿐이다. 분별하지 않고 보는 지혜가 상즉相卽이다.

천태종의 원교圓敎에서는 수행의 대상인 진여실상眞如實相에 있어 미혹[迷]과 깨달음[悟]이 서로 다른 둘이 아니라 하면서 수도상修道上의 계위를 여섯 단계로 분류하여 6卽이라 이르고 있다.

① 만유의 근본이 진리와 일체임을 이즉理卽이라고 한다.
② 이즉은 결국 언어문자를 통해서 알아 가는 것이므로 명자즉名字卽이라고 한다.
③ 명자즉은 다시 마음으로 관하는 것이므로 관행즉觀行卽이라고 한다.
④ 관행즉을 통하여 미혹을 떨치고 깨달음에 접근하므로 상사즉相似卽이라 한다.

⑤ 미혹의 근본이 완전히 사라져서 진리의 일부분이 몸에 나타남을 분진즉分眞卽이라고 한다.

⑥ 마침내 깨달음이 진리로 완전히 실증되는 것을 구경즉究竟卽이라고 한다.

필자가 여기에 사족을 달면 ;

能(a) = 所(b) : 능즉소能卽所 소즉능所卽能

곧 $a^2 - b^2 = (a+b)(a-b)$

곧 항등식 부호 '='가 卽이다.

또한 시간적 관계로 이해하면 ;

빛이 비쳐 오면 동시에 어둠이 걷히는 것을 동시즉同時卽이라 하고, 나쁜 짓을 저지르면 악과惡果를 받는 것을 이시즉異時卽이라 한다.

106

| 증사작반 | 蒸沙作飯 |

'증사작반蒸沙作飯'이란 '모래를 쪄서 밥을 짓는다'는 뜻이다. 터무니
없는 일, 불가능한 일, 이루어질 수 없는 일을 뜻한다. 모래 위에 집을
짓는다는 뜻의 '사상누각沙上樓閣', 공중에 떠 있는 누각이라는 뜻의 '공
중누각空中樓閣'과도 맥락이 같은 말이다.

『백유경百喩經』에 어리석고 완고한 부부 이야기가 있다.

어느 날 단둘이 사는 부부에게 떡 세 개가 생겼다. 부부는 한
개씩 나누어 먹고 나머지 한 개를 서로 먹겠다고 입씨름을 벌였
다. 그러다가 먼저 입을 열지 않는 사람이 이 떡을 먹기로 결정을
보았다. 그래서 하루 종일 서로 입을 열지 않았다.

그런데 밤이 되어 그 집에 도둑이 들었다. 도둑이 집 안의 물건
을 훔쳐서 보자기에 싸고 있는데도 부부는 입을 꾹 다문 채 물끄
러미 쳐다보고 있었다. 도둑은 처음에 이들이 겁이 나서 가만히
있는 줄 알았는데 자세히 보니 그런 것 같지는 않았다. 이상하게
생각되어 앉아 있는 부인을 건드려 보았다. 그러나 남자도 여자도
아무 말이 없었다.

용기를 낸 도둑은 대담하게 부인의 옷을 벗기기 시작했다. 그
런데도 남편은 말이 없었다. 그제야 참다못한 아내가,

"도둑이야!"

하고 고함치면서 남편에게 대들었다.

"이 미련한 양반아! 그래 떡 한 개 먹자고 도둑이 마누라 겁탈
하는 것을 보고도 가만히 있단 말이오?"

그러자 남편이 비로소 입을 열었다.

"야! 이제 떡은 내 것이다!"

중생의 어리석음이 어디 이뿐이겠는가. 각주구검刻舟求劍*이나 수주
대토守株待兔**의 어리석음쯤이야 웃어넘길 수도 있지만, 모래를 쪄서
밥을 짓는다는 이 미련함은 어이하리.

만물의 영장이라고 스스로 일컫는 인간들인데 이러한 미혹은 어디
서 오는가?

눈[眼]은 색깔과 모양에 현혹되어 있고 귀[耳]는 소리에, 코[鼻]는 냄새
에, 혀[舌]는 맛에, 몸[身]은 감촉에, 생각과 의식[意]은 허망한 환영에 맛
들여져서 갈애와 탐욕이 일어나고, 이에 따라 좋은 것을 취하려 하고
싫은 것은 내치려 하면서 어리석은 행업만 쌓아 가는 것이다. 우리들
의 이러한 행업은 선과 악의 정도에 따라 인과법칙 속에 지옥·아귀·
축생·수라·인간·하늘 등 여섯 갈래의 길인 육도윤회를 일으키게 된
다. 이는 바로 탐진치 삼독에서 비롯된 어리석음 때문이다. 곧 탐심이
다시 탐욕을 불러 정녕 만족을 모르면서 성냄을 일으키고, 성냄을 이

---

* 刻舟求劍 : 배를 타고 강을 건너다 칼을 강물에 떨어뜨렸는데, 떨어뜨린 자리를 뱃전에 표시해
  두었다가 나중에 배를 타고 다시 강에 나가 그 칼을 찾으려 했다는 고사에서 유래한 말. 어리
  석은 사람이 세상 물정에 어둡거나 완고함을 비유.
** 守株待兔 : 중국 송나라의 한 농부가 우연히 나무 그루터기에 부딪쳐 죽은 토끼를 주운 후 일
  은 제쳐 놓고 날마다 그 그루터기에 토끼가 부딪쳐 죽기만을 기다리다 웃음거리가 되었다는
  고사에서 유래한 말. 한 가지 일에만 얽매여 발전을 모르는 어리석은 사람을 비유.

기지 못하여 결국 미혹에 빠져서 지혜를 잃게 된다. 사람이 지혜를 잃고 어리석음에 빠지면 죽는 줄도 모르고 독약을 물로 알고 마시며, 모래로 밥도 지을 수 있는 것이다. 그러므로 어리석은 중생은 업이 무거워 생사윤회의 길이 멀다 하였다.

　이것은 바른 법을 모르기 때문이다. 정법을 안다면 허망한 번뇌 망념에 사로잡히지 않는다. 더욱이 세상에는 간혹 어리석은 자가 도리어 현명한 체하는 경우도 있으니 이런 사람을 일러 '극우極愚'라 하며, 『법구경』 「우암품」에 다음과 같이 이르고 있다.

불 매 야 장 不寐夜長	잠 못 이루는 밤은 길고
피 권 도 장 疲倦道長	피곤하고 게으르면 길이 멀다
우 생 사 장 愚生死長	어리석으면 생사가 기니
막 지 정 법 莫知正法	정법을 알지 못하기 때문이다
우 몽 우 극 愚曚愚極	어리석음이 매우 지극한데도
자 위 아 지 自謂我智	스스로 지혜롭다 이른다
우 이 승 지 愚而勝智	어리석으면서도 지혜를 이기려 하니
시 위 극 우 是謂極愚	이를 일러 극우라 한다

　달마대사께서 『관심론觀心論』에 이르기를

　"마음을 요해하지 못하고 도를 닦는 것은[不了心修道] 모래를 삶아서 밥을 짓는 것이다[烝砂作飯]."라고 하였고,

또한 『능엄경』 「증사작반」 조에 이르기를,

若不斷淫 修禪定者
만일 음행을 끊지 않고 선정을 닦는다면

如蒸沙石 欲其成飯
마치 모래나 돌을 쪄서 밥을 짓는 것과 같아

經百千劫 祗名蒸沙
백천 겁을 지나도 다만 삶은 모래일 뿐이로다

하였으며, 이에 원효스님께서 수행자를 경책하는 뜻으로 「발심수행장」에서 말씀하셨다.

有知人所行 蒸米作飯

지혜 있는 사람이 행하는 바는 쌀을 쪄서 밥을 지음이요

無知人所行 蒸沙作飯

지혜 없는 사람이 행하는 바는 모래를 쪄서 밥을 지음이니라

共知喫食而慰飢腸

공히 밥을 먹고 주린 창자를 위로할 줄은 알면서

不知學法而改癡心

불법을 배워 어리석은 마음 고칠 줄은 알지 못하는도다

行智具備 如車二輪

수행과 지혜가 함께 갖추어지는 것은 마치 수레의 두 바퀴와 같고

自利利他 如爲兩翼

자기도 이롭고 남도 이롭게 하는 것은 마치 새의 양 날개와 같다

107
| 진공묘유 | 眞空妙有 |

'진공묘유眞空妙有'를 직역하면 '참으로 비우면 묘하게 있다' 정도로 해석된다.

『금강경』의 '응무소주應無所住 이생기심而生其心'에서 '무소주無所住'가 진공이요, '생기심生其心'이 묘유이다. 이러한 '진공'과 '묘유'라는 명제가 따로따로 별개의 것이 아니라 동일한 연장선상에서 '空(빔)'에도 치우치지 않으며 '有(있음)'에도 치우치지 않는 것을 이르는 말이다.

현상적으로 나타나는 일체 모든 것(五蘊 : 色·受·想·行·識)은 그에 따라 일어나는 여러 가지 조건(인연)에 의존된 것이므로 실체가 없는 공무空無한 것임과 동시에 임시적으로 존재하는 가유假有일 뿐이라는 것이다. 이러함을 여실히 알아차림이 진공의 경지이며, 이러하게 진공에 이르면 불생불멸의 묘유의 경지에 이른다는 가르침이다.

따라서 나도 없고[無我] 너도 없으며[無人] 우리도 없고[無衆生] 영원함도 없는[無壽者] 연기의 생멸법칙(五蘊皆空=진공) 속에 오직 진실의 완성인 원만실성圓滿實性(묘유)만이 있다는 것이다.

이는 곧 마음에 망령된 생각이 없으면[心無妄念] 그대로 '진공'이며 '묘유'이기 때문에 일여一如로 돌아가는 것이다.

불교에서 '空'이란 우주 법계를 품고 있는 불가사량不可思量의 허공을 우리 마음의 세계로 끌어들여 온갖 생각(思·想·慮·念)을 일으키지 않는 무심의 상태를 진공이라 일컫는 것이다.

이에 진리를 터득하여 올바른 깨달음을 이루는 득도정각得道正覺의 방편upāya을 진공묘유의 공도리空道理라 이름하는 것이다.

무시무종無始無終 상상을 초월하는 우주, 그 한 부분인 은하계, 그중에서도 매우 작다고 할 수 있는 태양계의 한 점에 불과한 지구 바로 여기에서 우리는 살아가고 있다. 우주의 관점에서 인간이란 이렇듯 실로 미미한 존재일 뿐이다.

그러나 불교는 우리의 마음을 우주의 허공과 대등하게 여긴다. 마음이 宇(공간)요, 마음이 宙(시간)이라고 하는 것이다.

이 무한한 시간과 공간 속에 나는 곧 우주며 자연이며 하나님이다.

바로 천상천하유아독존!

餘韻 여운	一念寂靜 不學而知 일념적정 불학이지	한 생각 고요하고 고요하면
		배우지 않아도 알게 되고
	諸行如然 無得而得 제행여연 무득이득	모든 행실 참으로 그러하면
		얻는 것 없이 얻게 되리라
	欲見一切 先爲眼空 욕견일체 선위안공	일체를 보고자 하면
		먼저 눈이 비어 있어야 하고
	願知人生 方是心空 원지인생 방시심공	인생을 알고자 하면
		바야흐로 마음이 비어 있어야 하리

餘韻 本無有

若說我有眼中塵　만약 내가 있다 한다면 눈 속에 티끌이 든 것이요

抑言我無心裏垢　억지로 내가 없다 한다면 마음에 때가 낀 것이다

種種物色皆是妄　가지가지 물색도 모두 허망한 것이요

類類形相本無有　가지가지 형상도 본래 없는 것이라네

108
| 팔정도 | 八正道 |

'팔정도八正道'란 '여덟 가지 바른길'이라는 뜻이다.

부처님께서 성도하신 후 다섯 명의 비구니에게 처음 고집멸도苦集滅道의 사성제四聖諦를 설법하시고, 이어서 수행자이거나 범부 중생 모두에게 괴로움을 소멸시키는 수행법을 자상하게 밝혀 주신 것이다. 이는 불교의 실천 수행에 중요한 여덟 가지 덕목으로서 입성도지入聖道支, 팔정법八正法, 팔정도분八正道分 등으로 말하기도 한다.

팔정도는 인생의 욕락欲樂과 그에 따른 고행에 있어 극단의 치우침을 떠나 중정中正·중도中道의 올바른 방법을 제시하고 있는데, 용수龍樹보살의 『대지도론大智度論』 제19권에 자세히 설명되어 있다.

팔정도에 대하여 제대로 알기 위해서는 『마하반야바라밀경』을 자세히 풀이해 놓은 서물書物, 용수보살이 저술하고 구마라집이 번역한 『대지도론』 100권을 섭렵해야 가능하다고 할 수 있겠다. 당연히 섣불리 다룰 문제가 아니므로 여기에선 용어 정리에 그친다.

① 정견正見

불교의 세계관 또는 인생관이라 할 수 있으며, 인과응보 법칙에 대한 올바른 견해이면서 고집멸도 사성제의 가르침을 제대로 알아차리는 지혜의 근본이 바로 정견이다.

정견의 차원에서 괴로움의 원인은 과연 무엇인가?

내가 나를 제대로 모르고, 또한 성주괴공成住壞空의 우주 법계 이치를 여실히 알지 못하기 때문이 아니겠는가. 곧 정견을 하지 못하기 때문이다. 정견이 되어야 비로소 지혜의 눈이 열리고, 지혜의 눈이 있어야 세상을 바로 보지 않겠는가.

이에 혜안이 열려 정견을 할 수 있으려면 어떻게 해야겠는가?

우선 '정사유正思惟'가 있어야 하고, 정어正語, 정업正業, 정명正命, 정정진正精進, 정념正念, 정정正定이 수반되어야 정견이 가능해질 수 있다. 그러므로 정견 다음으로 이어지는 7가지 명제들은 정견을 얻기 위하여 반드시 필요한 요소들이다.

② 정사유正思惟

올바른 사념思念·사유가 수반되어야 한다. 입으로 내뱉는 말(口業), 몸으로 저지르는 행위(身業), 마음이 끄달리는 짓(意業)을 일으키기 전에 먼저 바른 마음으로 바르게 생각해야 한다.

③ 정어正語

바른 언어적 행위로서 구업을 짓지 않는 일이다. 망어·악구·양설·기어를 하지 않고 진실하고 자비로운 마음으로 누구에게나 유익하고 모두를 융화시키는 말을 하는 것이다.

④ 정업正業

바른 행위로서 악업을 짓지 않는 일이다. 이는 정사유에 따른 신구의 행위가 올발라야 하는 것으로, 모든 부처님이 한결같이 말씀하시는 '어떠한 악도 짓지 말고[諸惡莫作] 모든 선을 받들어 행하는[衆善奉行]' 길이다.

⑤ 정명正命

바른 생활로써 우주적 도리인 천명天命과 인간적 도리인 신명身命을 바르게 하는 것으로 일상생활에서 각자의 신분과 주어진 환경에 따라 공자의 말씀대로 '임금은 임금답고 신하는 신하다우며 아버지는 아버지답고 아들은 아들답게[君君臣臣父父子子]' 올바르게 생활하는 것이다.

비구로서 할 수 없는 일을 하여 생활하는 것을 사명邪命이라고 하는데, 『대지도론』에서는 '오사명五邪命'을 말하며 수행자는 이러한 일로 이양利養을 꾀해서는 안 된다고 금하고 있다. 이양이란 남은 생각지 않고 제 몸만 좋게 기르는 것, 또는 재산적 이득을 탐하며 자기를 자양滋養하려는 것을 말한다.

- 사현이상邪現異相 : 세상을 속이고 괴이한 형상을 나타내어 자신의 이양을 꾀하는 것
- 자설공능自說功能 : 자신의 능력과 공덕을 스스로 떠벌이며 이양을 꾀하는 것
- 점상길흉占相吉凶 : 점술로써 길흉을 말하여 이양을 꾀하는 것
- 고성현위高聲現威 : 호언장담의 허세로 이양을 꾀하는 것
- 설소득리이동인심說所得利以動人心 : 저곳에서 이양을 얻으면 이곳에

서 말하고, 이곳에서 이양을 얻으면 저곳에서 말하여 이양을 구하는 것

⑥ 정정진正精進

바른 정진을 위하여 삼독심을 여의는 일이다. 『42장경』에 이르기를 '탐욕은 늙음을 부르고 진에瞋恚(노여움)는 병에 이르게 하며 우치愚痴(어리석음)는 죽음을 부른다.' 하였다.

⑦ 정념正念

바른 의식을 가지고 매순간마다 정견을 위한 혜안을 얻겠다는 일념을 놓치지 않는 마음가짐이다.

⑧ 정정正定

바른 안정, 곧 4선정四禪定에 이르는 것을 의미하지만, 일반적으로 무념무상無念無想의 정신통일을 하여 끄달림이 없는 마음 상태에 이르러 정견할 수 있는 지혜를 얻는 것이다.

· 蛇足 ·

頌八正道
송 팔 정 도

觀而無住眞正見 　보면서 끄달림이 없으면 참으로 정견이라 하고
관 이 무 주 진 정 견

意中無邪正思惟 　뜻 가운데 삿됨이 없으면 정사유이며
의 중 무 사 정 사 유

言而無我眞正語 　말하면서 말 속에 내가 없으면 참으로 정어이고
언 이 무 아 진 정 어

行中無貪眞正業　행위 중에 탐욕이 없으면 참으로 정업이며

作而不染眞正命　지어내지만 물들지 않으면 참으로 정명이고

修中無相正精進　수행 중에 相이 없으면 정정진이며

思而無着眞正念　생각은 있지만 집착이 없으면 참으로 정념이고

禪中絶對實正定　참선 중에 대상이 끊어지면 실다운 정정이리라

달마와 양 무제

　　중국 선종禪宗의 시조 보리달마菩提達磨(Bodhi Dharma ?-528)는 남인도 향지국香至國(Pallavas 제국)의 셋째 왕자로 성장하여 대승불교의 승려가 되고, 선禪에 통달하여 서천 제27조 반야다라般若多羅(?-457)존자의 법통을 이어서 제28조에 오른다.

　　당시 인도에 성행하던 소승선관小乘禪觀 6종을 모두 굴복시키고 그의 조카인 향지국 이견왕異見王을 교화시킨 뒤 뱅골만에서 배를 타고 중국 광동에 이르렀다. 그리고 지금의 남경인 금릉의 궁전에서 양梁나라 무제武帝를 만나게 되는데, 그때(520년, 양나라 大通 1년) 달마대사의 나이가 130세였다고 한다.

　　양 무제는 불심천자佛心天子라 불리며 항상 가사를 걸치고 『방광반야경放光般若經』『대반열반경大般涅槃經』 등을 강의했으며, 『오경의주五經義注』 200여 권 및 많은 저술도 있었다. 그가 달마대사를 만나 물었다.

　　"짐은 절을 일으켜 세우고 스님들에게 도첩을 내려 주었는데, 어떠한 공덕이 있겠습니까朕起寺度僧 有何功德?"

　　이에 대사가 대답하였다.

　　"공덕이 없습니다無功德."

　　그 당시 양 무제는 안하무인 오만했으며, 어쩌면 복덕과 공덕의 의미를 정확히 구별하지 못했거나 다 같은 것쯤으로 이해하고 있었던 것이 아닌가 싶다.

무제가 만약 '어떤 공덕이 있겠습니까[有何功德]'라고 묻지 않고 '어떤 복덕이 있겠습니까[有何福德]'라고 물었다면 달마대사는 아마도 '매우 많다[甚多]'라고 대답했을 수도 있다. 왜냐하면 복덕이란 선행의 결과로 얻어지는 행복의 열매이며, 공덕이란 수행의 결과로 얻어지는 지혜의 열매이기 때문이다.

양 무제가 통치자로서 불교를 숭상하여 수많은 사찰을 건립하고 10만이 넘는 승려들을 양성시켜 남조南朝 불교의 극성極盛시대를 출현시켜 놓은 것은 크나큰 선행의 업적임은 틀림없는 사실이다.

그러나 이는 어디까지나 복덕을 쌓아 놓은 것일 뿐 무념無念·무상無想·무욕無欲의 경지에서 얻어지는 해탈解脫, 즉 양 무제가 직접 강의했다는 『대반열반경』의 가르침인 구경열반究竟涅槃이 다소라도 성취된 것은 아니다. 그러니 공덕이란 말이 어찌 여기에 가당하겠는가.

복(happiness)이란 삶을 통해서 누리는 잠깐의 안락으로 어떤 혜택을 받는 '受惠'이며, 덕(virtue)이란 삶을 통해서 선심선행善心善行으로 여하한 혜택을 펼쳐 내는 '授惠'인 것이다. 이는 결과적으로 '덕'을 베풀면 '복'을 받는다는 인과응보의 관계에 놓인 연기緣起의 법칙이며 베푼 만큼 받는다는 수수授受의 도리인 것이다.

또한 공덕에서의 功이란 실천 수행으로 얻는 공덕의 힘을 이르는 말로서, 대개 불보살이 중생에 대하여 가호하는 힘을 공덕력功德力 또는 공능功能이라 하는데, 불교적으로 깨달음에 이르게 하는 순수한 공능을 진실공덕眞實功德이라 하고, 세속적으로 혜택이나 이득을 보게 하는 것을 부실공덕不實功德이라 한다. 엄밀히 따져서 공덕이란 어리석은 중생을 깨달음에 이르게 하는 불보살의 가피력을 이르는 말이다.

양 무제가 절을 세우고 경전을 간행하며 승려들을 권장한 것은 훌륭한 선행으로서 세속적인 복덕은 될 수 있을지언정 무위무심無爲無心한 경지에서 이루어지는 공덕은 가당치 않은 것이다.

이에 그때 당시 양나라의 담란曇鸞(476-542)스님이 『왕생론주往生論註』 권 상上에서 전자의 공덕을 진실공덕이라 하였고, 후자의 복덕을 부실공덕이라 하였다. 진실공덕이란 계율의 실천 속에 참다운 수행을 하여 깨달음에 이르는 것이며, 부실공덕이란 복덕을 말하는 것으로 선업을 쌓아서 그에 따른 행복과 이익을 얻는 것이다.

설두雪竇(985-1052)스님의 『벽암록碧巖錄』 제1 본칙 「확연무성廓然無聖」 조에 의하면 다음과 같은 긴 사연이 이어진다.

■ 들어 보임[擧]

양 무제가 달마대사에게 물었다. [梁武帝問達磨大師]

"무엇이 불교 제일의 성스러운 진리인가? [如何是聖諦第一義]

달마가 이르기를, "확연한 것이어서 성스러울 게 없습니다. [磨云, 廓然無聖]."

무제 왈, "짐을 대하고 있는 그대는 누구인가?" [帝曰 對朕者誰]

달마가 말하기를, "모르오." [磨云, 不識]

무제는 깨닫지 못하였고, 달마는 드디어 양자강을 건너 위나라로 가 버렸다. [帝不契, 達磨遂渡江至魏]

무제는 그 후 지공誌公(418-514))에게 지난 이야기를 들어 물었다. [帝

後學問志公]

지공이 이르기를, "폐하, 정말 이분이 누구인지 모르십니까?" [志公云,
陛下還識此人否]

무제가 말했다. "모르오." [帝云, 不識]

지공이 이르기를, "이분이 바로 불심인을 전하는 관음대사이십니
다." [志公云, 此是觀音大師傳佛心印]

무제는 후회하고 곧 사자를 보내어 청하려 하였다. [帝悔遂遣使去請]

지공이 말했다. "폐하, 사절을 보내서 오라 하지 마십시오. 백성을
다 보내도 절대 돌아오지 않을 것입니다." [志公云, 莫道陛下發使去取 闔國人去
佗亦不回]

무제가 처음 광주자사 소앙蕭昂의 소개로 천축국의 납승 달마와 문
답을 나눌 때 그의 심중에는 나라가 부강하고 만백성은 태평성대를
누리는 것이 불법의 진리로 생각하면서 자기는 이미 그 꿈을 실현시
켰으며, 짐이 중국 천지에 불법의 찬란한 꽃을 피워 놓았으니 불심천
자인 짐의 공덕이 얼마나 대단한가?! 자랑삼아 물었는데 대사의 대답
은 무슨 공덕? 개뿔! '아무것도 없다.'라고 대답하여 황제와 대사의 갈
등이 시작된다.

아무것도 없다는 말에 무제는 황당하기 그지없었을 것이다. 무제의
내심은 머나먼 인도에서 중국까지 찾아온[西乾東震及我海東] 요 거렁뱅이
중놈이 제가 알면 얼마나 안다고 감히 짐을 폄하 내지 능멸한다고 여
긴 것 같다. 괘씸한 마음에 불교의 성스러운 진리가 무엇이냐고 다그
쳐 묻는데 대사는 한술 더 떠 '성스럽긴 뭐가 성스럽다는 거야. 진리
는 확연한 것이어서 누구나 당연히 그냥 아는 것이므로 조금도 성스

433

러울 게 없다.'라고 쏘아붙인다.

더욱 난감해진 무제의 불쾌한 심사를 다소 부풀려 표현하자면, '도 대체 지금 짐 앞에 있는 그대는 뭐 하는 놈이냐? 너 진짜 스님 맞아?' 하니 대사는 황제를 완전 개무시하면서 결정적인 케이오 펀치를 먹인 다. '몰라.' 이 한마디로 게임은 끝나 버린다. 아, 이 갈등을 어찌하리.

갈등이란 등갈이라고도 하는데, 칡덩굴과 등덩굴이 서로 복잡하게 뒤얽혀 알력을 낳게 하는 상태나 그 관계를 말한다. 갈葛은 양성식물 이기 때문에 오른쪽으로 감겨 자라고, 등藤은 음성식물이기 때문에 왼 쪽으로 감겨 자란다. 대개 양성식물은 독성이 없으므로 가식성可食性 식물이며, 음성식물은 독성이 있으므로 불가식성 식물이다.

양 무제가 달마를 만난 것은 하나의 '갈등'이었다. 본래 인간들의 만남은 이러한 갈등을 통하여 갈등을 해소할 수밖에 없는 갈등의 존 재이다. 그래서 선가禪家에서는 깨달음의 경계에 갈등선葛藤禪이라는 것 이 있고, 세속에는 새의 양 날개와 같이 좌익과 우익의 화합이라는 것 이 있다. 세상 어디에고 갈등은 존재하지만, 여기에 뚜렷한 중심축이 굳건히 자리 잡고 있으면 상생相生 지향적으로 갈등은 얼마든지 해소 될 수 있는 명제이다.

달마대사는 무제를 만나 그가 허울만 불심천자일 뿐 근기根機(진리를 받아들이는 능력)가 돼먹지 않은 위인임을 진즉 간파하고 자상한 응구첩 대應口輒對(묻는 대로 거침없이 대답함)는커녕 첫 응답이 '무공덕이다' 윽박 지르고 다음은 '무성無聖'이라 무시해 버리며, 그다음은 '불식不識'이라 외면해 버린다.

無·無·不의 명제, 이는 곧 선가에서 말하는 화두로서 제행무상의 '無'이며, 제법무아의 '無'이며, 일체는 하나도 아니요 둘도 없는 '불

434

일무이不—無二'한 중도中道 진리의 '不'인 것이다.

이것이야말로 불심인佛心印(부처의 마음. 도장이 진실·확실을 나타내듯, 부처의 마음도 그러하므로 印이라 함)을 전하는 최상의 법문이었는데 무제는 근기根機 감량 미달로 이에 계합契合하지 못한 것이다.

空과 無我의 대의를 일러 준 달마대사의 법을 뒤늦게 깨달은 무제는 깊이 후회하고 달마대사를 다시 만나려 했으나 뜻을 이루지 못하고 다음과 같은 시를 지어 추모하는 심정을 달랜다.

> 見之不見　봐도 보지 못하고
>
> 逢之不逢　만나도 만나지 못하니
>
> 古之今之　옛날이나 지금이나
>
> 悔之恨之　후회스럽고 한스럽구나

불심천자 또는 황제대보살이라 칭송한 양 무제(464-549)는 남조 양나라의 제1대 황제로서 남제南齊를 멸하고 502년 스스로 황제위에 올라 48년간 통치하면서 전반기에는 모든 정사를 검약하게 하였고, 관등을 구품중정제九品中正制의 개혁을 통해 귀족제에서 과거제를 실시하고 대학大學 설치, 인재 등용 등 훌륭한 정치를 펼쳤다. 그러나 후반기로 오면서 점차 방종에 빠져들고, 그의 행각은 납득하기 어려운 기행을 일삼았다. 여러 차례 스스로 사원의 노예가 되어 봉사하였고(捨身), 이에 신하들은 천만금을 모아 황제를 대속代贖하곤 하였다.

말년에 이를수록 대자대비를 실천한다는 미명 아래 왕족과 귀족들의 방종을 허락하였고, 막대한 재물을 사찰에 헌납하여 국가 재정의

곤란을 야기시키면서 가렴주구苛斂誅求를 발효시켰고, 이로 인하여 국가의 기강이 매우 문란하게 되었다.

이 무렵 동위東魏의 장수 후경侯景(503-552)이 항복해 왔는데, 무제는 그를 믿고 군대 지휘권을 맡겼다가 후경이 반란을 일으켜 무제는 유폐되는 신세가 되고 마침내 울분 속에 비극의 최후를 마친다. 이러한 무제는 지공스님의 설명을 듣기 전까지 달마대사를 제대로 알아보지 못한 회한으로 스스로 사찰의 노예가 되어 참회하면서 자기합리화를 꾀한 듯하다.

회한의 뉘우침에는 悔가 있고 懺이 있다. 悔란 어떤 행위가 있은 다음 그 과오를 깨달아 뉘우치는 지어전비知於前非를 뜻하는 것이며, 懺이란 잘못을 절실히 뉘우치면서 다시는 그런 과오를 범하지 않겠다는 다짐의 종신부작終身不作의 의미를 갖는다.

이러한 참회를 범어로 kṣama라 하며, 참회란 불보살 내지 사장師長 및 대중 앞에 고백하여 멸죄滅罪를 받는 자한지정自恨之情의 뜻을 갖는다. 참회는 곧바로 기도祈禱로 이어지게 되는데, 기도란 부질없는 욕심을 버리고 마음 밭의 잡념을 솎아내고 일념을 키우는 것이다.

여기에 '祈'란 어리석음에 말미암은 과오를 자인하면서 용서를 구하는 행위에 속하고, 이에 따른 '禱'란 소구 소망의 발원을 의미한다. 즉 심정적 바람인 소망所望과 행위적 바람인 소구所求로서, 결과적으로 과오를 뉘우치고 착함으로 옮겨 가는 회과천선悔過遷善 내지 개과천선의 일환인 것이다. 양 무제는 이와 같은 회한의 마음으로 말년을 보낸 것으로 보인다.

또한 본칙에 나타나 있는 달마의 '몰라[不識]'에 이어 무제의 '몰라'가 기록되어 있다. 이는 다 같은 '몰라'인데 달마의 몰라와 무제의 몰라는 과연 무엇이 어떻게 다른 것인가?

달마의 '몰라'는 무제에게 던져 주는 여의주로서 깨달음에 이르게 하는 화두의 '몰라'였다. 그러나 무제의 '몰라'는 첫째, 달마가 누구인지 모르는 몰라였으며, 둘째 無·無·不을 모르는 몰라였고, 셋째 불심인佛心印이 무엇인지 모르는 몰라였다.

이에 무제의 후회는 바로 이 '몰라'에 대한 평생 자한지정의 후회인 것이다.

아뇩다라삼먁삼보리

신지견(소설가)

세상을 모르는 것이 더 많은 사람이 어쩌다 문단 건달로 사오십 년을 지냈다. 그러다 보니 머리칼은 희어지고 인지력까지 어리바리해졌다. 이런 사람에게 팔만대장경을 쫙 펼쳐 해설해 놓은 것 같은 내용의 책을 내겠다면서 탈고를 해 놓고 발문을 써 달라는 사람이 있다. 이런 글을 쓸 수 있는 사람인지 아닌지 따져 보지도 않고 끝에 '꼭'이라는 부사를 달아 놓았는데, '시하경계'라는 말도 있거늘 무엇을 믿고 그랬을까.

'꼭'이라는 말은 영어로 surely, 또는 undoubtedly이다. 필자는 잠시 심재동 선생의 얼굴을 떠올려 보았다. 느닷없이 선생의 아호 이연而然이 떠올랐다. '이연'이라는 호에 대한 에피소드가 있다. 필자 이 사람의 호도 '이연'이기 때문이다. 우리가 언제 아호를 이연이라 해 형제처럼 지내자고 입을 맞춘 적이 없는데 이 우연이 허공으로 날아가더니 '그럼 발문을 써야지' 그러는 것이었다.

어쩌면 아호가 같다는 우연으로 심재동 선생의 저작물에 누를 끼치는 일이 되지 않을까 심히 염려된다. 이왕 아호 이야기가 나온 김에 왜 이 사람의 호가 이연인지 그 이야기부터 해야겠다.

젊었을 때 오대산 너머에 선림원이 있다 하여 시인 김영석 교수와 서예가 일모—毛 선생과 함께 미천골을 답사하면서 그 지방에서 이름이 높다는 강냉이술을 마시며 노닥이다가 두 사람이 합의해 줘 이 사람의 호가 이연이 되었다. 그런데 이게 무슨 조화인지, 심재동 선생의 아호와 글자까지 똑같다고 해서 참 신기하다고 생각한 적은 있었으나 이 우연이 오늘에 와서 발문을 쓰게 될 결과를 가져오리라고는 상상도 못 했다.

그러다가 심재동 선생의 『108 용어로 만나는 불교』를 읽고 보니 무언가 짚이는 것이 있었다. '살아 있는 체계는 끊임없이 자신을 재형성하며 외부 세계와 그치지 않고 상호작용하는 세계'라는 것이다. 첫째, 한 물리적 변수가 어느 값을 가질 수 있는지는 스펙트럼을 계산하는, 즉 원자·전자·기장·분자·추·돌별 등의 계산이고 보면, 다른 대상과 상호작용할 때 어떤 관계성을 갖는지 여부의 값을 알아보는 계산도 거기에 포함되어 있다는 것이다. 둘째, '전이진폭轉移振幅 계산'이라는 것으로, 상호작용에서 변수의 값이 나타날 확률을 계산하는 것이 있다는 것이다. 셋째, 핵심의 특성을 표현하는 비결정성 계산은 유일한 예측을 주는 것이 아니라 오직 확률적 예측만을 주는 것'이라는 설명이 있다.˙ 이렇게 보았을 때 그 변수는 알 수 없다가 아니라 확률이라는 것이다.

심재동 선생의 『108 용어로 만나는 불교』 배경에는 이러한 내용들이 담뿍 들어 있다. 대장경을 배경에 두고 화엄경, 금강경, 법화

---

* 참고문헌 : Carlo Rovelli, *Reality is not what it seems*.

경…… 주요 경전을 씨줄로 삼고 벽암록, 조주록, 대승기신론, 전등록, 선가귀감 등을 날줄로 삼아 지혜의 꽃들을 나타낸 천을 짜기 위해 마음의 뿌리에서부터 몸통, 가지, 잎사귀, 결국은 기기묘묘하게 아름다운 꽃과 튼실한 열매를 수놓아 한눈에 알아보도록 다르마Dharma의 장을 열어 놓았다.

보면 볼수록 선생의 시야가 끝이 없이 넓고 깊어 등각일전等覺 一轉과 같고, 마치 마하지관摩訶止觀을 방불케 했다. 수학으로 말하면 프랑크 길이라 할까, 1센티미터의 10억분의 1에 다시 10억분의 1의 백만분의 1(10^{-33})의 세계를 보는 것처럼 그려 냈다. 불교가 심오하다고 하지만 누가 그 깊이를 볼 수 있는가. 우주도 다중우주로 삼천대천세계가 있으며, 시간과 길이로 말하면 10억 나유타(1나유타는 1에 0이 60개가 붙은 10^{60})라고 하던데, 슈퍼컴퓨터가 아니면 누가 그 숫자를 헤아리기나 하겠는가. 요즘의 양자역학은 항하사恒河沙를 헤아린다고 하니, 심재동 선생의 『108 용어로 만나는 불교』의 내용도 여기에 빗댈 만한 혜안이 있는 것처럼 느껴진다.

『108 용어로 만나는 불교』는 21세기 한국 불교계의 대역작이자 새로운 '나르샤'가 아닐 수 없다.

필자는 어렸을 적 할머니의 치맛자락을 잡고 절에 간 적이 있었다. 그때 '부처님은 마음으로 보아야 보인다.'는 이야기를 들었다. 부처가 법당 단 위에 버젓이 앉아 계시는데 어떻게 마음으로 본단 말인가? 그래서 부처님을 못 보고 반짝거리는 금으로 만들어 단 위에 앉혀 놓은 사람을 부처님으로 알았다. 그러니 사찰에 모셔 놓은 부처가 '난다난다 나지나지 난다바리(깝대기)'로만 알고 살아왔다.

그런데 심재동 선생의 『108 용어로 만나는 불교』의 「심시불성心是佛性」 조에 우리의 마음을 여러 가지로 설명해 놓았다. '유심'이다 '유식'이다 하는 말은 우리들이 일상 쓰는 단어가 아니어서 생경했지만, '마음이 만물의 근원이며 실재하는 중심적인 것이라고 해서 그다음을 보았더니 다음과 같이 이야기하고 있다.

> 마음이 몸 안에 있는 것이라면 그 몸속 사정을 알고 있어야 하는데 배 속에 병이 생기는 것을 왜 즉시 알아차리지 못하는가? 만약 몸 밖에 있는 것이라면 몸과 마음이 따로 떨어져 있는 것이니 이 또한 맞지 않는다. 마음은 형체가 없으니 볼 수도 만질 수도 없는 것은 당연한 일이지만, 방금 일으킨 마음이 찰나에 사라지면 신통한 손오공 열이 모여도 그 마음을 다시 잡아 오지 못한다. 그러니 있다고도 없다고도 할 수 없으며 있으면서 없는 것이다.

이렇게 되면 관계식이 복잡해진다. 인간이라면 생물학적으로 요즘 슈퍼컴퓨터와 같은 뇌의 기능을 누구나 다 가지고 있다. 눈, 코, 귀, 혀, 살갗을 통해 바깥의 어떤 자극을 알아차림은 '뉴런'이 뇌를 구성하는 기본단위가 되어 있다는 것 때문이다. 바로 뉴런이 인간의 뇌를 구성하는 기본단위라는 것이다. 뇌는 약 860억 개의 뉴런으로 구성되어 다양한 기능과 인지 과정의 중요한 역할을 한다는 것으로 이들 뉴런은 서로 연결되어 복잡한 신경망을 형성하고 있다는 것이다.

생각만 해도 기이하다. 한마디로 생물인 뉴런이 '머묾이 없는 마음을 내어 진공묘유眞空妙有를 거쳐 아뇩다라삼먁삼보리를 성취하는 길로 들어간다.'는 것인데, 이것이 『108 용어로 만나는 불교』의 요지를 이루고 있다. 그래서 심재동 선생은 '머무는 바 없는 것이 진공이요, 진공에서 마음을 일으킨 것이 묘유'라고 했다.

그런데 여기에 시간과 공간이 배제되어 있지 않아도 과연 실현될 수 있는 것일까? 가령 불교 용어로 말하자면 진공은 공간 아닌 공간을 지칭하는 것이고, 있지 않으면서 있는 것이 묘유라는 것이다. 그래서 불교에 '없다'는 말이 퍼뜨려진 것일까.

'없다'는 한자로 無이다. 무, 무……. 언젠가 필자가 숭산 대종사님이 생존해 계셨을 때 객원기자로 인터뷰를 한 적이 있었다.

큰스님께 대뜸, '무가 무엇입니까?' 하고 물었다. 그러자 말이 떨어지기 바쁘게, '여 위 텃밭에 가 봐라. 무 많다.'라고 하신다.

텃밭에 있는 무…….

필자는 그때 이 말씀을 알음알이로 실체가 없으면서 있는 것이라고 받아들였다.

물리학에서는 이런 것을 '중력장 공간'이라고 하고, 양자장 이론에서는 '양자중력'이라고 한 것을 들은 것 같다. 텅 빈 것이 아닌, 전자기장과 유사한 물질적 구성성분 같은 실질적인 존재로 물결치고 유동하고 휘고 비틀리는 실재하는 존재'라고 설명하고 있다. 그래서 뉴턴은 우주가 시간, 공간, 입자로 이루어졌다고 하고, 아인슈타인은 '시공'과 '장place', '입자'로 이루어졌다고 말했다가 나중에 '장'과 '입자'로 이루어졌다고 고쳐 말했다.

여기서 더 나아가면 '양자중력'이 나오는데 전자, 쿼크, 뮤온, 중성

---

* 참고문헌 : Carlo Rovelli, *Realty is not what it seems*.

미자, 힉스입자 등 기본입자와 전자기력과 원자핵 차원에서 작용하는 힘들의 장이 공간에 있다는 것이며, 양자의 정보는 유한하고 비결정성이어서 서로 관계적이라는 것이다. 이 위치에 들어가야 심재동 선생의 아호인 '이연'과 필자의 아호 '이연'도 우연이 아닌 확률로 계산되어야 한다는 이야기가 된다. 확률! 독가스를 뿜어 넣은 상자 속의 고양이가 죽었는지 살았는지는 아무도 알 수 없고, 오직 '확률'로 계산된다는 말은 많이 들어 보았을 것으로 안다.

이 위상에 들어가면 아인슈타인의 말처럼 시간과 공간이 둘이 아니고 하나로 엉켜진 '양자'라는 것인데, 우리가 흔히 말하는 공간이라는 것을 미시적으로 들여다보면 인드라망처럼 한없이 넓은 공간에 그물처럼 이어져 이음새 마디마다 구슬이 달려 있다는 것이다. 그 구슬들은 빛으로 서로를 비추고 또 비추는 관계이며, 구슬과 구슬과의 사이 공간은 거품으로 채워져 있다는 것이다. 현대물리학에서는 이것을 '끈이론'이라 하여 알려진 지 오래되었다. 바로 이러한 공간의 실재를 양자장 이론에서 양자중력이라고 말하는 것 아닐까.

붓다께서 화엄경을 말씀하시면서 인드라망을 이야기하셨다는데, 바로 이것이 '아뇩다라삼먁삼보리'라는 생각이 든다.

심재동 선생의 『108 용어로 만나는 불교』에서는 바로 이것을 아뇩다라삼먁삼보리라 한 것 같고, 바로 이것을 찾으라고 말씀한 내용으로 이루어진 것 같다.

늦은 봄
무주구천동, 해가 저물어 길을 잃었다.
밤을 보내려 바위에 기대앉아 잠시 눈을 감자

청태 끼는 소리가 들렸다.

눈앞이 환해 눈을 뜨니 아침 해가 중천에 솟았다.
엔트로피가 없는, 청태 끼는 소리를 들은
그 시간은 어디로 갔을까?

신지견 | 경희대학교 국문과 졸업. 대하소설 『서산』(전 10권), 소설집 『독수리는 파리를 잡지 않는다』, 장편소설 『꽃들이 하나로 핀다』 『25+x=y』 외 다수. 경희문학상 9·29회, 둔촌문학상 등 수상.

편저자 심재동而然 沈載東

충남 대전 출생으로 조부 相齊 翁으로부터 『사서삼경』을 사사하고, 경원
대학교 건축과, 성균관대학교 경영대학원, 동국대학교 불교대학원을 졸
업하였다.

사)대한불교법사회 상임감사, 법무부 종교지도위원, 동국대학교·경희대
학교 평생교육원 한문 강사, 동산불교대학 한문학과 교수, 대한불교조계
종 법륜사 지도법사 등을 역임하였으며, 현재 동이서원 원장, 불교한문연
구회 회장, 다문정심회 지도법사를 맡고 있다.

저서로『알기 쉬운 한문해석법』, 『신 금강경언해』, 『이 썩을 놈아』, 『한문
정석』, 『한국 불교와 천수경』, 『불자법요집』 등이, 역서로『육조단경』, 『초
발심자경문』, 『사십이장경』 등이 있다.

108 용어로 만나는 불교

초판 1쇄 인쇄 2024년 9월 30일 | **초판 1쇄 발행** 2024년 10월 8일
심재동 **편저** | **펴낸이** 김시열
펴낸곳 도서출판 운주사

(02832) 서울시 성북구 동소문로 67-1 성심빌딩 3층
전화 (02) 926-8361 | **팩스** 0505-115-8361
ISBN 978-89-5746-852-4 03220   값 25,000원
http://cafe.daum.net/unjubooks 〈다음카페: 도서출판 운주사〉